대한민국
교육
사용 설명서

대한민국 교육 사용 설명서

초판 1쇄 인쇄날 2010년 3월 25일
초판 1쇄 펴낸날 2010년 3월 30일

지은이 | 이철우
펴낸이 | 이건복
펴낸곳 | 도서출판동녘

전무 | 정락윤
편집 | 이상희 박재영 구형민 이정미 이다희 김지향 윤현아 이슬기
영업 | 이재호 이상현
관리 | 서숙희 장하나

인쇄 · 제본 | 영신사
라미네이팅 | 북웨어
종이 | 한서지업사

등록 | 제 311-1980-01호 1980년 3월 25일
주소 | (413-756) 경기도 파주시 교하읍 문발리 파주출판도시 532-5
전화 | 영업 (031)955-3000 편집 (031)955-3005
전송 | (031)955-3009
블로그 | www.dongnyok.com
전자우편 | editor@dongnyok.com

ISBN 978-89-7297-616-5 03370

이철우 지음

동녘

아이들은 모두
제대로 교육받을 권리가 있다

우리가 가르치는 것은 공부가 아니라 '이기는 기술'일 뿐

'내 아이를 어떻게 길러야 할까?' 자녀를 가진 부모라면 누구나 하는 고민이고 걱정이다. 학원비를 마련하기 위해 파출부로 나선 엄마도, 자녀와 아내를 머나먼 타국으로 보내 놓고 몇 년씩 홀로 쓸쓸하게 살아가는 기러기 아빠도, 대안 교육을 찾아 농촌으로 이주하는 부모들도 모두 자녀 교육 때문이라고 말한다. 선택한 방법은 모두 다르지만 이들에게는 공통점이 있는데, 바로 학교만 믿고 아이를 맡길 수 없다는 것이다. 학교에서 배우는 것으로는 안심할 수 없다며 학교보다 학원에 더 많이 의존하고, 우리나라 교육 제도가 싫다고

■ 대한민국 교육 사용 설명서

유학을 떠나거나 대안 학교를 찾는다. 중학교까지는 의무 교육으로 무상 교육을 실시하고 고등학교도 공적으로 운영되는 대한민국이지만, 부모들에게 학교는 불신의 대상일 뿐이다.

많은 사람들은 우리나라가 예로부터 자녀 교육에 대한 관심이 높아서 이런 문제가 생긴 것이라고 말한다. 하지만 교육열이 높은 것은 문제가 아니다. 미래를 위해 다음 세대를 교육하는 데 투자를 아끼지 않는 것은 사회의 당연한 의무이고, 국가든 개인이든 교육에 많은 투자를 한다는 것은 사실 자랑할 만한 일이다. 하지만 우리나라의 교육열이 문제가 되는 것은 '내 아이'가 다른 아이들을 이기게 하려는 이기적인 욕망에서 비롯되기 때문이다. 누가 이기느냐가 중요한 상황에서는 게임의 규칙만 중요하다. 스포츠로 비유하자면 축구, 배구, 농구, 야구 등 종목마다 경기 방법과 규칙이 다른데, 우리는 축구 하나에만 매달려 있는 것과 같다. 교육의 본질인 '무엇을 어떻게 가르쳐서 어떤 인재로 키울 것인가'라는 고민은 뒷전으로 밀려 난 채, 각종 입시나 고시 같은 선발 제도에만 관심을 쏟는 것이 우리 교육의 현실이고 문제이다.

아직도 학벌과 자격증에만 매달리는 전근대적인 사회 구조

이러한 교육 현실의 배경에는 누구나 공감하듯이 학벌 중심의 사회가 자리하고 있다. 고위 공무원과 정치인은 물론 주요 대기업의 임원들까지 소위 SKY라 불리는 명문대 출신들이 대부분을 차지하고 있고, 의사나 법조인처럼 인기 있는 전문직을 가지는 것도 대학 진학으로 결정된다. 이런 상황에서 부모들이 자녀 교육의 목표를 명문대 입학에 두는 것은 너무나 당연한 일이다. 명문대를 나와야 성공할 수 있고 대학에 진학하지 못하면 사회에서 사람대접을 받지 못한다는 두려움이, 부모들을 자녀 교육에 투신하도록 만들고 있다.

시험 점수와 등수만으로 높은 소득과 안정성을 동시에 보장받는 직업을 가질 수 있는 시스템은 분명 후진적이고 비상식적이다. 부모들이 자녀 교육에 그렇게 많은 돈을 쓰는 이유도 들이는 돈보다 기대하는 수익이 훨씬 크기 때문이다. 실제로 자녀가 의사나 법조인이 되기를 희망하는 부모들 중에는, 이를 위해 몇 억을 써도 괜찮다고 생각하는 경우가 많다. 일단 되기만 하면 죽을 때까지 우려먹으면서 그동안 들인 노력과 비용보다 몇 배로 보상받을 수 있다고 믿는 것이다.

석차 경쟁을 버리지 않으면 교육 개혁은 불가능하다

부모들이 공교육을 외면하는 이유 중 하나는 학교가 단지 시험을 치르고 석차를 확인시켜 주는 곳으로 전락했기 때문이다. 학교는 '내 아이'의 석차를 올려 주지 못한다. 한 학생의 석차가 올라가면 다른 누군가는 내려가는 것이 석차 시스템의 본질인 까닭이다. 그러니 석차를 올리는 것이 목표인 상황에서는 학교만 믿고 있을 수가 없다. 내 아이가 다른 아이들보다 앞서기 위해서는 모두가 똑같이 받는 공교육 외에 학원이든 과외든 사교육을 받아야 한다. 결국 명문대 입학을 향한 경쟁이 완화되거나 석차 위주의 시스템이 바뀌지 않는 한 사교육은 줄어들 수 없다는 말이다.

　그런데 우리 교육 전체를 보면 석차는 중요하지 않다. 누가 1등을 하고 꼴찌를 하든 교육이 달라지는 것은 없다. 또한 석차로 내신의 우열을 평가한다면 어떤 학교도 모든 학생들의 성적을 올릴 수는 없다. 물론 전국 석차를 만들어 학교 간 경쟁을 시키면 어떤 학교의 전체 학생들 성적이 오를 수도 있다. 수능 성적이나 학업 성취도로 학교를 평가하고 학교 간 경쟁을 시키는 이유도, 교육 환경이 좋은 특목고에 진학하려는 경쟁이 치열해지는 것도 이 때문이다. 하지만 이런 경쟁을 아무리 시켜도 우리나라 교육 전체의 수준은 나아지지 않는다. 아니, 나아지고 있는지 나빠지고 있는지 확인할 수조차 없다.

밖에서 보아야 현실을 알 수 있다

　그렇다면 우리의 현실은 어디서, 어떻게 확인해야 할까? 가장 좋은 방법은 다른 나라와 비교하는 것이다. 월드컵 대회에서 우리나라 축구 수준을 알 수 있듯, 세계 각국의 교육 제도와 비교해 보아야 우리 교육의 실상을 알 수 있다. OECD 경제개발협력기구를 중심으로 정기적으로 국가 간 학업 성취도 비교 평가를 실시하는 이유가 이 때문이다. 우리나라는 OECD가 주관하는 PISA Programme for International Student Assessment, 국제학력비교평가 평가에서 최상위권의 성적을 보이고 있다. 하지만 속을 들여다보면 기뻐할 수만은 없는 현실이 보인다. 더 답답하고 안타까운 것은 일부 관계자들을 빼고는 그 결과에 관심조차 가지지 않는다는 점이다. 특히 부모들이 그러한데, 이는 우리나라 학생들의 학업 성취도가 어떠하든 내 아이의 석차와는 아무 상관이 없기 때문이다. 부모들이 내 아이의 석차에만 매달리는 한 우리의 교육 문제는 해결될 수 없다.

아이들이 미래를 선택하고 준비함에 있어 필요한 교육을 받지 못하는 문제는 '먹을 것이 없어 배가 고픈' 문제이고, 이것은 금방 해결할 수 있다. 하지만 내 아이가 옆집 아이보다 앞서야 하고, 조금이라도 뒤쳐졌다는 문제는 '사촌이 땅을 사서 배가 아픈' 문제인데, 사실 이것은 해결할 방도가 없다. 20여 년에 걸친 교육 개혁에 성공해서 전 세계의 모범이 되고 있는 핀란드를 비롯한 북유럽 국가들은 무상 교육을 통해 모든 아이들에게 균등한 교육 기회를 제공해야 한다는 원칙을 실현하고 있다. 이렇게 하면 '배가 고파서 생기는' 교육 문제는 자연스레 해결된다. 하지만 그래도 '배가 아파서 생기는' 문제는 해결되지 않는다. 이는 사회가 발전해서 모든 국민이 자기만 생각하는 이기적인 욕망을 자제하는 성숙한 시민 의식을 갖추어야 개선될 수 있다.

교육의 목표는 지, 덕, 체를 고루 기르는 것

세계 어떤 나라든 교육은 지, 덕, 체의 세 가지 요소로 구성되어 있다. 사회 구성원으로 살아가는 데 필요한 지식을 배우고 품성을 기르고 건강한 신체를 갖출 수 있게 하는 것이 교육의 기본이다. 각자 어떤 직업을 선택하는가, 신체 조건이 어떠한가에 따라 필요한 지식이나 건강의 목표 수준은 달라진다. 하지만 사람마다 성격과 세계관은 다르더라도 그 사회와 인류가 보편적으로 추구하는 가치는 기본적으로 습득해야 한다. 지, 덕, 체 세 가지는 어느 한 가지를 위해 다른 것을 포기하거나 독립적으로 배울 수 있는 것이 아니다. 민주시민의 자질을 도덕이나 사회 과목에서만 배우거나, 건강한 신체를 체육 과목으로만 기르는 것이 아니라는 뜻이다.

교육은 사회와 독립된 별도의 영역이 아니다. 사회가 운영되는 방법대로 운영되고, 사회가 요구하는 인재를 양성하고, 사회가 지향하는 원칙과 가치를 다음 세대가 공유하게 하는 것이 교육이다. 사회가 변화하지 않으면 교육도 변화할 이유가 없다.

하지만 세계는 끊임없이 변화하면서 발전해 왔다. 20세기 과학 기술의 혁명적 발전은 21세기에도 이어지고 있고, 그 변화의 속도는 점점 더 빨라지고 있다.

교육이 변화하는 가장 큰 이유는 지식 때문이다. 사회가 발전할수록 지식의 양은 많아지고 깊어지고 넓어지며, 그만큼 다양한 직업이 생겨난다. 가업을 이어받던 시절에는 부모가 자식을 가르칠 수 있었고, 교사에게 배우는 것만으로도 충분히 사회에 적응할 수 있었지만, 이제 그런 시대는 지났다. 아이들은 부모 세대에는 전혀 알지 못했던 것을 배워야 하고, 교사가 10년~20년 뒤에 필요한 지식을 모두 가르칠 수도 없다. 지, 덕, 체 중에서도 유독 지식 학습에 대한 고민이 깊어질 수밖에 없는 이유가 여기에 있다. 따라서 필자는 이 책을 통해 교육의 세 가지 요소 중에서도 특히 지식 학습에 관해 이야기해 보고자 한다. 우리 교육이 아이들에게 민주시민으로서의 올바른 자질을 충분히 심어 주지 못하고 있는 것도 사실이고 책상 앞에만 붙들어 놓아 건강한 신체를 기르지 못하는 점도 안타깝지만, 그것들에 대해서는 다음 기회에 말하도록 하겠다.

1등만 기억하는 더러운 세상, 이제는 제발 좀 바꾸자!

대한민국 교육의 과제는 의사나 법조인을 더 많이 배출하거나 명문대 합격자 수를 늘리는 것이 아니다. 대원외고에서 SKY 대학에 많이 입학하고 사법시험 합격자를 많이 낸다고 우리 교육이 나아지는 것은 아니다. 국내에서만 알아주는 자격증을 따거나 일정한 정원을 두고 벌이는 경쟁에서 이겼다고 좋은 교육이라고 할 수도 없다. 이런 실적을 내세우는 것은 학원 같은 사교육 기관들이 잘하는 일인데, 학원을 교육 기관이라고 부를 수는 없다.

어떤 선진국도 우리처럼 석차로 경쟁하는 교육을 하지 않는다. 물론 인재를 기르기 위한 엘리트 교육은 중시하지만 우리처럼 등수에 집착하는 나라는 없다. 개인의 적성과 능력을 최대한 발휘할 수 있도록 가르치는 것이 세계가 지향하는 교육이고, 우리 교육 또한 이런 방식으로 나아가야 한다. 우리나라 고등학생들의 성적은 세계 최상위권이지만 대학을 졸업한 학생들의 수준은 바닥이고, 우리의 대학 교육 수준이 OECD 국가들 중 꼴찌 수준인 것은 초, 중, 고, 대학교 모두가 함께 책임져야 한다.

단순히 입시 위주라는 말만으로는 우리의 교육 현실을 제대로 드러내지 못한다. 의사나 법조인이 될 사람을 가려 내는 교육이라고 하는 것이 보다 솔직한 표현일 것이다. 의사나 법조인이 될 학생들만 기르는 것이 교육은 아니다. 그런데도 극소수를 제외한 나머지 아이들은 1등이 아니라는 이유만으로 스스로를 실패자라 여기고 대충 적당한 직업을 찾아 이리저리 헤매게 된다. 그렇게 자란 아이들이 올바른 사회 구성원이 될 준비를 제대로 할 리가 없고, 사회가 이들에게 행복한 삶의 터전이 될 가능성 또한 희박하다.

소수만을 위한 교육은 교육이 아니다

대놓고 말하자면 의사나 법조인이 되려는 아이들에게는 지금의 교육도 나쁘진 않다. 초등학생 때부터 과도한 학습에 찌든 아이들의 모습은 안타깝지만, 의사나 법조인이 되려면 석차 경쟁을 해야 하니 뾰족한 해결책이 없는 것도 사실이다. 시험문제를 유출하는 식의 부정행위를 하는 것이 아니라면, 더 많이 공부해서 1등이 되겠다는 이들의 경쟁을 제한할 수는 없다. 의사나 법조인이 되고 싶어도 경제적 여건상 사교육을 받지 못하는 아이들에게는 따로 지원을 해주면 된다.

우리 교육이 달라져야 하는 근본적인 이유는 상위 1퍼센트의 극소수 학생들이 아니라 나머지 대다수 아이들 때문이다. SKY 대학과 의약 계열 대학에 합격하는 학생들은 2퍼센트에 불과하고, 조금이라도 가능성이 있는 학생들을 포함해도 5퍼센트 남짓일 뿐이다. 5퍼센트를 위한 특별 교육은 지금 하고 있는 것으로도 충분하다. 하지만 이들과 다른 꿈을 꾸고, 다른 직업을 가지고 살아갈 나머지 학생들까지 같은 공부를 할 필요는 없다. 나머지 95퍼센트의 학생들도 진로를 탐색하고 준비할 수 있는 교육을 받을 권리가 있다. 이들을 위한 배려가 너무나도 부족한 것이 우리 교육의 근본적인 문제인 것이다.

교육은 다양해야 한다. 우리 사회에는 노벨상을 받는 과학자도, 스티브 잡스 같은 엔지니어도, 조앤 롤링 같은 소설가도, 백남준 같은 예술가도, 김영모 같은 제빵사도, 에드워드 권 같은 요리사도 필요하다. 아이들은 어른들의 한을 푸는 것이 아닌 자신의 꿈을 키우는 데 주력해야 하고, 나와 다른 꿈을 가진 사람들과 더불어 살아가는 법을 배워야 한다. 아이들에게 행복한 교육이 되어야 부모도, 사회도 행복할 수 있다.

아이들은 모두 다르고, 필요한 교육도 다르다

자녀의 적성과 진로에 적합한 교육을 해야 한다는 사실을 부정하는 부모는 거의 없다. 아이가 되고 싶어 하는 직업이 있다면 밀어주겠다고 말하는 부모들도 대다수이다. 문제는 특별한 재능을 보이거나 확고한 꿈을 가진 아이들이 별로 없고, 적성을 파악하는 것도 쉽지 않다는 데 있다.

지금 초등학생인 아이들은 중학교를 마칠 즈음에 대략적으로라도 적성과 진로를 판단해야 한다. 대학교까지 무상 교육을 실시하고 있는 선진국들이 중학교까지를 의무 교육으로 두는 것은, 고등학교 과정부터는 각자의 진로에 필요한 교육을 받아야 한다고 생각하기 때문이다.

우리도 그렇게 될 것이다. 지금 당장은 어렵겠지만, 적어도 10년 뒤에는 부모 세대가 상상하는 것 이상으로 달라질 것이다. 10년 후에도 우리 교육이 지금과 별반 다를 것이 없다면 이 땅에서 내 아이를 가르칠 이유가 없다.

대한민국 아이들은 너무 많은 공부를 하면서도 실패하고 있다. 어쩌면 공부를 너무 많이 해서 실패하는 것인지도 모른다. 사실 지금의 교육 시스템에서 제대로 공부한다는 건 기적이나 다름없다. 그러나 우리 교육이 한두 해 사이에 갑자기 좋아지지는 않더라도 10년쯤 후에는 크게 달라져 있을 것이다. 10년 후에 대학에 진학할 현재 초등학생 아이들이라면 제대로 교육받을 기회와 가능성이 있다. 이 책은 현재 초등학생 아이들이 무엇을 어떻게 공부해야 하는지, 부모들은 자녀를 어떻게 가르쳐야 하는지 설명하기 위해 쓴 것이다.

유학을 가거나 대안 교육을 선택하면 내 아이는 더 나은 교육을 받을 수도 있다. 하지만 미래의 지식 사회를 주도할 인재가 해외에서 자라고, 대한민국의 리더가 되려는 인재가 학원에서 길러지고, 건전한 철학과 의식을 갖춘 인재가 대안 학교에서 성장하는 상황에서 우리의 미래가 밝을 수는 없다. 대다수 학생들이 다니는 학교 교육을 바꾸어야 하고 그 변화를 이끌어 낼 책임은 교사, 학교, 교육 당국, 학부모, 사회 전체가 함께 져야 한다. 아이들은 제대로 공부해야 한다.

더 나은 교육이 필요하다

자녀가 조금이라도 나은 학교에 들어가기를 바라는 부모들의 욕망이 우리나라 교육을 지탱해 온 힘이었던 것은 부정할 수 없는 사실이다. 하지만 우리끼리의 경쟁에만 지나치게 골몰하느라 대한민국 교육은 혁신되지 못했고, 이제 자녀 교육은 부모들에게 기쁨과 보람이 아니라 어깨를 짓누르는 무거운 짐으로 전락해 버렸다.

더 나은 미래, 더 살기 좋은 사회를 건설하는 것은 우리 모두의 사명이다. 변화와 혁신의 노력은 교육에서도 이루어져야 한다. 우리 사회의 미래는 교육에 달려 있고, 더 나은 교육이 되어야 더 나은 미래를 기약할 수 있다. 우리 교육이 이제는 정말 변해야 할 때라고 생각하는 사람이라면 누구나 미래의 교육을 고민해야 한다.

세계를 보면 미래가 보인다

다른 나라의 교육을 살펴 보면 우리 교육의 미래를 전망할 수 있다. 우리 교육은 일본식이고, 그래서 일본 교육의 문제점은 우리의 문제이기도 하다. 신자유주의 교육의 대표 격인 미국과 영국의 교육은 대학을 제외하고는 본받을 것이 거의 없다. 전 세계가 주목하는 모범적인 교육 체제를 갖춘 곳은 핀란드를 비롯한 북유럽 국가들이다.

우리나라와 일본의 교육은 시험 위주여서 창의성을 말아먹기(?)

에 딱 좋은 시스템으로 전 세계에 알려져 있다. 미국과 영국은 학력 신장을 위해 경쟁을 강화하는 교육에 집중하고 있고, 북유럽 국가들은 경쟁보다는 다양성을 중시하는 교육을 실시하고 있다. 이렇듯 나라마다 방식은 다르지만 미래 교육이 지향하는 방향에는 공통점이 있다. 개인의 다양성을 존중하고 각자의 능력과 적성에 맞는 교육, 즉 모든 개인의 잠재력을 극대화하는 교육Excellence for All 을 하자는 것이다.

아이들이 다양한 만큼 교육도 다양해야 한다

아이들은 모두 다르다. 재능이 다르고 꿈도 다르다. 하지만 어린 나이에 특정 분야에서 뛰어난 재능을 보이거나 확고한 꿈을 가지는 아이들은 많지 않다. 그렇다고 일단 공부를 잘해야 한다고 생각해서는 안 된다. 다양한 체험과 활동으로 꾸준히 자극을 주고 부모와 교사가 관심을 가지고 지켜보아야 아이들이 자신의 재능과 꿈을 찾을 수 있다.

성적으로 등수를 매기는 교육은 대다수 학생들에게 열등감만 심어 준다. 더 많은 아이들이 경쟁에 뛰어든다고 교육이 나아지는 것도 아니고, 경쟁을 막는다고 교육이 혁신되는 것도 아니다. 아이들의 다양성만큼 교육도 다양해져야 한다. 낙오하는 아이들 때문에 다양성 교육을 실시하는 것이 아니다. 모든 아이들은 다르기 때문에 각 개인에게 적합한 교육을 하는 것이 다양성 교육이고, 이것이 미래의 교육관이다. 다양한 꿈을 가진 학생들 하나하나를 위한 교육,

성적 경쟁에서 뒷전으로 밀려난 아이들을 위한 교육, 누가 가장 잘하느냐가 아니라 너는 무엇을 잘하고 나는 무엇을 잘하는지를 찾아가는 것이 진짜 교육이다.

구성주의 교육을 지향해야 한다

과거에는 학교에서 배우는 지식을 절대 진리로 간주했지만, 오늘날은 그렇지 않다. 교사가 가르치는 대로 배우는 것이 아니라, 배우는 사람에 따라 지식의 내용도 달라질 수 있다. 지식도 상대적이라는 말이다. 이것이 구성주의 교육 철학이고, '학습자 중심의 교육', '개방형 교육', '토론 수업' 등이 강조되는 배경이다.

구성주의 교육 철학은 다양성을 존중하는 교육에서 특히 중요하다. 학습 능력이나 속도뿐만 아니라 배움의 방법과 결과까지 개인마다 다르기 때문에, 개인의 특성을 고려한 맞춤형 학습을 추구하게 된다. 결국 개인의 다양성을 최대한 존중하지 않으면 구성주의 교육은 제대로 실행되기 어렵다. 그래서 정답을 하나로 제한하지 않는 '개방형 문제'가 등장하는 것이다. 사회와 현실 세계의 문제에 정답이 없듯이 학교 교육에서도 하나의 정답만 존재하던 시대는 이제 지나갔다.

교육의 본질은 스스로 배우는 것이다

교육은 가르치는 것이고 학습은 배우는 것이다. 교사나 부모가 가르치는 대로 아이들이 배운다면 두 단어의 의미는 같아진다. 그렇다면 잘 가르치는 선생님에게 배우면 더 잘 배울까? 그렇지 않다. 같은 수업을 듣고도 배운 결과는 서로 다르다. 배우는 힘이 다르고 배우는 이유가 다르고 배우는 방법이 다르기 때문이다. 그러니 어떤 학교, 어떤 학원에 보낼지 고민하기보다 아이가 어떻게 배우는지를 더 관심 있게 지켜보아야 한다.

지금까지는 문제를 많이 풀면 시험 성적을 쉽게 올릴 수 있었다. 하지만 그렇게 받은 점수는 실력이 되지 않는다. 학생 스스로 자기에게 적합한 학습 방법을 찾아야 실력을 기를 수 있다. 이것이 '자기 주도 학습'이다. 외국어든 수학이든 철학이든 예체능이든, 아이들이 스스로 깨달으면서 배워야 제대로 배울 수 있다.

교육은 퇴보하지 않는다

하루가 멀다 하고 정부가 새로운 교육 정책을 발표하고 있는 지금, 부모들은 불안하고 혼란스럽다. 어떻게 해야 유리한지 몰라 불안하고, 혹시 불이익을 받지는 않을지 걱정한다. 어떻게 하든 내 아이가 다른 아이들보다 앞서야 한다는 욕망과 조급함이 뒤엉켜 대한민국 교육을 휘감고 있다.

정말 어떻게 해야 할까? 안타깝지만 현재 고등학생인 아이들은 지금의 방식대로 공부할 수밖에 없다. 하지만 지금 초등학생인 아이라면 크게 걱정하지 않아도 된다. 지금처럼 사교육에 의존하지 않아도 충분히 공부할 수 있도록 교육이 달라질 것이기 때문이다.

미래에도 고소득과 안정성을 상징하는 의사나 법조인이 되기 위한 경쟁이 지금처럼 치열하다면, 아마 오랜 시간이 지나도 많은 부모는 자녀들을 지금처럼 가르쳐야 할지 모른다. 하지만 사회는 변하게 마련이고, 이런 경쟁에서 성공할 수 있는 소수의 학생들을 위한 교육이 우리 교육의 전부가 되어서는 안 된다.

이런 학생들을 위한 교육은 지금도 차고 넘친다. 다양한 꿈을 가진 학생들을 위한 교육이 늘어나려면 이제는 부모가 나서야 한다. 교사와 함께 내 아이의 재능을 발견하고 학교와 함께 내 아이의 꿈이 커 갈 수 있도록 요구해야 한다. 정부와 학교, 그리고 교사가 '우리 교육이 학생들의 다양한 꿈을 얼마나 잘 길러 주었는가'를 두고 경쟁하게 하려면, 부모의 이해와 참여가 그 자양분이 되어야 한다. 부모의 관심과 협조 없이는 어떤 교육도 개선될 수 없다는 점을 명심해야 한다.

2부_ 10년 후에도 성공하는 자녀 교육 방법

Education
Manual In k

PART 1

10년 후 교육, 다양성이 생명이다

미래의 교육에는 정답이 없다

출산과 함께 시작되는 사교육 전쟁

자녀가 초등학교에 입학하는 순간부터 부모들은 마음이 바빠진다. 아이가 수업은 잘 받을지, 소위 왕따를 당하지는 않을지, 학교생활 자체에도 걱정이 많은데 주변에서는 각종 사교육이 바람을 넣는다. 미리 선행 학습을 하지 않으면 뒤처진다며 겁을 주는 학원 광고와 다른 학부모들의 이야기가 연일 눈과 귀를 자극한다. 사실 부모들의 이런 걱정은 초등학교에 들어가기 훨씬 전에, 심하게 말하면 출산과 함께 시작된다.

지금 초등학생 자녀를 둔 부모들은 1987년 이후 고등학교를 졸업하거나 대학에 들어간 민주화 세대가 대부분이라 대체로 자유주의적인 성향을 보이지만, 자녀 교육 앞에서는 그리 자유롭지 못하다. 대한민국 부모들 대부분이 대학은 꼭 졸업해야 하고, 명문대일수록 좋으며, 형편이 닿는 데까지 자녀의 명문대 합격을 위해 뒷바라지하는 것이 부모의 책임이라고 믿는다.

여기에 특목고 열풍까지 가세하면서 사교육 시장은 그야말로 전쟁터가 되었다. "명문대에 입학하려면 특목고에 가야 하고, 특목고에 가려면 선행 학습을 해야 하는데, 가능한 한 일찍 시작할수록 유리하다"라는 공식이 특목고 열풍을 일으키고 있다. 초등학교에서 영어 교육이 강화된다고 영어 유치원이 붐비고, 조기 유학생이 늘어난다. 대입에 논술이 도입되었다고 초등학생도 논술 학원에 다니고, 수능 시험에서 수학이 어렵게 출제되었다고 수학 학원으로 몰린다. 학원 밀집 지역에서는 2, 3년 정도의 선행 학습은 필수라는 말까지 돌아다닌다.

점수가 아닌 잠재력과 창의성으로 학생을 선발하겠다며 입학 사정관 제도가 도입되고, 학원을 보낼 필요가 없도록 학교 교육을 강화하겠다는 정부의 계획이 속속 발표되고 있지만 부모들은 아직도 반신반의하고 있다. 여전히 많은 학생들이 특목고 전문 학원을 찾아 선행 학습을 하고 있고 교육 관계자들조차 사교육이 크게 줄어들지는 않을 것이라고 전망한다. 대부분 사람들이 우리 교육에 문제가 많다고 생각하고 거의 모든 부모들이 사교육 때문에 부담을 느끼고 있으면서도, 정부에서 공교육을 강화해 사교육 부담을 줄이겠다고 나서는 것을 별로 반기는 것 같지가 않다. 참 이상한 일이다.

여기에는 우리 사회의 오랜 고정관념이 있다. 솔직하게 적어 보면 이렇다.

> 성공한 인생이란 의사, 판사, 검사, 변호사, 회계사, 공무원, 공기업과 대기업의 임원, 교수처럼 안정적이고 고소득이 보장되는 직업을 가지는 것이다. 꼭 이런 직업을 가지지 않더라도 명문대를 졸업하면 우리나라에서 성공하기가 훨씬 유리하다.
>
> 고등학교까지의 교육의 목표는 좋은 대학에 들어가는 것이다. 물론 인성도 키우고 체력도 기르면 좋지만 이런 것들은 기본만 갖추면 된다. 시험 성적으로 줄을 세우는 것이 썩 좋은 방법은 아니지만, 이왕 평가를 해야 한다면 주관적으로 판단하기보다는 시험을 쳐서 객관적으로 등수를 매기는 것이 더 공평하다.

모든 사람들이 동의하지는 않겠지만 대부분 부모들은 이렇게 생각한다. 우리 사회가 오랜 경험으로 획득한 이런 고정관념이 교육의 정석이 되어, 끊임없이 아이들을 학원으로 내몬다. 성적을 올리는 것이 교육의 목표라면 시험에 나오는 내용만 요약, 정리해서 반복 학습을 시키는 학원식 공부가 더 효과적이니 학생들이 학원으로 몰리는 것은 당연하지 않겠는가?

특목고에 매달릴 수밖에 없는 현실

특목고는 이러한 상황에서 선택할 수 있는 최상의 선택이다. 평준화 정책이 유지되는 상황에서 성적이 우수한 학생들끼리 모여 대입을 준비할 수 있으니, 명문대에 입학할 가능성이 높아지는 것은 당연한 결과다. 좋은 대학에 가려면 남들보다 더 많이, 더 빨리 준비하는 것이 유리하다고 생각하는 부모들에게 외국어고를 비롯한 특목고는 딱 맞아떨어지는 정답이었다.

우리나라 전체 특목고의 2009년 입학 정원은 약 1만 2,700명 외국어고 7,500명, 국제고 500명, 과학고 1,400명, 영재 학교 300명, 자사고 3,000명 등 이다. 그리고 이른바 명문대의 학부 입학 정원을 보면 서울대 3,400명, 연세대 3,700명, 고려대 3,700명, 카이스트 700명, 포항공대 300명 등 1만 1,800명이다. 전국에서 1만 명 안에 들어야 명문대에 합격할 수 있다는 말이다. 물론 인기가 많은 전국의 의대, 한의대, 약대 등 의약 계열을 보태야 하고, 명문대 중에서도 비인기 학과는 제외해야 부모들의 꿈에 부합하겠지만, 그렇게 계산해도 그 숫자는 대략 1만 명 안팎이다. 수능을 치르는 학생 수가 60만 명 전후이니 1만 명이면 약 2퍼센트이다. 결국 명문대든 특목고든 2퍼센트 안에 들기 위한 경쟁인 것이다. 대한민국에서 성공하기 위해서는 바로 이 2퍼센트 안에 들어가야 한다고 많은 부모들이 믿고 있다. 특목고가 뜰 수밖에 없었던 이유가 이것이다.

명문대 합격을 위해 특목고로 진학하는 것은 분명 지금까지는 효과적인 전략이었다. 대학이, 그리고 옛날부터 인기가 많은 의대, 법대, 공기업 등의 선발 방식이 성적으로 줄을 세워 뽑는 방식이니 시험을 잘 치는 학생들이 좋은 학벌, 좋은 직업을 가질 가능성이 높을 수밖에 없었다. 대다수 특목고들, 특히 외국어고, 자사고 등 사립 특목고들은 노골적으로 명문대 입학을 학교의 존재 이유로 삼고 있다. 심지어 유명 학원 강사를 초빙해 방과 후 학교를 운영하는 등 입시 학원을 방불케 하는 상황까지 연출하고 있다.

일반 고등학교도 입시 준비에 치중하기는 마찬가지이니 이것이 비단 특목고만의 문제는 아니라고 할 수 있다. 문제는 특목고가 시험만으로 성적 우수자를 선발하다 보니, 특목고에 진학하고자 하는 학생들이 너무 일찍부터, 그리고 엄청난 양으로 입시 준비를 하게 된다는 점이다. 특목고에 가기 위해 중학교에 입학하기도 전부터 준비를 하는 것은 예사이고, 학원가에는 초등 5학년에 시작해도 늦은 것이라는 말까지 나돈다.

특목고, 10년 뒤에도 지금과 같을까?

그런데 이런 전략이 10년 후에도 효과가 있을 것이라고 기대해서는 곤란하다. 시대에 따라 선호하는 직업이 달라지듯이 지금 인기 있는 직업이 미래에도 매력적인 직업으로 남아 있지는 않을 것이다. 인기학과들은 서서히 의학 전문대학원, 법학 전문대학원로스쿨, 경영 전문대학원MBA 등 대학원 중심으로 바뀌고 있고, 그 수도 크게 늘어나 안정성과 고소득을 보장받기가 점점 어려워지고 있다.

그렇다면 내 아이를 어떻게 가르쳐야 할까? 안타깝지만 지금 자녀가 고등학생이라면 현재의 입시 제도와 교육 방법을 따를 수밖에 없다. 내신이든 수능이든 시험 성적이 가장 중요한 상황이 한두 해 사이에 크게 달라지지는 않을 테니, 대학에 얽매이지 않거나 유학을 갈 것이 아니라면 지금까지 해 온 대로 할 수밖에 없다. 하지만 초등학생이라면 이야기가 달라진다. 아이들이 대학에 가게 될 10년 후에도 지금과 같은 상황이 계속된다는 보장은 없다. 입학 사정관 제도, 고교 선택제, 특목고 입시 제도 개선, 공교육 정상화 방안, 사교육 대책 등 하루가 멀다 하고 새로운 교육 정책이 발표되는데, 과연 10년 후에도 지금과 같은 상황이 이어질 것이라 생각할 수는 없지 않겠는가?

우리 교육, 정책의 문제인가?

현 정부에서 추진하고 있는 교육 정책을 보자. 입학 사정관 제도로 시험 성적과 석차에 의존하는 선발 관행을 바꾸겠다고 하고, 자율형 사립고와 기숙형 공립고 등 이른바 '유사 특목고'들을 200개 이상 만들겠다고 한다. 미래 사회에 필요한 다양성과 창의성을 기르는 교육을 강화해서 국가 경쟁력을 높이겠다고도 한다. 그렇다고 선행 학습-특목고-명문대로 이어지는 이른바 '엘리트 코스'에 대한 선호가 사라지지는 않겠지만, 이러한 여러 가지 경로를 통해 다양성 교육을 실현하겠다는 정부의 의지는 확고해 보인다.

정부 관계자들은 이러한 정책의 효과로 특목고 진학 수요와 사교육비가 어느 정도 줄어들 것이라고 기대하는 것 같다. 하지만 이를 두고 교원 단체와 학부모 단체들은 찬반으로 갈라져 논쟁을 벌이고 있다. 찬성하는 쪽은 강제적인 평준화 교육의 한계를 언급하며 교육에도 경쟁 원리를 도입해 자유롭게 선택할 수 있어야 한다고 주장하고, 반대하는 쪽은 이러한 정책들이 결국 시장 논리를 강조하는 신자유주의 교육이나 다름없으며 학생들을 무한 경쟁으로 내모는 것이라고 비판한다.

그런데 평준화 정책 때문에 평균 학력이 떨어졌다는 주장은 제대로 검증되지 않은 '설'에 불과하다. 외국어고의 인기로 특목고 입시를 준비하는 사교육 시장이 팽창했듯이, 경쟁의 확대는 결국 교육 전반의 파행을 초래한다는 것을 이미 경험하지 않았는가?

반대하는 측도 마찬가지이다. 이들의 주장이 설득력을 지니려면 지금까지의 교육이 성적 위주가 아니었고 명문대를 향한 무한 경쟁 또한 없었어야 한다. 그런데 암기 위주의 시험 중심 교육이 대한민국 교육의 특징인 것은 세계가 아는 사실이고, 대한민국의 모든 학교는 시험 성적과 석차를 매겨 주는 기관일 뿐이다.

입학 사정관 제도가 미국식 제도라고 해서 현 정부가 신자유주의 교육 정책을 추구하고 있다는 주장도 정확한 표현이 아니다. 입학 사정관은 미국의 제도이지만, 마이스터고등학교는 독일에서 따온 북유럽식이다. 학업 성취도 평가로 학교를 평가하는 것은 미국이나 영국의 신자유주의 교육 방식과 비슷하지만 저소득층 지역의 학교에 투자를 늘려 학교를 개선하는 것은 북유럽식이다. 그런 점에서 현 정부의 정책은 하이브리드라고 하는 것이 더 적절하다. 우파적 정책과 좌파적 정책이 섞여 있기에 우파, 좌파가 모두 반대하는 것이다.

대학이 한국 교육을 망치고 있다

그러면 교육 정책의 변화를 어떻게 이해해야 할까? 특정 정권의 지향이나 이념으로 설명할 것이 아니라 보다 장기적인 관점에서 교육에 대한 사회적 수요가 달라지고, 그에 맞춰 교육이 변화하는 것으로 이해해야 한다. 사회가 필요로 하는 인력을 양성하는 것이 교육이고, 교육은 사회의 수요를 충족하는 방향으로 변화하게 마련이다. 기능 인력이 많이 필요하면 실업계 학교가 늘어나고, 박사가 많이 필요하면 박사과정이 늘어난다. 물론 개인의 영향도 받는다. 우리의 교육열, 특히 고등교육을 향한 너무나도 뜨거운 교육열 덕에 대한민국의 대학 진학률이 세계 최고 수준이 되었듯이 말이다.

사회적 수요와 개인적 선호가 양적, 질적으로 균형을 이루면 교육이 안정되지만 그렇지 못하면 문제가 생긴다. 흔히들 과도한 대입 경쟁, 특목고 열풍과 사교육 만연 등 고등학교 이하의 교육이 문제인 것처럼 말하지만 사실 우리 교육의 보다 근본적인 문제는 대학 교육이 경쟁력을 갖추지 못해서 발생하는 경우가 대부분이다. 대학에서 길러 낸 인력이 기업과 사회의 요구를 제대로 충족하지 못하고 있다는 뜻이다. 우리 대학 교육이 경쟁력을 가졌다면, 그래서 졸업생 대부분이 외국의 대학원과 글로벌 기업으로 진출할 수 있다면 대학 정원이 더 늘어도 상관없고 청년 실업 문제도 생기지 않을 것이다. 결국 우리 대학들이 그런 경쟁력을 갖추지 못하다는 데 교육의 근본적인 문제가 있다.

국가 간 비교 자료를 보면 그 실상이 여실히 드러난다. IMD 국제경영개발원가 2009년에 발표한 국가 경쟁력 순위를 보면 우리나라는 57개국 중 27위, 교육 경쟁력은 36위를 기록했다. 그런데 '대학 교육이 사회의 요구에 부합하는지 여부'를 묻는 항목에서는 57개국 중 51위이고, OECD 30개국 중에서는 29위로 평가되었다. 대학이 미래 사회의 요구에 제대로 부합하지 못하고 있다는 말이고, 대한민국의 교육 경쟁력, 나아가 국가 경쟁력을 떨어뜨리고 있다는 말이다. 대학 교육이 달라지지 않으면 우리 교육의 문제는 근본적으로 개선되기 어렵다.

충분한 능력을 갖추었다면 대학 진학자가 많아도 별 문제가 되지 않는 사례를 보자. 뉴질랜드에서 가장 좋다는 오클랜드대학은 2009년 《타임스The Times》가 발표한 대학 순위에서 61위를 차지한, 세계 100대 대학 중 하나이다. 서울대가 47위이니 전체적인 수준은 서울대와 비슷하다고 보면 된다. 이 학교의 전체 학생 수는 학부 2만 3,095명으로 서울대의 1만 6,512명보다 많은데, 입학 정원으로 보면 오클랜드대학이 약 5,825명, 서울대는 약 3,300명이다.

그런데 뉴질랜드의 인구는 410만 명으로 우리나라 인구의 10퍼센트가 채 되지 않는다. 뉴질랜드에서 고등학교를 졸업하는 학생이 5만 명 정도이고 대학 진학률은 45퍼센트 정도이니, 대략 2만 5,000명이 대학에 지원하고 이중 20퍼센트인 5,000명이 최고 명문대에 진학한다는 말이다. 서울대가 같은 비율로 신입생을 받는다면 60만 대학 지원자 중 12만 명이 서울대에 들어간다는 말이다. 서울대 입학 정원이 12만 명이 아니라 5만 명만 된다고 해도 우리 학생들이 대입 준비에 그렇게 매달리지는 않을 것이다.

뉴질랜드는 인구가 적고 제조업이 발달하지 않아 일자리가 많지 않은 나라이다. 최고 명문대를 졸업해도 뉴질랜드 안에서 일자리를 얻기는 무척 어렵다. 실제로 오클랜드대학 졸업생의 대부분이 호주, 영국, 미국 등으로 진학하거나 취업한다. 그런데도 서울대보다 학부 정원이 많은 오클랜드대학이 세계 100대 대학이 될 수 있는 것은, 대학 교육이 경쟁력을 가졌기 때문이라고 볼 수밖에 없다.

우리는 소위 명문대라 불리는 서울대, 연세대, 고려대, 카이스트, 포항공대를 모두 합해도 입학 정원이 1만 명으로 대학 지원자의 2퍼센트가 채 되지 않는다. 《타임스》 순위에서 100대 대학에 포함된 미국의 대학은 아이비리그 대학들을 포함해서 모두 37개이고, 이 학교들의 입학 정원만 합해도 10만 명이 넘는다. 미국도 대학 진학률이 40퍼센트 수준임을 감안하면 대한민국에서 소위 명문대에 진학하는 것은 미국에서 세계 100대 대학에 들어가는 것보다 훨씬 어렵다. 우리나라 학생들과 부모가 대학 입시에 골몰할 수밖에 없는 이유이다.

대학의 학생 선발 기준은 달라질 수밖에 없다

우리 교육이 나아지려면 먼저 대학이 변해야 한다. 세계 일류 수준의 대학과 경쟁할 수 있는 대학이 더 많아져야 한다. 우리 대학들이 미래 사회가 필요로 하는 인재를 양성하지 못한다면, 도태될 수밖에 없다.

대학이 미래 사회가 요구하는 인재를 양성하려면, 대학 또한 그러한 인재를 선발해야 한다. 대학에 입학 사정관 제도가 도입되는 이유가 이것이다. 수능이든 내신이든 논술이든, 시험 성적만으로는 필요한 인재를 선발할 수 없다는 말이다. 한마디로 말하면 그동안 당연하게 여겨졌던 '1등 = 합격'의 틀이 바뀐다는 의미이다. 아쉬운 점이 없는 것은 아니지만, 정부가 추진하는 정책들을 보면 일단 변화의 방향은 제대로 잡은 것 같다. 이제 이 정책들의 성공 여부는 대학들이 정말 입학 사정관 제도를 제대로 활용할 의지를 가지고 있느냐에 달려 있다. 대학들이 지금까지의 관행을 바꾸겠다는 의지가 확고하다면 카이스트나 포스텍이 보여 주었듯이 입학 사정관 제도를 정착시키는 것은 그리 어려운 일이 아니다.

대학이 변하고 입시 제도가 변하면 고등학교 교육도 달라진다. 대학이 창의성을 가진 인재를 찾고 잠재력과 가능성을 보고 선발하면 초등학교와 중, 고등학교도 당연히 다양성을 존중하고 창의성을 기르는 교육을 해야 한다. 그래서 정부가 입학 사정관 제도와 함께 '고교 다양화 300 프로젝트'를 추진하겠다고 나선 것이다. 말 그대로 다양한 인재를 양성하겠다는 정책이다. 이에 대해 말로만 다양성과 창의성을 강조할 뿐 실상은 입시 경쟁을 심화시킬 뿐이라며 우려하는 사람들이 있다. 물론 초기에는 어느 정도의 문제점이 나타날 수 있고, 교육 현장에서 충분히 준비하지 못한 상태에서 정부가 너무 서두르는 면도 없다고는 할 수 없다.

이런 우려는 다양성과 창의성을 강조하는 교육이 지금보다 공부를 덜 하는 것을 의미한다고 생각하는 데서 나온다. 이른바 '이해찬 세대'의 경험이다. '이해찬 세대'라 불리는 학생들은 수능, 내신, 본고사 등으로 대입 전형을 다양화하겠다는 정부의 조치에 따라 대학에 진학했다. 처음 취지는 '한 가지만 잘해도 누구나 대학에 갈 수 있다'라며 대입 방법을 다양화하는 것이었는데, 이해찬 세대는 세 가지 모두를 준비하다 이른바 '죽음의 트라이앵글'을 겪었다.

무엇이 잘못된 것일까? 창의성을 강조한다고 대입 방법을 다양화한 것까지는 좋았지만, 결국은 모두 등수로 줄을 세웠기 때문이다. 수능, 내신, 본고사 중 한 가지만 선택하는 것이었다면 그나마 최악의 사태는 피할 수 있었을 텐데, 비중만 다를 뿐 세 가지를 모두 반영하는 것과 마찬가지였으니 그렇게 될 수밖에 없었던 것이다. 게다가 '다양성과 창의성을 보겠다'라는 말을 '공부를 덜 해도 된다'라는 말로 해석했으니 처음부터 어불성설이었던 셈이다.

'창의성'의 개념을 정확히 이해하지 않으면 이런 일은 앞으로도 계속될 것이다. 학문의 세계에서 말하는 창의성이란 '기존의 지식을 바탕으로 그 한계를 넘어서는 능력'을 말한다. 기존 지식의 개념과 원리를 꿰뚫지 못한 상태에서는 창의성이 발현될 수 없다. 사회와 대학이 요구하는 인재는 기존의 지식을 잘 학습하고 자신만의 독창적인 생각으로 새로운 무언가를 찾아 내는 사람이다. 지식만 많고 창의성이 없는 인재도 뽑지 않지만, 기본 지식은 제대로 익히지도 않고 창의적이기만 한 인재도 뽑지 않는다는 말이다.

입학 사정관 제도의 기본 원칙

교육 제도, 특히 선발 방식이 달라지면 학교보다 사교육이 더 빨리 대응한다. 논술 시험이 도입되면 논술 학원이 뜨고, 본고사가 생기면 본고사 대비 학원이 성시를 이룬다. 학원들은 남보다 먼저 시험에 대비해서 합격 가능성을 높이고 싶은 부모들의 욕망에 기대해 존재해 왔고, 그동안의 경험으로는 어떠한 선발 방식이 도입되든 학원들이 가장 먼저 그 기준과 핵심을 파악한 듯이 보였다. 그래서 부모들은 학원이 주최하는 대입 설명회를 쫓아다닐 수밖에 없었다. 그런데 이런 상황이 앞으로도 계속될까? 세간의 예상대로 입학 사정관 제도 전문 학원과 입시 컨설턴트가 등장해서 다시 사교육비가 늘어나는 경험을 하게 될까?

채점 기준과 선발 원칙이 정해진 시험이라면 그럴 가능성이 충분하지만 입학 사정관 제도에 의한 선발은 정해진 기준이 없다. 최소 성적 같은 기준은 있겠지만 합격을 결정하는 기준은 밝히지 않는다. 부모와 고등학교, 그리고 학원들이 합리적이고 객관적인 기준을 제시해 달라고 요청하고 있지만 그렇게 되면 입학 사정관 제도는 유명무실해진다. 선발 기준을 밝히면 그 기준을 맞추는 데 매달릴 것이기 때문이다.

기업이 신입 사원을 선발하는 과정도 마찬가지이다. 서류 전형부

터 면접까지, 매 단계마다 나름대로의 기준에 따라 인재를 선발하지
만, 그 기준이 객관적일 필요도 없고 공개하지도 않는다. 취업 준비
생들이 온갖 화려한 스펙을 갖추고도 여전히 취업하기가 어려운 이
유는, 기업들이 찾는 인재는 스펙이 좋은 사람이 아니기 때문이다.
남다른 창의성을 갖춘 인재라면 영어를 잘하지 못해도, 자격증이 없
어도 뽑게 마련이다. 기업을 이끄는 데에는 정답이 없다. 경영학 교
재 어디에도 경영의 정석 같은 것은 존재하지 않는다. 인재도 마찬
가지이다. 기업은 취업 준비를 많이 한 사람을 뽑는 것이 아니라 자
신들이 요구하는 능력을 가진 사람을 선발한다.

기업은 끊임없이 변화하는 시장에서 살아남기 위해 쉬지 않고 혁
신해야 하고, 이 혁신을 이끌어 내는 주체는 결국 사람이다. 기업은
혁신을 이끌어 낼 수 있는 인재, 즉 창의성을 갖춘 다양한 인재를 원
한다. 영어를 잘하는 인재가 필요하지만 영어 성적순으로 선발하지
는 않는다. 전문적인 지식을 갖춘 인재도 필요하지만 박사학위를 가
지고 있는 사람만 뽑지도 않는다.

입학 사정관 제도도 마찬가지이다. 내신도 보고, 수능도 본다. 심
층 면접도 하고 봉사 활동 경력도 참고한다. 하지만 어떻게 점수를
매기는지는 밝히지 않는다. 기업의 직원 채용 방법과 흡사하다. 기
업이 원하는 인재의 스펙이 따로 정해져 있지 않듯, 대학이 인재를
판별하고 선발하는 기준에도 정답이 없다. 이것이 입학 사정관 제도
의 핵심이다.

변화는 이미 시작되었다

이제 자녀를 어떻게 가르쳐야 하는지 감이 잡히는가? 지금까지 생각해 왔던 모든 고정관념을 버리고 멀리 내다보아야 한다. 부모 세대가 받았던 교육이나 지금의 방식대로 내 아이의 미래를 그려서는 안 된다. 우리 부모들은 콩나물 교실에서 시종일관 주입식 교육을 받았고, 지금은 초등학생들도 새벽까지 이 학원 저 학원을 전전하지만, 내 아이도 그렇게 공부시키겠다고 생각해서는 안 된다.

학교에서는 지금도 여전히 시험을 치르고 등수를 매기기 때문에 교육이 달라지고 있다는 것을 느끼기 어렵다. 하지만 등수를 매기는 것이 익숙해서 이 방식을 유지하는 것일 뿐, 이미 교육은 그 틀을 벗어나고 있다. 학생들 개인의 능력과 특성을 고려해서 공부하는 것이 효과적이라는 것은 이미 기본 상식으로 받아들여지고 있다. 기업과 대학이 뽑겠다는 창의적인 인재, 창의적인 학생이 되려면 그만큼 학업의 목표도 다양해져야 함을 의미한다. 공부의 목표, 학습 방법 등 모든 영역에서 정답, 원칙, 가장 좋은 길, 가장 효과적인 길이 존재한다는 고정관념에서 벗어나는 것이야말로 내 아이의 미래를 제대로 준비할 수 있는 첫걸음이다.

지식을 선도하는 나라가 미래를 주도한다

21세기는 지식이 모든 것을 주도하는 시대, 한마디로 지식 제국주의 시대이다. 애플의 아이팟도 새로운 디자인과 사용자 인터페이스를 만들어 낸 지식 기반 상품이고, CDMA 특허만으로 돈을 벌고 있는 퀄컴도 지식 기반 기업이며, 해리포터 시리즈를 써 낸 조앤 롤링도 지식 기반 사회의 주역이다. 여기서 지식이란 배워서 알게 된 것이 아니라 뭔가 새로운 것을 창출해 내는 것을 말한다.

OECD는 지식 기반 경제를 '지식과 정보를 직접 생산, 배포하는 산업에 기반을 둔 경제'라고 정의한다. 산업 경제 시대에 제조와 유통이 있었듯이 지금은 지식과 정보를 창출하는 산업과 유통하는 산업이 있다는 말이다. 지식 기반 사회의 중심이 되는 지식의 영역은 매우 넓고 다양한데, 크게 나누면 전통적 영역인 학문적 지식, 기업을 중심으로 하는 기술 지식, 그리고 저작권의 보호 대상인 문화 예술 분야의 지식으로 구분할 수 있다.

이 세 영역의 공통점은 지식이 법적으로 보호받는다는 것이다. 보호받지 못하는 지식은 재산이라고 말할 수 없다. 이들 지식이 제도적으로 보호받게 된 것이야말로 지식 기반 산업이 성장하게 된 배경이다.

지식을 선도하는 나라가 미래를 주도한다. 미국과 유럽에서 각종 규격과 인증 등 산업 표준을 경쟁적으로 만들고 있는 이유도 이 때문이다. 선진국들은 자신들의 규정을 따르지 않는 제품을 수입하지 않기 때문에, 이들의 기준이 결국 전 세계의 표준이 되는 기준, 즉 글로벌 스탠더드로 자리매김하고 있다. 이렇듯 산업에서 주도권을 쥐는 문제는 누가 글로벌 스탠더드를 결정하느냐에 달려 있다.

사람만이 지식을 창출한다. 새로운 기술, 새로운 상품도 개발하는 사람이 있어야만 탄생할 수 있다. 그 인력을 배출하는 곳이 대학이기에, 세계 최고 수준의 대학을 많이 가질수록 일류 국가가 될 가능성도 높아진다. 그래서 새로운 지식을 창출하는 경쟁은 교육의 경쟁과 직결된다.

일자리는 필요한 인력이 있는 곳에 만들어진다

학문적 지식이든 산업적 지식이든, 지식이 배포되는 과정은 동일하다. 어느 대학에 노벨상을 받은 교수가 있으면 전 세계 학생들이 찾아와서 배운다. 그리고 자기 나라로 돌아가 다시 그 지식을 가르친다. 어느 나라든 개발 초기에는 선진국에서 배워 온 지식을 전수받아 성장하게 된다. 과거 우리나라 교수들이 미국에서 배워 온 지식을 가르쳤듯이 말이다. 이렇게 길러진 인력으로 우리는 경제 성장을 이룰 수 있었다.

하지만 지금은 상황이 달라졌다. 대한민국은 세계 10위권의 경제 규모로 성장했고 OECD에도 가입했다. 최근에는 세계적인 금융 위기를 타개하기 위한 새로운 국제 경제 기구인 G20의 구성원이 되기도 했다. 우리 기업들이 세계 무대에서 경쟁하듯이 이제는 우리 대학들도 세계의 대학들과 경쟁하지 않을 수 없는 상황이 되었다.

분명 10년쯤 뒤에는 세계의 판도가 달라져 있을 것이다. 그때 대한민국이 지금보다 더 나은 지위를 차지하고 있을까? 그렇다면 그 동인이 무엇일까? 우리가 얼마나 많은 분야에서 세계적 수준의 지식을 확보하느냐일 것이다. 황우석 박사가 배아줄기세포 복제로 관심을 끌었을 때 전 세계가 보인 뜨거운 관심을 기억해 보라. 논문 조작으로 안타까운 해프닝이 되어 버렸지만, 우리나라가 세계 줄기세포 연구 허브를 만들겠다고 나섰을 때 전 세계가 얼마나 큰 관심을 보였던가? 우리 학자들이 세계적으로 뛰어난 연구 성과를 내는 분야, 즉 우리가 지식을 창출하고 선도하는 분야에서는 우리가 세계의 중심이 될 수 있다.

산업 사회에서는 자원과 자본이 가장 중요한 재화였지만 지금 가장 중요한 재화는 지식이다. 물론 앞으로도 자원이 있는 나라는 자원으로, 자본이 있는 나라는 자본을 활용해서 먹고 살겠지만, 지식 기반을 갖추지 못한 자원과 자본은 힘을 가지기 어렵다.

지식은 학교와 연구실에서 창출되고 대학을 통해 기업으로 전해진다. 기업은 인재들이 모여 있는 곳에 일자리를 만든다. 국내 기업이든 해외 기업이든 우리나라에 회사를 세운다면, 그것은 우리나라에서 필요한 인재를 확보할 수 있기 때문이다.

기업이 기능 인력을 필요로 할 때는 개발도상국에 회사를 짓고 기술을 가르치면서 상품을 생산할 수도 있다. 하지만 고급 인력이 필요한 경우에는 인재가 모여 있는 곳으로 찾아가거나 많은 돈을 들여 고급 인재를 들여올 수밖에 없다. 모든 나라가 교육에 매달리는 이유이다. 지금 전 세계가 인재를 확보하기 위해 벌이는 경쟁은 그야말로 총성 없는 전쟁이다.

우리 학생들은 빛 좋은 개살구에 불과하다

대한민국에서도 교육은 또 다른 의미의 전쟁이다. 대학 입시도, 특목고 입시도 전쟁이다. 수능시험을 치르는 날에는 거의 대부분의 직장이 출근 시간을 늦추고, 듣기 시험이 진행되는 동안은 모든 항공기의 이착륙이 금지된다. 외신들은 이런 상황을 해외 토픽으로 전하며 신기해하지만, 12년 동안 죽어라 공부한 목표가 명문대 입학인 우리로서는 하나도 이상할 것이 없다. 사교육을 줄이고 공교육을 정상화하겠다며 정부가 내놓은 대책조차 비용이 많이 드는 학원 대신 학교에서 공부를 더 시키겠다는 것에 불과하다. 이미 오래전부터 교육의 전쟁터가 되어 버린 대한민국에서, 학생들은 전쟁에서 이기기 위해 목숨 걸고 싸워야 하는 전장의 군인이나 다름없다.

인재 확보를 위해 국가 간에 벌이는 교육 경쟁과 우리가 경험하고 있는 교육 전쟁은 분명 다르다. 새로운 지식의 창출을 두고 대학과 기업들이 벌이는 경쟁이 진짜 교육 경쟁이자 지식 경쟁이다. 우리가 이 전쟁에서 이기지 못한다면 결국 해외에서 인재를 수입하거나 인재들이 모여 있는 곳으로 우리 기업들이 옮겨 갈 수밖에 없다.

창의적인 인재가 절실히 필요한 이 시대에, 아직도 점수 몇 점 올리는 데에만 정신이 팔려 있는 우리 교육은 외면당할 수밖에 없다.

우리 기업들은 우리나라 대학에 별로 만족하지 못한다. 우리나라에도 세계적인 기업들은 여럿 있지만 그에 걸맞은 인재를 대학이 공급하지 못하고 있다. 기업들은 신입 사원을 뽑아 놓고도 실무에 투입하기는커녕 하나부터 열까지 다시 가르쳐야 한다고 불평한다. 그런데 대학도 고등학교 교육을 믿지 못한다. 내신도 못 믿겠고, 신입생을 뽑아도 도저히 수업을 진행할 수가 없다고 불만이다. 결국 고등학생, 대학생 할 것 없이 정작 갖추고 있어야 할 실력을 제대로 갖추지 못하고 있다는 뜻이다.

반면, 고등학교에서 중학교에, 중학교에서 초등학교에 불만이 많다는 이야기는 거의 들리지 않는다. 오히려 선행 학습을 한 학생들이 많아 수업 시간에 가르칠 내용이 없다며 교사들이 하소연을 할 정도이다. 정상적인 수업이 되지 않으니 선행 학습을 하지 않은 학생들은 수업 내용이 부실하다며 다시 학원으로 가는 악순환이 벌어진다. 교육열이 높은 것은 사실이지만, 이 교육열이 배움 자체에 대한 호기심과 열정이 아니라 온통 명문대 진학으로만 향해 있어서 엄밀히 말하자면 교육열이 아니라 '대학열'에 가까운 것이 우리의 현실이다.

《타임스》는 매년 QS사에서 만든 세계 대학 순위를 발표하는데, 이 회사의 인터넷 홈페이지 www.topuniversities.com 에는 주요 국가의 대학 교육 전반이 소개되어 있다. 이 사이트에 소개된 우리 대학 교육의 특징을 옮겨 본다.

> 한국의 고등학교 교육은 대체로 일본식 시스템에 바탕을 두고 있다. 대부분 과목은 암기한 후 시험을 치는 것으로 평가되기 때문에, 서구 학생들처럼 창의성을 키우기가 힘들다. 대학 학부 과정 또한 이러한 방식으로 진행된다. 하지만 한국은 예로부터 교육의 중요성을 매우 강조하고 있으며, 한국인들은 좋은 학교에 입학하는 것을 성공의 한 가지 방법으로 여기고 있다. 영국문화원에 따르면, 한국에는 200만 명이 넘는 학부생이 있고, 전체 고등학생의 80퍼센트 이상이 대학에 진학하고 있다. 한국에서 출세하는 유일한 방법은 이른바 SKY라 불리는 일류대학에 입학하는 것으로 인식되고 있기 때문에, 한국 학생들이 공부에서 받는 스트레스는 엄청난 수준이다. 대부분 정치인과 사회 지도층이 이 세 학교 출신이기 때문에 이곳을 졸업해야 인맥과 힘을 가질 수 있다.

■ 대한민국 교육 사용 설명서

우리 교육의 실상을 아주 잘 나타내고 있지 않은가? 창의성이라고는 찾아볼 수 없는 교육을 답습하면서, 단지 동문들이 높은 자리를 많이 차지하고 있다는 이유만으로 '한국에서만 일류'인 대학에 들어가기 위해 몸부림치는 것이 우리의 교육이라는 말이다. 외국인들이 우리 교육을 보는 시각은 우리가 생각하는 교육에 대한 고정관념과도 일치한다.

세계가 원하는 것은 스펙이 아니다

도무지 해결될 기미가 보이지 않는 청년 실업 문제도 교육에 일정 부분 책임을 물어야 한다. 지원자들이 너무 많아 취직이 어려운 것이 아니라 필요한 인재가 되지 못했기 때문에 채용이 안 되는 측면도 분명히 있기 때문이다. 꼭 필요한 인재라면 세계 어디를 가서라도 데려 오는 것이 기업의 생리이다. 높은 연봉과 파격적인 대우를 제시하는 말할 것도 없다. 대학도 실력이 뛰어난 학생들에게는 장학금을 제시하면서 유치하려 하고, 심지어 학원들도 성적 우수자에겐 수강료를 받지 않는다. 그런데 학점과 토익, 토플 점수가 아무리 좋아도 취업이 되지 않는 것은, 기업이 바라는 인재의 기준이 그런 스펙이 아닌 까닭이다.

세상에는 대학의 전공 개수와는 비교조차 할 수 없는 다양한 일들이 기다리고 있다. 수많은 기업과 직업이 요구하는 능력을 성적으로는 절대 판단할 수 없다. 해당 분야의 전문 지식과 외국어 구사 능력이 필수요소이긴 하지만 그것만으로는 부족하다. 세상은 해당 산업과 기업과 직무에 관한 이해와 열정, 리더십, 창의성, 의사소통 능력 그리고 협업 능력까지, 다양한 자질을 갖춘 인재를 모시기 위해 각축전을 벌인다. 이런 것들은 우리가 초등학교에서 대학교를 졸업할 때까지 16년 이상을 공부하면서도 한 번도 제대로 교육받거나 평가받은 적이 없는 것들이다. 우리 교육이 기업과 사회에서 요구하는 인재를 양성하지 못하고 있다는 반증이다. 우리 교육, 특히 학교 교육이 안고 있는 문제의 본질이 바로 여기에 있다.

하지만 이제는 달라지고 있다. 보다 정확하게 말하자면 달라지지 않을 수 없다. 우리나라는 국내총생산과 무역 규모 모두 세계 10위권에 드는 부강한 나라가 되었고, 인구 규모로 보아도 OECD 회원국 중 아홉 번째로 큰 나라로 성장했다. 선진국의 지식과 기술을 배워 오는 것이 아니라 선진국들과 지식을 두고 직접 경쟁해야 하는 상황이 된 것이다. 자원 하나도 제대로 갖추지 못한 우리나라가 지금처럼 성장할 수 있었던 동력이 우수한 인재였듯이, 앞으로 우리가 갖출 수 있는 경쟁력도 인적 자원밖에 없다. 고등학교가, 대학이, 우리 사회 전체가 세계의 흐름을 읽고 교육을 뜯어고쳐야만 10년, 20년 후를 대비할 수 있다.

최근 추진하고 있는 여러 교육 정책은 모두 이러한 현실을 반영하고 있다. 대학 입시 자율화, 입학 사정관 제도, 영어 교육 강화, 고교 선택제, 특목고 입시 개선안, 영재 교육 개선 방안 등 현 정부가 발표하는 교육 정책들은 모두 미래 사회가 요구하는 인재를 양성하기 위한 교육 혁신의 일환이다. 대학 입시 자율화와 입학 사정관 제도를 가장 먼저 시작하려는 이유도 마찬가지이다. 세상이 요구하는 인재를 양성할 일차적 책임은 대학에 있고, 대학이 달라지지 않으면 교육이 개선될 수 없기 때문이다.

이제 내 아이를 어떻게 가르쳐야 할지 확실히 알겠는가? 미래 사회가 요구하는 인재로 길러야 한다. 세계 수준에서 경쟁할 수 있도록 키워야 한다. 세계 지식 전쟁에서 이길 수 있는 능력을 갖추도록 교육해야 한다. 부모의 경험으로 아이의 미래를 설계해서는 안 된다. 부모들이 받았던 교육과 지금 우리 아이들이 받는 교육은 하늘과 땅 차이라는 사실을 잊어서는 안 된다.

세계를 보면
우리 교육의 미래가 보인다

미국과 영국이 우리에게 주는 교훈

많은 학생들이 보다 나은 교육을 받기 위해 해외로 가고 있다. 2009년 11월 발표된 2008학년도 초, 중, 고등학생 출국 현황을 살펴 보면 2008년에 2만 7,000여 명 초등학생 1만 2,531명, 중학생 8,888명, 고등학생 5,930명이 유학을 목적으로 출국했고, 부모의 해외 근무로 인한 출국자 8,824명과 이민으로 인한 출국자 4,788명까지 합하면 모두 4만 961명의 학생들이 더 나은 교육을 찾아 대한민국을 떠났다. 이는 전체 초, 중, 고등학생 800만 명의 0.5퍼센트 수준이니 생각보다는 많지 않다고 할 수도 있다.

　문제는 유학을 가는 이유이다. 2008년 사회 통계 조사에서 자녀의 유학을 희망하는 이유를 조사한 결과, 초등학생의 경우 ‘한국의 교육 제도가 싫어서’라고 답한 의견이 43.4퍼센트에 달했고, ‘사교육비가 너무 많이 들어서’라고 답한 사람은 5.5퍼센트에 불과했다. 절반에 가까운 사람들이 한국의 교육 제도가 싫어서 유학을 고려하게 되었다는 말이다.

　오바마 대통령이 미국의 교육 과정을 개선할 필요성을 언급하면서 한국처럼 공부를 시키자고 말해 화제가 된 적이 있다. 영어 때문에 초등학생까지 미국으로 유학을 가는 마당에 오히려 미국에서 우리를 본받자고 하니 관심을 끌 수밖에 없었는데, 문제는 오바마 대통령이 언급한 것은 우리 교육의 질과 내용이 아니라 미국 학생들의 연간 수업 일수가 한국보다 1개월이나 적다는 점이었다. 우리의 교육 제도를 따라하자는 것이 아니라 한국처럼 공부를 많이 시키자는 의미일 뿐이었다.

　왜 이런 이야기가 나왔을까? 미국 학생들의 학력이 낮은 까닭이다. 가장 최근에 시행된 PISA 2006에서 미국은 OECD 30개 국가 중 24위에 그쳐 평균 이하의 성적을 기록했다. PISA 2003에서도 21위에 머물러 학교 교육을 개선해야 한다는 비판이 많았는데 성적이 더 떨어졌으니 교육 개혁이 필요하다는 목소리가 커질 수밖에 없다. 게다가 미국은 초등학생 1인당 교육 예산이 연간 9,156달러로 우리나라 4,691달러의 거의 두 배에 달하는데, 이렇게 많은 돈을 쓰면서도 학업성취도가 점점 더 나빠지는 경향을 보이니 문제가 심각하다고 느낀 것이다.

미국의 초, 중등교육, 특히 학력과 관련해서 가장 많이 언급되는 프로그램이 기초 학력 미달 학생을 없애고 학력을 신장시키기 위해 2002년 제정된 NCLB법_{No Child Left Behind, NCLB, 아동 낙오 방지법}이다. NCLB법은 초등학교 3학년부터 중학교 3학년까지 매년 읽기와 수학 시험을 실시하고 성적이 향상되는 학교에 재정을 지원하는 프로그램으로, 성적이 좋은 학교와 그렇지 못한 학교를 차등 지원하여 학력을 높인다는 계획 하에 실시되고 있다. 미국 정부는 NCLB 도입 이후 학생들의 성적이 향상되고 있다며 홍보하고 있다.

그런데 이상하게도 PISA 결과에서는 NCLB가 처음 도입된 2003년보다 2006년에 성적이 더 낮아졌다. 교육 당국에서는 PISA 평가가 미국의 교과 과정과 틀이 다르고 인종이나 소득 수준에 따른 편차가 커서 그 결과를 직접적으로 비교하기는 어렵다고 설명했다. 하지만 NCLB가 기대만큼 효과를 거두지 못하고 부작용마저 일으키고 있다는 지적이 상당히 많은 것을 보면, 실제 학력이 신장되지는 않았다고 보아야 할 것이다.

실제로 NCLB 도입 이후 많은 학교는 학력 미달 학생을 줄이기 위해 학교 수업을 문제 풀이 요령을 가르치는 방향으로 바꾸었고, 문제를 쉽게 출제해 성적을 높이기도 했으며, 일부 학교에서는 학력 미달 학생을 전학 또는 자퇴시키기도 했다는 사례가 보고되었다. 이렇게 된 이유는 간단하다. 학교의 등수가 곧바로 정부의 등수가 되기 때문이다. 정부, 교육청, 학교, 교사, 학생 모두 성적을 높여야 성과가 좋아지는 시스템에서 시험 문제를 쉽게 출제하거나 학교가 시험 준비에만 치중하게 되는 것은 당연하지 않은가?

PISA 2006 결과에 놀란 또 한 나라가 있다. 영국이다. 결과가 발표되자 영국 교육계는 논쟁에 휩싸였다. 57개국 중에서 수학은 24위, 과학은 14위, 읽기는 17위로 OECD 평균에 겨우 턱걸이하는 성적이 나왔기 때문이다. PISA 2003에서는 표본 부족으로 순위가 발표되지 않았기에 PISA 2000 이후로 처음 국제 평가 성적을 확인한 것인데, 2000년에 비해 전 과목에서 평균 점수와 순위가 모두 낮아졌으니 교육계가 충격을 받은 것이다.

그동안 영국 정부는 SAT와 GCSE에서 전반적으로 성적이 향상되고 있다고 발표해 왔기에 논란은 더욱 컸다. 영국 정부는 미국과 마찬가지로 PISA 평가가 영국의 교육 과정과 다른 부분이 많고, 문제의 유형과 맥락이 학생들에게 익숙하지 않아 그런 것이라고 주장했지만, 설득력이 약했다.

영국의 학력 평가는 미국 NCLB의 원조라고 할 수 있다. 영국의 교육은 1988년 국가 교육 과정이 만들어지기 전까지는 지방 교육청과 단위 학교가 전적으로 맡고 있었다. 국가 교육 과정이 도입된 이후에야 국가 수준의 학업 성취도 평가가 시작되었고, 1992년 교육 개혁에서는 학생의 목표 수준, 학교 평가, 교원 평가와 같은 제도를 도입하는 등 학교 책임을 강화했다. 또한 SAT 성적에 따라 학교별 재정 지원에 차등을 두는 식으로 학교 간 경쟁 체제를 도입한 결과 학교 수업은 시험 대비 학습 위주로 변화했고, SAT 문제는 점점 쉬워지는 경향을 보였다.

　미국과 영국의 사례에서 알 수 있듯 시험 결과로 학력을 평가하고 이 결과를 학교와 교육 당국의 성과로 인정하는 구조에서는 학교 교육이 시험 대비로 흐르고 시험 또한 쉬워질 수밖에 없다. 시험이 쉬워진다는 것은 난이도가 낮아진다는 의미가 아니라 기출문제와 비슷한 유형의 문제가 나온다는 의미인데, 이에 대해서는 뒤에 설명하기로 하겠다. 우리나라에서 시행하는 기초 학력 진단 평가, 학업 성취도 평가가 학교 평가로 이어지면, 미국이나 영국과 같은 상황이 벌어질 가능성이 크다.

핀란드에는 있고 우리에게는 없는 것

　일본도 PISA 2006 결과에 충격을 받은 나라 중 하나이다. 일본은 과학에서 6위, 수학은 10위, 읽기는 15위로 OECD 국가 중 종합 7위를 차지했다. 그런데 일본은 첫 시험이었던 PISA 2000에서 수학 1위, 과학 2위, 읽기 8위를 차지해 세 과목 평균으로는 종합 1위에 올랐고, PISA 2003에서도 핀란드, 한국에 이어 3위를 차지했다. 세 번의 PISA 평가에서 우리나라, 핀란드, 일본, 미국, 영국 등 5개국의 성적 추이를 보면 일본, 영국, 미국이 PISA 결과에 충격을 받은 이유가 한눈에 보인다. 핀란드는 갈수록 성적이 오르고 우리는 높은 성적을 유지하고 있는데, 일본, 영국, 미국은 계속 떨어진 것이다.

　PISA 결과를 두고 일본 교육계와 언론은 2002년 이후 시행된 소위 '유토리여유 교육'을 학력 저하의 원인으로 지목했다. 유토리 교

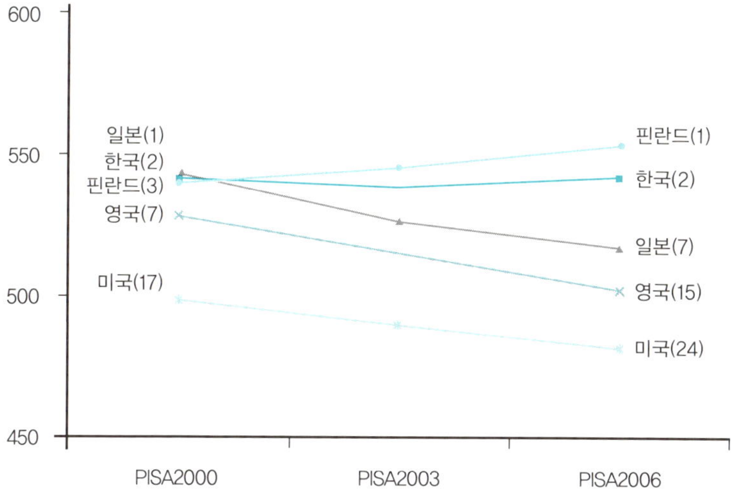

육이란 학생들의 자율성과 창의성을 신장시키기 위해 학습 난이도를 낮추고 양을 줄이는 교육 개혁인데, 이것이 학력 저하를 초래했다는 것이다. 언론은 공부할 내용이 줄어드니 학업에 소홀해져 이런 결과가 빚어졌다고 진단하고, PISA 1위를 차지한 핀란드를 벤치마킹의 대상으로 삼았다. 핀란드의 교육 시스템과 철학, 교육 방법론 등에 관한 책들이 쏟아져 나오기 시작했고, 많은 교육 관계자들이 핀란드를 방문했다.

그런데 PISA 2000 이후 세 번의 평가에서 모두 종합 2위를 차지한 우리나라에는 왜 일본 교육계가 관심을 가지지 않았을까? 우리 학생들의 높은 성적이 과도한 사교육에 힘입은 결과라는 것을 알기 때문이다. PISA는 공부하는 시간과 방법, 그리고 공부에 대한 태도

등 학업에 영향을 미치는 다양한 변인을 모두 함께 조사하는데, 우리나라 학생들은 수학의 경우 학교 수업 외에도 하루 평균 2.3시간씩 사교육을 받고 있었다. OECD 국가 중에서 사교육을 두 시간 이상 받는 나라는 28위와 29위를 차지한 그리스와 터키뿐이다. 1위인 핀란드는 0.4시간, 일본도 0.7시간에 불과하다.

일본의 경우, 명문대 입학 경쟁이 우리보다 더하면 더했지 결코 덜하지 않고, 대형 학원 기업이 증권거래소에 상장된 것도 우리보다 훨씬 앞섰다. 하지만 대학 진학률이 우리보다 낮고 명문대 경쟁도 소수의 상위권 학생들 사이에서만 벌어지고 있기 때문에 우리처럼 사교육이 만연해 있지는 않다. 수학, 과학, 읽기 등 세 과목을 모두 합한 사교육 시간은 평균 1.4시간으로 우리나라 4.8시간의 3분의 1이 채 되지 않는다. 이런 점에서 보면 우리와 비슷한 교육 시스템을 갖춘 일본 학생들의 성적이 우리보다 낮은 이유는 전체적으로 사교육을 덜 받고 있기 때문이라고 볼 수 있다. 이것이 PISA 2위인 대한민국에 일본이 관심을 가지지 않는 이유이다.

오히려 일본 교육의 문제는 학업에 대한 학생들의 태도에서 심각하게 드러난다. 과학을 주요 과목으로 했던 PISA 2006의 결과를 보면, 일본과 우리나라 학생들이 유독 과학에 대한 자신감이 아주 낮은 것으로 나타났다. 한국 교육이 일본식이라는 방증이기도 하다.

수학을 주요 과목으로 했던 PISA 2003에서도 일본은 수학에 대한 자신감을 묻는 설문에서 OECD 국가 중 꼴찌였다. '나는 수학에서 좋은 점수를 받는다'라는 질문에 그렇다고 답한 일본 학생은 28

퍼센트에 불과한 반면, 미국은 73퍼센트가 그렇다고 답해 극명한 대조를 보였다. 그런데 일본과 우리나라 학생들은 성적이 좋은데도 부정적인 답변을 하는 경우가 많았다. 수학 점수가 나쁘다고 답한 일본 학생은 72퍼센트나 되는데 이들의 수학 성적은 평균 522점이었다. 미국 학생들은 73퍼센트가 점수가 좋다고 답했지만 이들의 성적은 평균 510점이었다. 실제 성적보다 자신을 낮춰 평가하고 있다는 말이다.

수학과 과학만 조사한 것이지만, 일본 학생들이 학습에 대한 자신감이 부족하고 공부하는 즐거움을 느끼지 못하고 있다는 것은 분명하다. 이러한 경향은 우리나라, 일본, 대만 등 아시아 국가에서 공통적으로 나타나는 현상이기도 하다. 이 결과를 두고 혹자는 동양 특유의 겸손함 때문이라 말하기도 하는데, 꼭 그렇다고 볼 수만도 없다.

교육 과정에서 제시한 목표 수준을 달성했다면 충분히 자신감을 가져도 좋은데 그렇지 않은 것은, 학생들이 교육 과정의 목표보다 더 높은 목표를 기준으로 삼고 있기 때문이라고 보아야 한다. 명문대를 향한 경쟁, 그리고 시험 위주의 시스템이 학업의 가치를 못 느끼고 자신감을 가지지 못하게 하는 원인이라고 보는 것이 더 설득력이 있을 것이다. 미국과 유럽 국가들은 석차로 우열을 판단하지 않아서 자신감이 높은 것이고, 우리나라와 일본은 석차로 우열이 갈라지기 때문에 자신감이 낮은 것이다. 우리나라와 일본을 제외하면 석차로 우열을 가르는 나라는 지구상에 없다.

핀란드 교육, 과연 무엇이 다른가?

미국, 영국, 일본이 PISA 평가 결과를 두고 초, 중등교육 개선 방안을 고민할 때, 반대로 온 세계의 관심을 끈 나라가 있다. PISA 2003과 PISA 2006에서 모두 종합 1위를 차지한 핀란드이다. 면적은 우리나라의 세 배가 넘지만 인구는 약 500만 명으로 우리의 10퍼센트 정도밖에 되지 않고, 1990년대 초반에는 IMF 위기까지 겪었던 작은 나라 핀란드는, PISA 성적 외에도 2007년 토플 성적 세계 6위, 2005년 WEF세계경제포럼 국가 경쟁력 1위, IMD 대학 경쟁력 순위 8위 등 교육과 관련한 대부분의 세계 순위에서 최상위권을 차지하고 있다.

핀란드 교육 제도는 믿기지 않을 정도로 훌륭하다. 유치원부터 대학까지 무상 교육이고 대학을 제외한 모든 학교에서 급식까지 무상으로 제공한다. 핀란드의 종합 학교는 9년 과정으로 우리의 초등학교와 중학교를 합친 것과 같은데, 고학년은 무학년제로 운영되어 개인의 관심 분야와 과목별 수준에 따라 듣고 싶은 과목을 자유롭게 선택해서 들으면 된다. 또한 개인별 목표를 달성했는지 여부만 평가하고 석차는 매기지 않는다. 종합 학교를 마칠 때까지 국가에서 지정한 교육 과정별 목표 수준만 달성하면 되고 교재 선택이나 수업 운영은 교사가 자율적으로 결정한다. 교사들은 모두 석사 이상의 학력을 가졌는데 인기가 많아 지원자가 넘친다.

대도시 학교든 지방 학교든 학교 간 격차도 거의 없다. 종합 학교를 마친 아이들은 대학 진학을 희망하면 고등학교로, 취업을 희망하면 직업 학교를 선택하는데 절반 정도가 직업 학교로 진학한다. 학교 또한 학생들이 선택할 수 있고 특별히 인기가 많은 학교는 없다. 고등학교도 무학년제로 운영되어 대학처럼 원하는 과목을 선택해서 듣고, 필요 학점을 취득하면 졸업할 수 있다. 1980년대 초반부터 영어 교육을 강화하여 초등학교 3학년부터 영어를 가르치고 있는데, 학교 교육만으로 20년 만에 전 국민의 77퍼센트가 영어 의사소통이 가능한 수준에 도달했다 핀란드는 유럽 국가들과는 달리 우리와 같은 우랄알타이어에 속해서 1980년 이전에는 영어를 쓸 수 있는 사람이 거의 없었다.

우리와 눈에 띄게 다른 점만 나열한 것인데, 달라도 너무 다르다. 이런 교육을 구현해 낸 것만으로도 핀란드는 존경받아 마땅한 나라이다. 이러니 수많은 나라에서 벤치마킹을 하겠다고 핀란드를 찾는 것은 당연한 결과이다. 세계 각국의 교육 관계자들이 똑같은 질문을 어찌나 많이 했던지, 핀란드 교육 위원회는 '핀란드 교육이 성공할 수 있었던 배경'이라며 자신들의 교육 원칙을 홈페이지에 밝히기에 이르렀다.

핀란드 교육의 아홉 가지 경쟁력

핀란드의 아홉 가지 교육 원칙을 살펴보면 우리와는 근본부터 다르다는 것을 알 수 있다. 우선 첫 번째 원칙은 교육 기회의 평등인데 이것은 무상 교육으로 실행한다. 학생의 고교 선택권은 인정하지만 학교가 학생을 선택하는 것은 금지한다. 또한 개인별 능력과 성취도의 차이는 인정하지만 수준별 학급 편성이나 학교의 등급화는 금지한다. 국가 수준은 물론 학교 수준에서의 석차 매기기 또한 하지 않는다. 교사의 자격은 엄격하게 관리하되, 수업은 온전히 교사의 자율에 맡긴다. 이러한 원칙들이 사회적으로 합의를 이루고 있다는 대목에 이르면 그저 부러울 뿐이다.

그렇다고 엄청난 돈을 쓰는 것도 아니다. 2009년 발표된 OECD 교육 통계에 따르면 2006년 핀란드의 초, 중등교육 예산은 GDP의 3.8퍼센트로 OECD 평균인 3.7퍼센트와 비슷한 수준이다. 우리나라가 4.3퍼센트인 것과 비교하면 오히려 우리가 교육에 투자하는 비중이 더 크다. 통계에 포함되지 않은 사교육비까지 합하면 우리나라의 교육비는 GDP의 거의 10퍼센트에 육박할 것이다.

학생 1인당 예산 금액도 마찬가지이다. 초등학생의 경우 무상 급식을 하면서도 연간 5,899달러로 우리나라의 4,935달러보다는 높지만 OECD 평균인 6,437달러에는 미치지 못한다. 핀란드가 대학까지 무상 교육을 실시하면서도 지출이 OECD 평균에도 미치지 않는 것은, 교육 예산에서 가장 큰 비중을 차지하는 교사의 급여가 많지 않은 까닭이다.

핀란드 초등학교 교사의 초임은 2만 8,201달러, 15년 경력 교사는 3만 6,578달러로 우리나라의 3만 1,717달러, 5만 4,798달러보다 낮다. 그럼에도 불구하고 핀란드의 교사 급여는 사회 전체로 볼 때 중상 수준 이상이며, 모든 교육을 자율적으로 실행할 수 있어서 만족도가 높은 인기 직업 중 하나이다. 우리나라에서도 교사는 인기 직업이지만 그 이유는 많이 다른 것 같다.

반면 OECD 교육 통계에 나타나는 우리의 교육 현실은 쉽게 납

득하기 어렵다. 우리나라에서 초등학교 교사 15년차의 연봉은 1인당 GDP의 약 2.21배로 OECD 국가 중 최고 수준이다. 1인당 국민 소득의 두 배를 넘는다는 말이다. 그런데 학급당 학생 수는 OECD 국가 중 가장 많다. 초등학교의 경우 학급당 31명으로 유일하게 30명을 넘는다. 핀란드는 19.8명으로 OECD 평균인 21.4명보다 적다. 교사 연봉이나 학급당 학생 수 모두 핀란드보다 3분의 1만큼 많은 것이 대한민국이다. 교사 연봉을 핀란드 수준에 맞게 3분의 1 정도를 줄이고 그만큼 교사를 더 채용한다면 학급당 학생 수를 3분의 1 정도는 줄일 수 있다는 말이다. 대부분의 교사들이 학급당 학생 수가 많아 제대로 된 수업을 하기 어렵다고 말하면서도 어느 교원 단체도 이런 방안을 내놓지 않고 있다는 것은 실망스럽다. 하지만 이 책에서 다룰 내용은 아니니 넘어가자.

핀란드는 고등학교에 진학하는 학생에게는 학교 선택권을 주고, 학교는 학생을 선택할 수 없도록 하고 있다. 우리나라라면 인기 학교에 너무 많은 지원자가 몰려 시험을 치느니 추첨을 하느니 논란이 될 텐데, 핀란드에서는 그런 일이 거의 없다. 대부분이 집에서 가까운 학교를 선택하는데 얼핏 들으면 쉽게 이해가 되지 않는 부분이다. 이런 일이 가능한 이유는, 핀란드에서는 학생 선호도가 낮은 비인기 학교가 생기면 그 학교를 집중 지원해서 다른 학교와의 차이를 없애기 때문이다. 통상 2년~3년 정도 지원하면 특정 학교 기피 현상이 사라진다고 하니, 바꾸어 말하면 학생의 선택권을 막아 평준화를 하는 것이 아니라 비인기 학교를 개선해서 결과적으로 평준화를 실현하고 있다는 말이다.

핀란드 교육 위원회가 밝히고 있는 '핀란드 교육 성공의 배경'

- 평등한 교육 기회. 국적, 성별, 경제력, 언어 및 문화적 배경 등의 차이에 관계없이 모든 사람에게 동등한 교육 기회를 제공한다. 기본 교육에 들어가는 수업료, 교재, 급식, 의료, 학습 보조 등은 모두 무상으로 제공한다.
- 종합적인 교육. 7세~16세의 학생들은 9년 동안 기본 교육을 받는다. 학교는 학생을 선발할 수 없고, 학생은 각자 자기 지역에 있는 학교에 진학한다. 수준별로 반을 편성하거나 학교 단위로 구분하는 것은 금지한다.
- 능력 있는 교사. 모든 교사들은 높은 자격과 책임감을 갖는다. 석사학위는 필수 자격이며, 교사 교육에는 수업 실습을 포함한다. 교직은 핀란드에서 매우 인기 있기 때문에 대학에서는 가장 의욕이 많고 능력 있는 지원자를 고를 수 있다. 교사는 독립적으로 일하며 교실에서는 교사가 완전히 자율적으로 모든 수업을 운영한다.
- 학생 상담과 특수교육. 각 개인별 학습 및 학생 복지에 대한 지원이 잘 마련되어 있고, 국가 핵심 교과 과정에 그러한 내용이 담겨 있다. 장애아 등에 대한 특수교육은 가능한 한 정규교육 안에서 통합한다. 상담사는 상위 학년의 학생의 향후 학습과 상급 학교 진학 지도를 지원한다.

- 학습을 독려하는 진단 평가. 교육과 학습 성과에 대한 학생 진단과 평가는 학생을 격려하고 지원하기 위한 것이다. 진단평가의 목적은 학교와 학생들의 개발을 지원할 수 있는 정보를 창출하는 것이다. 국가 수준의 시험이나 순위 매기기, 감사 체제 등은 존재하지 않는다.

- 사회적 중요성에 대한 공감대. 핀란드 사회는 교육을 아주 좋아하고 국민들은 국제 표준으로 볼 때 높은 교육 수준에 있다. 교육은 칭찬을 듣고 있으며, 교육 정책에 대해서는 광범위한 정치적 합의가 이루어져 있다.

- 권한 위양에 의한 유연한 시스템. 교육 시스템은 유연하며, '중앙에서 방향을 잡되 실행은 지역 단위로 한다'라는 원칙에 기초하여 관리되고 있다. 방향을 잡는 것은 법, 규정, 핵심 교과 과정, 정부 계획과 정보 등을 통해 이루어진다. 지방 자치 단체들은 교육의 제공과 실행에 책임이 있다. 학교와 교사들은 폭넓은 자율권을 향유한다.

- 관계자들의 협력. 모든 단계의 활동에서 상호작용과 파트너십이 형성되어 있다. 여러 단계의 관리 감독 기구 사이뿐만 아니라 학교간, 그리고 학교와 기타 사회기관과의 사이에 교육 개발에 관한 협력이 이루어진다. 교육 당국은 교원 노조, 과목별 교육 학회, 학교 운영 위원회 등과 협력한다. 이러한 협력은 개발에 강력한 지원이 된다.

- 학생 중심, 활동 기반의 학습. 학교 활동의 구성과 교육은 '학생

의 활동과 교사, 다른 학생 및 교육 환경과의 상호작용에 초점을 두는 학습을 한다'는 개념에 기초하고 있다.

핀란드를 벤치마킹하라

우리는 30년간 고교 평준화 정책을 강제적으로 유지해 왔고 현 정부는 학생의 고교 선택권을 인정하고 경쟁을 도입하는 방향으로 바꾸는 정책을 추진하고 있다. 정부에서 말하듯이 낙후된 학교에 대한 지원을 대폭 강화해서 학교 간 격차를 줄이려는 노력을 기울인다면, 핀란드처럼 좀 더 적극적인 평준화, 즉 선택을 제한하는 평준화가 아니라 결과적으로 모든 학교의 평준화를 달성할 수도 있다는 기대를 가질 수 있다. 그런데 많은 사람들은 학생의 선택권을 인정하면 학교 간 격차가 더 커지고 학교 간 서열이 고착화될 것이라고 우려하고 있다. 그 이유는 아마 우리 사회 구성원들이 아직 1970년대의 시각으로 현실을 보고 있거나, 비인기 학교들을 지원해서 개선하겠다는 정부의 계획을 신뢰하지 않기 때문일 것이다.

모든 학생에게 평등한 교육 기회를 제공하고 교사의 자율성을 최대한 강조한다는 질적인 면에서든, 적당한 지출로도 최고 수준의 학업 성취도를 보이는 양적인 면에서든, 핀란드의 교육 시스템이 성공적이라는 점은 인정하지 않을 수 없다. 이제 우리가 핀란드 교육에서 참고할 수 있는 내용들을 정리해 보자.

무엇보다 중요한 것은 교육의 중요성과 주요 원칙에 대해 정치적으로 합의를 이루었다는 점이다. 핀란드는 1980년대 초반에 지금의 원칙들이 담긴 교육 개혁의 기본 설계 방안을 수립했고, 정치권 전체가 합의했다. 그 이후 정권이 바뀌어도 교육 정책과 원칙은 전혀 흔들리지 않았고, 그 결과 지금의 성공을 거둘 수 있었다.

교육은 이래야 한다. 정권이 바뀌었다고 원칙이 바뀌거나 뒤집혀서는 교육 개혁이 이루어질 수 없다. 정책이 나빠서가 아니라 원칙에 합의하지 못해서 실패하는 것이기 때문이다. 우리는 대부분 교육 문제에서 원칙에 대한 사회적 합의를 이루지 못했다는 점을 생각한다면, 이 점이 시사하는 바가 매우 크다.

또 하나 중요한 것은 '사회적 구성주의'에 입각한 교육 방법이다. 핀란드가 수준별 학급이나 특목고 같은 학교를 만드는 것을 금지하는 이유는 실력이 서로 다른 학생들이 함께 공부하는 것이 학습 효과가 더 좋다고 생각하기 때문이다. 우리는 수준별로 반을 편성하는 것이 더 효율적이라고 생각하는데, 핀란드에서는 그 반대이다. 이것이 가능한 이유는 아마 학교가 무학년제로 운영되어 개인의 능력에 따라 학습 속도를 조절하는 것이 가능하기 때문일 것이다.

학습 속도가 빠른 학생들은 학년과 관계없이 상위 과목을 듣고 일찍 졸업할 수 있으므로 영재 교육을 따로 하지 않아도 된다. 그래서 핀란드는 우리나 미국처럼 영재 교육을 별도로 시키지 않는다. 무학년제는 선행 학습을 한 학생들이 대다수인 교실에서 정상적인 수업을 하지 못하고, 그래서 학교 수업은 더 부실해지고 학생들은 다시 학원으로 가는 악순환이 벌어지고 있는 우리 공교육의 정상화를 꾀하는 데에도 많은 생각거리를 제공한다. 자기가 원하는 과목과 수준을 선택해서 수강하면 선행 학습 없이도 제대로 된 수업을 받을 수 있다. 대신 이것이 가능하기 위해서는 학생들의 학업 성취도를 석차로 나타내지 말아야 한다. 쉬운 과목을 들은 학생과 어려운 과목을 들은 학생의 성취도를 석차로 비교할 수는 없기 때문이다.

사실 우리도 핀란드와 같은 방안을 시도한 적이 있다. 1997년 제7차 교육 과정 제정 당시 초등학교 성적표에서 점수와 석차를 없애고 학생의 특징과 진보 상황 등을 서술하도록 바꾼 것이다. 그 결과 아이들의 성적, 보다 정확하게는 석차가 궁금했던 부모들의 수요에 맞추어 사설 학력 평가가 등장했다. 결국 석차는 부활했고 다양성은 사라졌다. 사회가 학벌을 요구하고 대학이 석차 순으로 학생을 선발하는 상황에서 초, 중, 고등학생들과 부모에게 석차 없는 성적표에 만족하라는 것은 현실적이지 않았던 것이다. 우리나라가 핀란드식 교육 방법을 도입하기 어려운 이유가 바로 이것이고, 우리에게 사회적 구성주의는 그저 먼 나라의 이야기일 뿐이다.

핀란드 교육에서 눈에 띄는 것 중에는 ‘바리부오시’도 있다. 대학 진학을 희망하는 학생들이 고등학교 졸업 후 바로 대학에 들어가는 것이 아니라 몇 년 정도 쉬면서 다양한 경험들을 한 다음, 자신이 하고 싶은 일과 직업과 공부할 분야를 선택해 대학에 들어가는 것이다. 일종의 직업 탐색 기간이라고 할 수 있는 이 기간을 바리부오시라고 하는데, 핀란드에서는 고등학교 졸업 후 바로 대학에 진학하는 사람이 드물 정도로 바리부오시가 일상화되어 있다.

이렇게 사회를 미리 경험하는 시간을 가진 다음 전공을 선택하는 학생들이 구체적인 목표와 학습 동기를 가지게 되는 것은 당연하지 않을까?

무늬만 세계 2위, 대한민국 교육의 허와 실

대한민국은 PISA에서 핀란드와 1위를 다투는 유일한 OECD 국가이다. 국가 간의 비교를 통해 각 나라의 교육 정책이 얼마나 효과적인지를 진단한다는 PISA의 취지에서 보면, 우리 교육은 훌륭한 성과를 내고 있고, 적어도 미국이나 영국의 초등, 중등교육보다는 더 낫다고 말할 수 있다.

그런데 미국, 일본, 영국 모두 핀란드를 벤치마킹하면서도 우리나라에는 별 관심을 보이지 않는다. 우리 학생들의 성적이 엄청난 사교육을 통해 만들어진 것이고, 학생들이 숨도 제대로 쉬지 못한 채 공부한 결과라는 것을 알기 때문이다.

안타까운 것은 우리 교육 관계자나 부모들도 PISA 결과에 별 관심을 보이지 않는다는 점이다. 평가를 주관하는 교육 과정 평가원에서는 매번 수백 쪽에 달하는 보고서를 발간하지만 교사나 부모들은 이것을 읽지 않는다. 그러면서도 대부분의 사람들, 특히 부모들은 우리 교육에 문제가 많다며 더 나은 교육을 받기 위해 자녀를 미국으로 보내고 싶어 한다. PISA 성적이 우리 학생들과 부모들에게 조금이라도 의미를 지닌다면 이런 일은 없을 것이다.

우리가 교육을 부담스러워하는 이유는 전적으로 개인 석차 때문이다. 평균 점수는 시험이 어려우면 내려가고 쉬우면 올라간다. 중요한 것은 석차다. 학급에서, 학년에서, 전국에서 몇 등을 하느냐에 따라 대학이 달라지고 미래가 달라진다. 대한민국이 세계에서 2등을 한들 내 아이의 석차에는 아무 영향을 미치지 않으니 관심이 없다. 그러니 우리가 핀란드를 넘어 1등이 된다 해도 우리 교육에는 문제가 많을 수밖에 없다.

우리 학생들, 특히 중, 고등학생들은 세계에서 가장 많은 시간을 공부한다. 대부분의 중, 고등학생들은 학교 수업을 포함해 일주일에 70시간 이상을 공부한다. 직장인들이 일주일에 70시간 이상을 근무한다고 생각해 보라. 아주 중요한 특별 프로젝트가 있을 때는 몰라도 1년 내내 그렇게 일한다는 것은 누가 봐도 비정상적이다. 더 큰 문제는 그렇게 많은 시간을 공부하면서도 세계에서 경쟁할 수 있는 능력을 기르지 못하고 있다는 데 있다. 고등학생들이 세계 1, 2위를 다투는 수준이라면 대학생들도 세계 상위권이어야 한다. 그런데 우리 대학들이 세계 대학 순위에서 높은 평가를 받지 못하고 있다는 것은 대학이나 학생 모두 실력이 뛰어나지 않다는 뜻이다.

이런 현상은 우리 교육 시스템의 원조 격인 일본에서도 똑같이 벌어지고 있다. 일본 고등교육의 문제를 지적하면서 '지적 망국론'을 외쳤던 다치바나 다카시는 "일본 학생들은 입학 시험을 치를 때까지는 열심히 공부하지만 일단 합격하고 나면 노는 데에만 정신을 쏟는다. 유럽이나 미국은 그런 학생을 매몰차게 거절해 교육 수준을 일정하게 유지한다"라며 "대학에서도 공부하지 않으면 낙제하는 것이 당연하다는 분위기를 만들어야 한다. 그러면 입시 지옥도 자연스레 완화된다"라고 주장했다. 마치 우리 이야기를 하고 있는 것 같지 않은가?

좋은 대학이 늘어나야 한다. 세계 대학 순위에 이름을 올리는 대학이 많아지고, 대학에서 제대로 공부하지 않으면 졸업할 수 없도록 공부의 강도가 높아져야 고등학교 이하의 성적 경쟁이 완화될 수 있다.

지금 우리나라에는 《타임스》 순위로 100위권 내에 들어가는 대학이 두 개밖에 없고 두 학교의 입학 정원은 4,000명이 채 되지 않는다. 400위 안에 이름을 올린 일곱 개 대학의 입학 정원을 모두 합해도 2만 명이 되지 않는데, 중, 고등학생들이 성적 경쟁에 골몰하는 것을 막을 수는 없다. 세계 10위권의 경제 규모를 가진 대한민국이 앞으로도 현재의 지위를 유지하려면, 세계 200위 내에 드는 대학들의 입학 정원이 전체 학생의 10퍼센트는 되어야 한다. 대놓고 말하지는 않지만 정부 당국과 교육 관계자들은 이러한 사실을 이미 알고 있다. 정부가 대학 입시를 대학의 자율에 맡기면서 혁신을 요구하고 있는 이유도 이 때문이다. 정부와 대학이 머리를 맞대고 힘을 모아서 대학의 수준을 끌어올려야 우리 교육의 문제를 근본적으로 해결할 수 있다.

그러면 어떻게 해야 할까? 지금 초등학생들이 대학에 들어갈 10년 후에는 적어도 세계 200위 안에 드는 대학이 열 개 정도는 되고 입학 정원도 3만 명, 즉 전체 학생의 5퍼센트 수준에는 도달해 있을 것으로 기대하자. 적어도 이 학교들 간에는 서열을 매기지 않게 될 것이다. 미국 아이비리그 여덟 개 대학이 서로 간에 서열을 따지지 않는 것처럼 말이다.

그렇다고 성적을 무시해도 된다는 뜻은 아니다. 성적순으로 선발하지 않는다는 것은 일정 수준을 넘으면 굳이 1등, 2등을 구분하거나 0.1점 차이로 당락을 가르지 않는다는 의미일 뿐이니.

이제부터는 10년 후에 대학이 구체적으로 어떻게 학생들을 선발하게 될지를 알아보자.

10년 후의 대학을
미리 가 보자

양보다 질이다? 양에서 질이 창출된다!

우리나라뿐만 아니라 일본, 대만, 중국 등 아시아 국가들은 대체로 대입 경쟁이 치열하다. 물론 선진국에서도 명문대에 입학하기는 쉽지 않지만 우리에 비하면 경쟁의 강도는 무척 낮은 편이다. 특히 우리나라는 4년제 대학교 전체의 입학 정원이 고등학교 졸업생의 55퍼센트에 이르지만, 몇몇 상위권 대학을 두고 벌어지는 경쟁이 너무 심한 탓인지 필요 이상으로 경쟁이 과열되고 있다.

《타임스》의 세계 대학 순위에서 상위 200위 안에 드는 대학을 국가별로 살펴보자. 10위권 내에 드는 나라는 미국 여섯 개와 영국 네 개뿐이고, 50위까지에는 우리나라를 포함해서 14개국의 대학이 포함되었다. 100위권 내에 자국의 대학을 올린 나라는 19개국이고 200위권으로 범위를 넓혀도 32개국에 불과하다.

이제 100위 안에 든 19개국을 기준으로, 명문대 입학이 얼마나 힘든지 국가별로 비교해 보자. 나라마다 차이는 있겠지만, 명문대가 많을수록 경쟁의 강도는 약해질 것이다. 다음 표는 세계 200대 대학의 입학 정원을 각 나라의 동일 연령 인구와 비교한 것이다. 명문대

《타임스》가 조사한 상위 200위 이내의 대학 수와 입학정원 국가별 비교

순위	국가	전체 인구 (백만명)	상위 200위 대학		
			대학 수	입학정원	인구비율
1	미국	307	54	183,231	4.77%
2	영국	61	29	77,866	10.19%
3	호주	21	9	49,065	18.46%
4	일본	127	11	40,267	2.53%
5	캐나다	33	11	60,982	14.57%
6	홍콩	7	5	12,949	14.68%
7	스위스	8	7	11,522	12.12%
8	프랑스	64	4	5,573	0.70%
9	네덜란드	17	11	32,511	15.56%
10	중국	1,339	6	16,359	0.10%
11	대한민국	49	4	9,180	1.51%
12	아일랜드	4	2	4,741	9.02%
13	싱가포르	5	2	10,814	18.57%
14	독일	82	10	43,594	4.24%
15	스웨덴	9	5	8,992	7.94%
16	덴마크	6	3	7,982	11.61%
17	벨기에	10	5	19,335	14.85%
18	뉴질랜드	4	3	13,292	25.24%
19	대만	23	1	4,029	1.40%

의 기준을 상위 200대 대학이라 가정할 때, 이들 대학의 입학 정원이 전체 동일 연령 인구의 2퍼센트 미만인 나라는 일본, 프랑스, 중국, 한국, 대만 등 5개국에 불과하다. 프랑스는 일반 대학들의 수준이 평준화되어 있는 등 독특한 시스템을 유지하고 있다는 점을 감안하면 우리나라와 일본, 중국, 대만 등 아시아 국가에서 대입 경쟁이 치열할 수밖에 없는 이유가 보인다. 우리 대학들 중 200위 내에 포함된 학교는 서울대, 카이스트, 포스텍, 연세대 등이고 200위권에 있는 고려대를 합해도 입학 정원은 전체의 1.8퍼센트밖에 되지 않는다.

해외 명문대의 석, 박사과정에 진학한 우리 학생들이 뛰어난 성적을 거두며 우수한 평가를 받고 있다는 이야기를 들어 본 적이 있을 것이다. 우리 학생들이 그만큼 우수하다는 의미로 하는 말이겠지만 꼭 그렇게 볼 수만은 없는 것이, 이들 대부분은 우리나라에서 명문대를 졸업한 학생들이기 때문이다. 우리나라에서 상위 2퍼센트인 학생들이 다른 나라의 5~20퍼센트 학생들과 비교해서 우수한 것은 당연한 결과가 아닌가? 뒤집어 생각하면 외국 학생들은 10~20퍼센트가 세계 최고 수준의 대학에 진학하는데 우리 학생들은 2퍼센트도 못 가고 있다는 말이다.

전 세계가 벌이는 지식 전쟁에서 우리는 2퍼센트만 참가하고 다른 나라들은 10~20퍼센트가 참가한다면 우리가 이길 가능성이 얼마나 되겠는가? 2퍼센트가 아무리 뛰어나도 절대적인 숫자가 부족하다면 경쟁력이 떨어질 수밖에 없다. 이것이 세계에서 경쟁할 수 있는 대학이 더 많아져야 하고, 그러기 위해 대학 교육이 혁명 수준으로 바뀌어야 하는 이유이다. 《타임스》 순위가 전부는 아니지만 우리 교육의 문제가 무엇인지는 충분히 파악할 수 있다.

서울대는 과연 이름값을 하고 있는가?

《타임스》 순위에서 상위 열 개 대학 중 중 여섯 개가, 20위 안에서는 무려 열세 개가 미국 대학이다. 이처럼 미국 대학의 경쟁력이 강한 이유는 무엇인가? 일단 교수진이 우수하기 때문이다.

우리나라에는 한 명도 없는 노벨상 수상자가 스탠포드대학에만 열일곱 명이나 있다. 외국인 교수 비율이 가장 높은 캘리포니아공과대학은 총 395명의 교수 중 336명이 외국인이다. 서울대의 외국인 교수가 123명으로 전체의 3.5퍼센트에 불과한 것과 비교하면 엄청난 차이이다. 이처럼 탁월한 교수진이 있으니 대학이 좋을 수밖에 없는 것이다.

미국 대학에는 전 세계의 수재들이 모이기 때문에 이들 대학이 좋은 것이라고 생각하는 사람들도 있다. 그런데 이 말은 서울대가 우수한 이유는 교수진이 좋아서가 아니라 똑똑한 학생들이 많이 가기 때문이라는 것과 같은 논리이다. 사실 미국 대학의 통계 자료를 보면 유학생의 비율은 그리 높지 않다. IIE 미국 국제교육연구소 가 발간한 〈오픈 도어스 Open Doors 2009〉에 따르면 미국의 총 대학생 수는 약 1,800만 명, 외국인 학생은 67만 1,616명으로 전체 학생의 3.7퍼센트에 불과하다. 학부와 대학원 과정을 비교하면 학부 19만 5,826명,

석사과정 14만 3,709명, 박사과정 10만 8,290명으로 석, 박사과정
이 상대적으로 많았다.

비록 미국이 초, 중등교육 방식을 고민하고 있긴 하지만 세계 최
고 수준의 대학에 이토록 많이 가지고 있다는 것은 국가 간의 지식
전쟁에서 절대적인 우위에 있음을 보여 준다고 할 수 있다. 결국 지
식 경쟁은 대학을 마친 후에 이루어지므로 현재의 상황에서는 우리
인재가 미국의 인재를 이기기 어렵다는 의미이니, 우리 대학들의 분
발이 절실히 요구된다고 할 수 있겠다.

여기서 우리의 현실을 살펴 보자. 1975년 약 5만 명이었던 4년제
대학교의 입학 정원은 1980년에 11만 명, 1991년에 20만 명을 넘어
섰고 2008년에는 32만 명에 이르렀다. 그런데 양적으로 성장한 만
큼 질적으로도 발전했을까? 2000년~2008년 사이에 4년제 대학의
학부 재학생은 115만 명에서 133만 명으로 15퍼센트 늘어났고, 교
원 수는 4만 2,000명에서 5만 4,000명으로 30퍼센트 늘어났으니,
교원 1인당 학생 수를 보면 많이 개선된 것 같다. 그런데 같은 기간
에 일반계 고등학교는 학생 수가 7.2퍼센트밖에 늘지 않았는데도
교원 수는 37퍼센트 늘어났다. 대학의 교원보다 고등학교 교원이
더 많이 늘었다는 뜻이다.

또 다른 문제는, 대학 교원 통계에 시간강사에 대한 조사가 포함
되지 않았다는 것이다. 2008년 기준으로 전국의 시간강사는 7만
2,419명으로 중복 출강하는 경우를 감안하면 대략 5만~6만 명 수
준이라 전임교원 숫자와 비슷하다. 그런데 시간강사가 전임교원에

비해 수준이 떨어진다고 할 수는 없지만 대학에서 강의만 하고 연구는 할 수 없는 시간강사가 전체 강의의 절반을 맡는 실정에서는 대학 교육이 제대로 이루어질 수 없다. 게다가 대학 교원이 많이 늘었다곤 해도 대학원을 기준으로 보면 교원 수의 증가가 학생 수의 증가에는 크게 못 미치는 것으로 나타났다. 2000년~2008년 사이에 석사과정은 28퍼센트, 박사과정은 54퍼센트나 증가했는데 교원 수가 30퍼센트밖에 늘지 않았다는 것은 상당히 미흡한 수준이다.

여기서 명실공히 국내 최고 대학인 서울대의 현황을 살펴 보자. 《타임스》 순위는 학계 평가 40퍼센트, 고용주 평가 10퍼센트, 학생 및 교원 비율 20퍼센트, 교원 1인당 학술 논문 인용 수 20퍼센트, 국제화 정도 10퍼센트 등으로 구성된다. 서울대는 학계 평가25위, 학생 및 교원 비율49위에서 비교적 높은 점수를 받은 반면 외국인 교수 비율363위, 외국인 학생 비율370위, 교수 1인당 학술 논문 인용 수260위, 고용주 평가153위 등에서 낮은 점수를 받았다.

학술 논문이 인용되는 건수는 적은데 어떻게 학계 평가가 좋을 수 있을까? 학술 논문 인용은 서울대 현직 교수들의 연구 성과를 기준으로 하고, 학계 평가에는 서울대 졸업생들에 대한 평가 의견도 포함되기 때문이다. 세계 최고 대학으로 진학한 서울대 졸업생들은 높은 평가를 받고 있는 반면 현직 교수들의 연구 성과는 그리 높지 않으며, 교수 숫자는 늘었지만 세계적으로 권위 있는 교수는 많지 않다는 뜻이다. 외국인 교수가 많지 않은 것도 이러한 평가에 한몫하고 있다.

대학원 중심으로 발전하겠다는 비전을 밝힌 바 있는 서울대는 도쿄대를 모델로 삼고 있는 듯하다. 《타임스》 순위에서 22위를 차지한 도쿄대는 아시아 최고의 대학으로, 학부생 규모는 서울대와 비슷한 1만 4,000여 명이다. 외국인 교수, 학부생, 대학원생의 비율이 각각 5.4퍼센트, 2.7퍼센트, 14.3퍼센트로 낮은 편인 것도, 대체로 자국어로 수업을 진행하는 것도 서울대와 유사하다.

그런데 도쿄대는 서울대가 발전 모델로 삼을 만한 상대가 아니다. 다치바나 다카시는 '지적 망국론'에 이어 주간지 《다이아몬드》의 기사 '인사부장이 솔직하게 꼽은 대학 순위'를 인용하면서 '도쿄대학론'을 펼쳤다. 기사에 따르면 도쿄대는 600개 대기업을 대상으로 열두 가지 항목을 조사한 전국 대학 비교 평가 중 어느 항목에서도 1위를 차지하지 못했고 종합 순위도 7위에 그쳤다며 도쿄대가 일본 사회를 이끌어갈 인재를 양성하지 못하고 있다고 지적했다. 서울대도 각종 대학 평가에서 점차 과거의 명성을 잃어 가고 있는데, 분명 도쿄대처럼 되고 싶지는 않을 것이다.

《타임스》 조사에서 서울대보다 순위가 높은 마흔여섯 개 대학 중 미국, 영국, 호주, 캐나다 등 영어권 국가의 대학은 서른네 개나 되고, 스위스와 홍콩, 싱가포르까지 포함하면 마흔 개가 영어를 사용하는 대학들이다. 바칼로레아로 유명한 프랑스가 50위 안에 겨우 두 개의 대학만 포함시킨 이유도 자국어 사용 정책 때문인 것으로 보인다.

이런 점에서 보면 영어 공용화를 도입한 싱가포르는 좋은 비교 대상이 된다. 외국인 교수 비율이 52퍼센트에 달하고 외국인 학생_{학부} 26.0퍼센트, 대학원 74.1퍼센트의 비율이 높은 싱가포르국립대는 《타임스》 순위에서 30위에 올랐다. 그러니 도쿄대보다는 싱가포르국립대를 벤치마킹하는 것이 서울대에 도움이 될 것이다. 물론 인구가 500만 명에 불과한 싱가포르의 전략을 그대로 따를 수는 없겠지만 말이다.

다른 대학들도 상황은 마찬가지이다. 《타임스》 순위 69위인 카이스트와 134위인 포항공대는 외국인 교수 비율이 13.3퍼센트와 14.4퍼센트로 10퍼센트를 넘었지만 나머지 대학들은 5~6퍼센트 수준이고, 외국인 학생 비율도 학부와 대학원 모두에서 5퍼센트 전후에 불과하다. 국내에서만 명문인 이 대학들에 입학하기 위해 수많은 학생들이 밤을 잊고 공부에 매진할 가치가 있는지 생각해 볼 일이다.

세계 대학 순위는 신입생이나 재학생의 성적으로 매겨지는 것이 아니다. 학생들의 실력이 부족해서 우리 대학들의 순위가 낮은 것도 아니다. 그런데도 우리 대학들은 신입생의 학력 저하와 수능 성적 변별력만 따진다. 그렇다면 서울대가 도쿄대나 하버드대보다 우수한 학생들을 더 많이 선발하면 이들을 뛰어넘을 수 있다는 뜻인가? 결국 대학이 인재를 양성하는 것은 아니라는 사실을 우리 스스로 자백하는 꼴이다.

아직도 대부분 대학은 성적이 우수한 학생들을 뽑으려고 한다. 성적이 뛰어나면 어느 정도 미래를 보장할 수 있다고 믿고 있다. 학문적 재능이 많아서든 남들보다 많이 노력해서든, 시험 성적이 좋다는 사실이 다른 어떤 선발 방식보다 학생의 미래를 예측하는 데 유용하다고 믿는다. 물론 학교를 평가할 때 가장 중요한 자료로 쓰이는 각종 고시 합격률도 여기에 한몫하고 있다.

우리 대학이 반드시 달성해야 하는 세 가지 혁신 과제

외국 학생들이 우리 대학에 지원할 때는 수능 성적을 제출하지 않아도 된다. 외국 학생들은 자국의 고등학교 성적증명서만으로 우리 대학에 입학할 수 있는데, 왜 우리 학생들은 수능에 논술에 본고사까지 쳐야 할까?

이런 비합리적인 제도에도 불구하고 우리 대학들이 여전히 지금의 방식을 고집한다면, 오히려 해외 대학 진학을 노리는 것이 훨씬 합리적인 선택이다. 국내 5대 명문대의 입학 정원이 대략 1만 명이고, 세계 100위 안에 드는 대학의 입학 정원은 어림잡아 30만 명이다. 영어로 의사소통 하는 데 불편함만 없다면, 우리 학생들 중 10~20퍼센트는 세계 100위 안에 드는 서울대 수준의 대학에 충분히 입학할 수 있다.

이런 점에서 본다면 대학 혁신의 첫 번째 조건이 바로 '영어 능력'이다. 영어 강의가 많아야 해외 교수와 학생들이 우리 대학으로 올 수 있고, 우리 학생들의 해외 진출 또한 쉬워진다. 도쿄대처럼 자국어를 고집해도 되긴 하지만, 우리가 따라할 만큼 매력적인 전략은 아니다.

따라서 대학 혁신의 첫 번째 과제는 영어 강의의 비중을 늘리는 것이다. 일부 대학이 몇몇 강의를 영어로 진행하고 있지만, 이 정도로는 부족하다. 10년쯤 뒤면 주요 대학들은 대부분 영어로 강의를 진행할 것이다. 따라서 현 정부의 영어 교육 강화 방침은 적절하다고 할 수 있다. 하지만 영어 교육의 목표가 일상 회화가 되어서는 안 된다. 남대문 시장 상인들도 물건을 팔고 길을 가르쳐 주는 정도의 외국어는 구사한다. 15년, 20년 후 세계를 누비는 글로벌 인재가 될 우리 아이들에게 필요한 영어는 외국인과 인사를 나누고 길을 가르쳐 주는 영어가 아니라 치열하게 학습하고 토론할 수 있는 영어이다. 사실 생활 영어는 우리가 아무리 노력해도 문화적 차이 때문에 서양인들 수준으로 하기도 어렵고 배워야 할 이유도 없다. 하지만 영어 수업을 들을 수 있는 수준을 갖추는 것은 일상 회화를 하는 것보다 더 필수적이다. 그러니 우리 아이들에게는 영어 강의를 듣고 이해하고 토론할 수 있는 수준의 교육을 시켜야 한다.

두 번째 과제는 '교양 교육 강화'이다. 대학을 '지성의 보루', '학문의 전당'이라고 부르는 이유는 전공 분야의 지식 때문이 아니라 대학 사회가 가진 교양 교육의 전통 때문이다. 단순히 지식만 배워서 활용하는 것으로 충분하다면 직업학교만으로도 충분하겠지만 더 나은 사회, 더 나은 미래를 추구한다면 교양이 바탕이 되어야 함은 필수적이다. 외국 대학들은 모두 그런 전통에서 출발했고, 유니버시티University란 말 또한 교양학부를 의미한다. 법학 전문대학원, 의학 전문대학원, 경영 대학원 등 전문 기능 위주의 교육이 대학원 과정으로 이루어져 있다는 것이 그 증거인데, 이런 대학원들은 유니

버시티University 라 부르지 않고 로스쿨, 메디컬 스쿨처럼 스쿨School 이라고 부른다.

제도와 사회 현상에 대한 비판적 인식, 자유로운 사고와 토론, 서로 다른 생각을 이해하고 조정하는 능력, 기존의 규칙과 질서를 넘어 새로운 아이디어를 창조하는 능력, 이 모든 것이 교양이다.

뒤늦게 서양 문물을 따라잡아야 했던 일본이나 일본을 따라하기에 급급했던 우리는, 이런 발판을 마련하지 못했다. 민주화운동 과정에서 대학을 중심으로 학생들이 힘을 모으는 등 대학의 역할이 부각되었지만, 아쉽게도 거기서 그치고 말았다. 스펙 만들기에만 몰두하는 오늘날 대학생들에게 교양부터 제대로 갖추라고 조언하는 교수들이 없다는 점이 그 증거이다.

선진국에서는 오랜 전통을 가진 명문대학일수록 가장 권위 있는 교수에게 교양과목 강의를 맡기고 많은 노력과 투자를 아끼지 않는다. 전문 지식을 배우는 것뿐만이 아니라 학문에 대한 관심을 불러일으키고 사회와 현상을 어떻게 볼 것인지를 가르치는 것이 대학의 가장 중요한 역할이라고 생각하기 때문이다. 우리는 갈수록 교양과목을 줄이고 그마저도 젊은 시간강사에게 맡기는 경우가 태반인데, 이런 상황에서 새로운 기업을 창조하고 세상을 변화시킬 리더를 기를 수는 없다.

세 번째 과제는 '입학 사정관 제도 정착'이다. 입학 사정관 제도는 앞으로 대학이 학생을 선발하는 데 가장 중요한 역할을 하게 될 것이다. 최근 이 제도를 도입하는 대학이 많아지는 데에는 정부의 지원도 일정 부분 영향을 미치겠지만, 기업들이 자신들이 원하는 인재를 선발하듯이 대학도 자신들이 원하는 학생을 선발하겠다는 분위기가 확산되고 있기 때문이다. 현재의 신입생 선발 방식이 바람직하지도, 효율적이지도 않다는 인식이 대학 사회에도 서서히 깔리고 있는 것이다.

의학 대학원 제도가 도입되고 생물학과의 인기가 급상승했다는 보도가 있었다. 법학 대학원이 생기면서 자율전공학부도 인기를 끌고 있고, 심리학과도 법학 대학원에 진학하는 데 유리하다는 이유로 인기가 상승했다고 한다. 하지만 대학 입장에서는 좋을지 몰라도 해당 학과 교수들은 이런 현상이 반갑지만은 않을 것이다. 석, 박사과정으로 진학해서 해당 분야를 더 공부할 학생들이 없기 때문이다. 대학은 의사나 법조인만 양성하는 곳이 아니다. 각 전공마다 후학을 키우고, 연구를 계속해야 한다. 그런데 지금의 방식을 고집한다면 정작 해당 분야를 공부하고자 하는 학생들의 기회를 박탈하는 일이 벌어질 수밖에 없다.

10년 후 대학은 신입생을 이렇게 선발한다

우리에게는 시험을 잘 치르는 인재도 필요하지만, 다양한 분야에서 성과를 내고 넓은 세상에서 활약할 인재도 필요하다. 그런데 이런 인재들을 수능이나 본고사 같은 시험만으로 알아 볼 수가 없다.

이제 대학 입시가 어떤 방향으로 변해 갈지 짐작이 되는가? 수능과 내신은 학습 수준을 확인하는 자료 정도로 활용하고, 에세이와

심층 면접을 통해 가능성과 잠재력을 보고 선발하는 방향으로 바뀔 것이다. 수능 성적보다 고등학교 3년 동안의 내신이 대학에서의 학업 성취도와 더 밀접하듯이, 시험 성적보다 학생들이 자라온 과정을 살펴보는 것이 가능성과 잠재력을 판단하기에 더 유효한 것은 당연하다.

그렇다면 대학은 어떤 가능성과 잠재력을 원하는가? 바로 창의적인 인재가 될 가능성과 잠재력이다. 창의성이란 남과 다른 것을 생각하고 만들어 내는 능력이다. 남다른 점은 없으면서 성적만 좋은 학생은 선호하지 않는다. 창의성이 있다고 반드시 미래가 보장되는 것은 아니지만 창의성이 없이는 크게 발전해 나가기가 힘들다. 창의성이 충분조건은 아니지만 필요조건은 된다는 뜻이다.

이 사람이 창의적인가를 알아보는 가장 좋은 방법 중 하나가 성장 과정을 살펴 보는 것이다. 외국 대학들이 에세이를 요구하는 이유도 이것이다. SAT, 토플 점수 등은 다 갖추었는데 초, 중, 고등학교 내내 공부 외에 다른 활동은 한 적이 없는 학생에게 독창적인 무언가를 만들어 내기를 기대할 수는 없다. 대학은 에세이를 통해 학생의 가치관과 성향, 꿈 등을 파악하고, 남다른 스토리를 가진 학생을 찾게 될 것이다.

우리 학생들이 교육다운 교육을 받지 못하고 있다는 것은 전 세계가 알고 있다. 그런데도 제법 많은 학생들이 세계 최고 대학에 진학한다. 한국식으로 공부하고도 그 대학들이 원하는 수준을 갖추었기 때문일까? 그럴 수도 있지만, 이들이 장차 한국에서 사회 지도층이 되었을 때 동문회의 힘을 강화하는 데 도움이 될 것이라고 기대하기 때문일 수도 있다. 한국은 어차피 등수로 지위가 결정되니 학문적 성취나 창의적인 결과물을 기대할 수는 없어도 일단 졸업만 시켜 놓으면 학교 이름값은 할 것이라는 의미인 것이다.

그렇다고 비참하게 생각할 필요는 없다. 어차피 미국 대학들은 중국 공산당 고위 간부의 자녀가 지원하거나 하면 성적이 조금 낮아도 입학시킨다. 우리 대학들도 어느 왕정 국가의 왕자나 공주가 지원하면 능력이 다소 부족해도 뽑는다. 대학도 기본적으로는 졸업생들의 수준에 따라 평가되기 때문이다 나라마다 훌륭함의 기준이 다를 뿐이다. 계급사회에서는 상위 계급으로 올라가는 것이, 시험 중심의 사회에서는 시험을 잘 치르는 사람이, 지식 기반 사회에서는 새로운 지식을 창출하는 사람이 훌륭한 것이다.

지금 대한민국에서는 돈이 최고의 가치이기 때문에 의사나 법조인 같은 직업을 가지면 성공했다는 소리를 들을 수 있다. 하지만 2020년에는 다를 것이다. 지금 우리가 믿고 있는 기준으로 미래의 인재를 재단해서는 안 된다.

05

미래의 대학은
다양한 인재를 원한다

대한민국 대학생, 많아도 너무 많다

자녀를 대학까지 공부시키는 것이 부모들의 소원인 시절이 있었
다. 경제 개발이 한창이던 1970년도에는 초등학교 졸업생의 3분의
2만 중학교에 진학했고, 당시 대학 입학 정원은 4만 명이 채 되지 않
아 전체 학생의 12.5퍼센트만 대학에 진학했다. 이때는 대학 졸업장
만 있으면 고도의 지적 능력을 갖추었음을 증명할 수 있었다.

지금은 어떠한가? 2010년 현재 우리나라에는 4년제 대학교 177
개와 전문대학 146개가 있다. 입학 정원만으로 보면 매년 32만 명이
4년제 대학에, 그리고 23만 명이 전문대학에 입학한다. 4년제 대학

의 입학 정원이 전체 학생의 절반을 넘고, 전문대학까지 합하면 대학 진학률은 84퍼센트에 달한다.

비율로 따지면 2010년 대학생은 1980년의 고등학생, 1970년의 중학생과 마찬가지이다. 경제가 발전하고 사회가 변하면서 이전보다 고등교육 이수자가 많이 필요해진 것은 사실이지만 대학 진학률 84퍼센트는 세계 어디서도 찾아보기 어려운 수치이자, 고등교육의 과잉이라고 할 수밖에 없다.

지난 2007년 서울시 9급 공무원 시험에서 지원자의 93.9퍼센트가 대졸 이상의 학력 소지자였고, 합격자 중 이른바 SKY 대학이라 불리는 서울대, 연세대, 고려대 졸업생이 열세 명, 석사학위자도 다섯 명이나 되는 것으로 알려져 화제가 된 적이 있다. 직업 안정성이 보장되는 공무원에 대한 선호도가 높아진 결과이기도 하지만, 정해진 규정에 따라 기계적으로 하는 일이 대부분인 하위직 공무원 자리에 고학력자들이 이렇게 많이 모인 것은, 아무리 보아도 극심한 학력 인플레 현상이다.

이제는 언급하기에도 식상한 청년 실업 문제도 그 배경에는 대학 교육의 과잉 현상이 있다. 단지 경기 침체 현상 때문에 이태백이라는 말이 생긴 것이 아니다. 경기가 회복되어도 청년 실업 문제가 크게 개선될 것이라고 기대할 수 없는 것은, 대졸 수준의 지식이 필요한 일자리에 비해 너무 많은 대졸자가 양산되고 있기 때문이다.

'개나 소나 다 대학 간다'라는 말이 나오게 된 가장 큰 원인은 누구나 알고 있듯 교육열 때문이다. 우리나라 부모들의 교육열은 이미 세계적으로도 정평이 나 있고 서울대도 해외 홍보 자료에서 서울대를 발전하게 만든 힘이 '교육열Education Fever'이라고 자랑하고 있다. 그런데 과거의 교육열이 먹을 것 안 먹고 입을 것 안 입으면서 자녀들의 학비를 대는 부모의 희생을 의미했다면, 오늘날의 교육열은 좋은 대학에 보내기 위해 가능한 모든 사교육을 받게 하는 부모의 능력과 투자를 말한다. 그리고 그 배경에는 성적순으로 부와 성공이 보장되는 비정상적인 사회 구조가 있다. 고등학교를 졸업하고 직업 교육을 받아 취업해도 안정적으로 생활할 수 있다면 굳이 많은 돈을 들이면서까지 대학에 가려고 하지 않을 텐데, 현실이 그렇지 못하니 대학 진학 수요가 줄지 않는 것이다.

'High risk high return'란 말이 있다. 위험이 클수록 보상도 큰 법이라는 뜻인데, 비유하자면 소득이 낮은 직업일수록 안정성이 높고 고소득 직업일수록 안정성이 낮아야 균형이 맞다. 의사, 변호사 같은 고소득 직종은 지금보다 위험이 커져야 하고 교사, 공무원, 공기업 직원 같은 안정적인 직업은 지금보다 소득이 낮아져야 한다. 급여 수준이 높은 대기업은 노동 유연성을 높일 수도 있지만 그렇지 못한 직업은 노동 유연성을 낮추어 안정성을 높이는 것이 바람직하다. 그래야 사회적으로 균형을 유지할 수 있다.

그런데 우리 현실은 그렇지 못하다. 고소득 직업은 진입을 제한하여 안정성을 확보하려고 하고, 안정적인 직업은 소득을 늘리려고 한다. 그리고 비정규직처럼 소득이 낮을수록 노동 유연성이 높아지고 불안정해진다. 성적이 높으면 고소득과 안정성을 동시에 보장받고, 그렇지 못하면 저소득과 불안정한 상태로 내몰리게 되는 것이다. 수익성 높은 펀드는 원금이 보장되고 이자율이 낮은 은행 예금은 원금 보장이 안 되는 것과 마찬가지인데, 이런 상황에서 누가 은행에 돈을 맡기겠는가?

이러니 학부모와 학생의 입장에서는, 속된 말로 무슨 짓을 해서라도 성적을 올릴 수밖에 없다. 자연스레 고등교육 시장이 지나치게 비대해지고, 사교육의 무한 경쟁이 벌어진다.

선진국들은 어떨까? 세계적인 경제 위기로 대부분 국가에서 실업이 사회 문제가 되고 있고, 특히 청년층의 취업난은 우리와 별반 다르지 않다. 하지만 그들은 경기가 나아지면 취업할 가능성이 높다. 대학 졸업자 수가 우리보다 훨씬 적고, 일자리 수요와 공급 간의 괴리가 우리처럼 크지 않기 때문이다.

정말 그럴까? 주요 국가들의 고등교육 이수 현황을 살펴 보자. 선진국들은 고등교육 이수율이 40~50퍼센트 수준에서 안정되어 있다. 상위 12개국의 25세~34세의 고등교육 이수율을 비교해 보면 그 경향이 확연히 드러난다. 4년제 대학 또는 정규 대학 이수율이 대체로 30퍼센트 수준에 머물러 있다. 우리나라와 일본, 캐나다 등 3개국은 전문대학 또는 직업대학 이수자가 많아 전체 고등교육 이수율이 50퍼센트를 넘지만, 4년제 대학 이수율이 높은 노르웨이, 미국, 네덜란드 등은 전문대학 이수율이 낮다.

유럽 국가들은 대체로 지식 기반 산업의 비중이 높아 4년제 대학 이수율이 높고, 우리나라, 일본, 캐나다 등은 제조업 비중이 강한 편이어서 전문대학 이수율이 높은 것이라 볼 수 있다. 이는 국가별로 산업 전략에 따라 인재를 양성하고 있음을 보여 주며, 4년제 대학 이상의 고등교육이 필요한 일자리는 대부분 선진국에서도 전체의 30~40퍼센트 수준을 넘지 않는다고 보아야 한다.

그런데 이 자료는 대학 진학률이 60퍼센트가 채 되지 않던 90년대 학번들을 비교한 것이다. 대학 진학률이 80퍼센트를 넘은 2000년대 이후 세대를 조사하면 어떤 결과가 나올까? 우리가 압도적으로 세계 1위에 올라 있을 것이다.

고학력이 능사는 아니다

이제 문제가 보이는가? 지금 우리 정부와 기업들은 일자리를 늘리겠다고 무진 애를 쓰고 있지만, 그 대부분은 인턴이나 아르바이트 같은 비정규직뿐이다. 2, 3년이 지나 이 위기가 어느 정도 해소되면 상황이 좋아질 거라 기대하는 사람들이 많지만, 안타깝게도 그 기대는 실현되기 어려울 것이다. 건설 현장에서 일용직으로 일하는 사람도, 편의점이나 주유소에서 아르바이트를 하는 사람도 대졸자로 채워지지 않는다면 말이다.

이 상황을 개선하는 방법은 크게 세 가지로 고려해 볼 수 있다. 첫째, 지식 기반 산업을 확충해 다수의 고학력자가 필요한 산업 구조를 만들고 둘째, 해외 기업을 적극적으로 유치해서 고학력자들이 취업할 수 있도록 하면서 셋째, 우리 기업과 인재의 해외 진출을 적극 장려하는 것이다. 수출 중심으로 성장해 온 우리의 경제 구조에서는 다른 대안을 찾기는 어렵다.

정부가 추진하는 정책도 이러한 기조 위에서 만들어지고 있다. '지식 기반 산업을 미래 성장 산업으로 육성하고, 각종 규제를 완화해 외국 기업의 국내 진출을 유도하고, 여러 나라와 FTA를 체결하여 국내 기업의 해외 진출을 지원'하는 것이 정책의 골자이다. 84퍼센트가 넘는 대졸자들의 일자리를 늘리려면 이 세 가지 전략을 동시에 추진할 수밖에 없다.

이러한 전략이 성공하려면 앞에서 언급한 영어 능력과 대학 교육의 질적 개선이 반드시 전제되어야 한다. 그런데 이런 전략이 어느 정도 성공을 거둔다 해도 여전히 문제점은 남는다. 이것이 가능하려면 고등교육이 필요 없는 일자리는 이주 노동자들이 담당해야 하고 제조업은 해외로 생산 기반을 옮겨야 한다. 선진국들이 1980년에서 1990년대까지 썼던 전략이지만, 결과는 성공적이지 못했다.

대부분 선진국의 고등교육 이수율이 50퍼센트 수준에서 안정되어 있다는 것은, 사회가 정상적으로 돌아가려면 고학력자가 그 정도 비율만큼 있어야 한다는 것을 의미하기도 한다. 이제 우리는 대학과 학생의 숫자를 줄이고, 고등교육 수요를 조절할 필요가 있다. 나라마다 차이는 있지만 선진국일수록 산업 구조, 고용, 복지 등에서 이러한 균형 맞추기를 정책적으로 추진하고 있다.

그런데 우리 사회에는 이와 관련된 또 다른 현상이 빚어지고 있다. 대졸자가 너무 많다 보니 개인 차원에서 경쟁력을 높이기 위해 석, 박사과정에 진학하는 사람들이 늘어나는 것이다. 특히 지난 2003년에는 박사과정 진학자의 증가율이 석사과정을 넘어섰다. 2005년 박사학위 취득자는 국내 8,600명, 국외 1,730명 등 1만 330명으로 처음으로 1만 명을 넘어섰으며 2008년에는 1만 8,188명이 박사과정에 입학하고 9,369명이 박사학위를 받았다.

박사과정 입학자 수와 학위 취득자는 앞으로도 계속 늘어날 것이다. 연평균 3~4퍼센트 정도 늘어난다고 보면 2009년에 초등학교에 입학하는 2002년생 아이들이 박사과정에 들어가게 되는 2027년 즈음에는 박사과정 입학자 수가 3만 2,000명~3만 8,000명 수준에 이를 것이다. 이들이 3년 만에 학위를 받는다고 가정하면 2030년에 국내의 박사학위 취득자는 적게는 1만 6,000명에서 많게는 2만 명 수준이 될 것이다.

2005년 실시한 한국 교육 종단 조사를 보면 학생의 8퍼센트, 부모의 26퍼센트가 박사과정을 최종 학위로 희망하는 것으로 나타났다. 전문대 이하로 답한 비율은 학생 7퍼센트, 부모 4퍼센트에 불과하고 석사는 학생의 7퍼센트, 부모의 9퍼센트였다. 학생보다 부모의 기대 수준이 더 높고, 특히 석사보다 박사학위 수요가 더 많다는 것은, 대졸 학력으로는 부족하다는 것을 부모들이 먼저 느끼고 대비하고 있다는 의미이기도 할 것이다.

물론 박사과정 진학률이 높아지는 것은 전 세계적인 추세이다.

주요 선진국의 통계를 보아도 학부 진학률은 정체되어 있는 반면석, 박사 특히 박사과정 진학률은 높아지고 있다. 그만큼 지금 사회가 높은 지식을 요구하기 때문일 것이다.

한편, 과거에는 박사학위를 딴 후 대학교수가 되는 것이 자연스럽게 여겨졌지만 지금은 연구 개발 분야에서 박사학위 소지자들을 쉽게 찾을 수 있다. 국가 차원이든 기업 차원이든 연구 개발을 담당하는 핵심은 바로 박사급 인력이다. 선진국과 직접 기술 경쟁을 하지 않고는 살아남을 수가 없기 때문에, 핵심 기술을 개발할 능력을 지닌 박사급 인재의 필요성과 중요성은 언급할 필요가 없을 정도이다.

주의할 것은, 단지 박사학위를 취득하는 것만으로는 수요를 충족시킬 수 없다는 점이다. 지적 수준과 기술적 수준을 동시에 만족시켜야 하는데, 최근 해외 박사학위자가 늘지 않고 있다는 점은 우려되는 부분이다. 국내 대학이 박사를 많이 배출하는 것도 반가운 일이지만, 아직 세계적인 수준에 이르지 못한 대학들이 수적으로만 박사학위자를 늘리고 있는 것을 꼭 바람직하다고 할 수는 없다.

박사 출신 실업자 수가 증가한다는 이야기는 이미 1990년대 후반부터 나오기 시작했고 2006년에는 전체 박사학위자의 65퍼센트 정도가 실업 상태라는 자료까지 나왔다. 특히 인문 계열에서 심각한 박사 실업자 문제는 당사자에게도 힘든 일이지만 사회적으로도 자원 낭비라는 점에서 개선이 필요하다. 대입 희망자가 많아진다고 무작정 대학을 늘려서는 안 되듯이 박사과정 지원자가 많아진다고 박사를 양산해서도 안 된다. 대학 교육이든 직업 교육이든 모든 교육은 양적, 질적으로 사회 전체의 수요와 맞아야 한다. 특히 박사 인력은 양적 수요보다는 질적 수준을 충족시키는 것이 중요하다.

국내 박사와 해외 박사의 수준이 같다면 굳이 둘을 차별할 이유가 없는데, 안타깝게도 현실은 그렇지 못한 것 같다. 국내 박사가 외국 대학교수로 채용된 것이 뉴스가 되는 것도 아직 국내 박사의 수준이 외국만큼 높지 않기 때문이다. 대학 스스로 박사의 수준을 보장하지 못하면 그들이 제 역할을 하지 못할 뿐만 아니라 대학의 수준도 낮아진다.

세계 일류 대학들이 내세우는 것

우리 사회에는 공부를 많이 한 사람도, 예체능에 소질이 있는 사람도, 기업의 연구원도, 공장의 생산직 근로자도, 환경미화원도 필요하다. 사회가 건강하게 유지되고 발전하려면 다양한 직업을 가진 사람들이 모두 사회에 필요한 존재라는 사실을 인정하고 서로를 존중할 줄 알아야 한다. 적어도 청소년들을 이런 생각과 품성을 지닌 민주시민으로 기르는 것은 교육의 가장 중요한 목적 중 하나이고 우리 사회도 이런 교육에 많은 투자를 해야 한다. 하지만 이것만으로 교육의 역할이 완성되는 것은 아니다. 온 세계가 지식 경쟁을 벌이고 있는 오늘날, 교육은 무엇보다도 경쟁력 있는 지식을 갖춘 인재를 양성하는 데 책임을 져야 한다. 우리 대학 졸업생들의 수준이 세계 무대에서 경쟁할 수 있는 수준이 되어야 한다. 우리나라에서 최고 명문인 서울대가 《타임스》 대학 순위에서 세계 47위에 불과하고,

미국 대학들과 비교하면 20등에도 미치지 못한다는 것은 부끄러운 일이다.

이런 상황에서 국내 명문대에 들어가는 것을 목표로 공부해서는 개인과 사회 모두 밝은 미래를 기대하기 어렵다. 21세기를 살아가려면 어떤 분야에서든 국내가 아닌 세계를 무대로 경쟁할 각오를 해야 하고, 대학도 그래야 한다. 높은 소득을 보장하는 직업을 추구하는 것이 무조건 잘못된 일이라고 비난할 수는 없고 수요도 크게 줄지는 않겠지만, 분명 대학이 지향할 최우선 목표는 아니다.

세계 일류 대학들은 그런 것을 두고 경쟁하지 않는다. 대학이 자랑할 것은 노벨상을 받은 교수와 세계적으로 명성을 드높이는 학자가 얼마나 많은가, 구글이나 애플 같은 혁신 기업을 만들어 낸 창업자를 얼마나 많이 배출했는가 하는 것이어야 한다. 세계를 무대로 뛰는 기업들은 항상 세계와 만나고 세계 수준에서 경쟁한다. 우리 대학들이 공무원이나 공기업 직원처럼 국내에서만 통용되는 인재만 키운다면 글로벌 기업들은 우리 인재들을 선택하지 않을 것이다.

2008년 전국의 27개 대학에 신설된 법학 전문대학원의 첫 합격자 1,790명 중 서울대 출신이 25퍼센트, 고려대 15퍼센트, 연세대 14퍼센트 등 SKY 대학 출신이 54퍼센트를 차지한 것만 보아도 법조인과 의사를 지망하는 수요가 쉽게 줄지는 않을 것이다. 많은 학생들과 부모들이 이를 꿈으로 삼아 십 수 년을 매달리는 안타까운 현실도 계속될 것이다. 하지만 우리 대학들이 계속 지금 수준에만 머무른다면 대학의 미래는 어두울 수밖에 없다. 일본에서는 열세 명이나 나온 과학 분야 노벨상 수상자가 우리나라에는 한 명도 없는 현실, 국제 과학 올림피아드 수상자 중 절반에 가까운 학생들이 의대로 진학하는 현실, 이것이 우리 교육의 현주소이다.

이제 대학은 교육계 전체가 등수 놀이에만 몰두하도록 방치한 책임을 져야 한다. 인문학과 이공계 기피 현상을 우려하고 지원을 호소하면서도 막상 신입생을 선발할 때에는 출신 고등학교와 석차만으로 모든 것을 평가해 온 대학에 일차적 책임이 있음을 부정해서는 안 된다. 뛰어난 인재가 들어오기를 바라는 것은 모든 대학의 공통된 소망이다. 그런데 세계 일류 대학이나 국내 명문대들이 원하는 뛰어난 인재란 사회의 리더가 될 수 있는 사람이다. 정치, 경제, 사회, 문화 등 다양한 분야에서 리더가 될 수 있는 인재를 키우는 것이 대학의 역할이고 목표이다.

지금까지 우리 대학들이 등수로 줄을 세워 학생을 선발한 이유는 우리 사회가 시험 성적이 좋은 사람이 리더가 되는 구조를 유지하고 있었기 때문이다. 우리 사회는 그 사람이 어떤 능력을 가지고 어떤 분야에서 어떤 기여를 했느냐보다 시험에서 합격하는 사람을 우수한 인재로 추켜세웠다. 조선 시대의 과거 급제에서 지금의 각종 고시에 이르기까지, '시험 합격 = 성공 = 돈과 명예'라는 공식은 여간해서는 깨질 것 같지 않아 보인다.

하지만 세계는 변화하고, 인재의 기준도 달라지고 있다. 학문과 기술은 끊임없이 발전하고 분화되며, 기업과 사회는 다원화, 세계화되고 있다. 결국, 사회는 보다 다양한 리더를 필요로 하게 된다. 우리 대학들이 세계의 대학과 어깨를 나란히 하기 위해서는 이러한 인재들을 길러 내기 위해 쇄신해야 한다.

외국인 학생들이 대한민국 의사나 변호사가 되려고 우리 대학에 진학할 리 없다. 이런 학생들을 가르치려고 우리나라까지 올 외국인 교수도 없다. 외국 대학들처럼 기본 소양과 가능성과 잠재력을 판단하는 방향으로 변화하지 않으면, 우리 대학의 미래는 참으로 암울할 것이다.

아이비리그 대학들이 길러 내는 인재는 '다양한 분야의 전문적인 지식과 기술, 그리고 창의성, 리더십, 봉사정신, 소통 능력 등의 소양을 갖춘' 인재이고, 이렇게 될 가능성이 높은 학생을 선발한다. 지식과 기술은 성실하기만 하면 대학에서도 얼마든지 키울 수 있으니 대학 공부를 따라갈 수준이 되는지는 SAT이나 내신 성적을 확인하는 정도면 충분하다. 하지만 소양은 대학에서 기르는 데 한계가 있으므로 다양한 방법으로 살필 수밖에 없다. 세계 일류대에 입학하는 데 자기소개 에세이나 면접, 구술시험 등이 중요한 이유는 이 때문이다.

우리 아이를 선발해야 하는 이유를 충족시켜라

10년쯤 뒤에는 우리 대학들도 이런 방식으로 학생을 선발할 것이고 입학 사정관 제도가 그 중심에 놓일 것이다. 물론 미국식 제도인 입학 사정관 제도가 우리나라에서 단기간에 정착될 것을 기대하긴 어렵다. 입학 여부에서 절대적인 권한을 가지는 이 제도가 성공적으로 자리 잡으려면 선발 기준과 평가 항목, 배점까지 밝히라는 안팎의 압력을 이겨 내야 할 것이다.

우리 현실에서는 이것이 정말 쉽지 않다. 학교, 학원, 부모, 학생 모두 기준을 알고 싶어 한다. 기준을 알아야 학생을 지도하지 않겠느냐고, 그렇지 않으면 결과를 인정할 수 없다고 소송을 걸지도 모른다. 뇌물이나 청탁 같은 비리가 없을 것이라고 장담할 수도 없다. 심지어 대학 내부에서도 주관적으로 판단해서는 안 되니 객관적인 기준을 만들라고 할 수도 있다. 이 모든 장애물을 뛰어넘어 소신껏 운영하지 않으면 입학 사정관 제도는 성공하기 어렵다.

입학 사정관 제도의 정착 여부에 어느 정도 영향을 받겠지만, 선발 방법이 갈수록 다양해질 것은 분명하다. 전형 방법뿐 아니라 선발 기준도 다양해진다. 미국 대학들이 그렇듯이 내신, 수능, 자기소개서, 봉사 활동, 학생 활동, 면접, 논술 등 지금 우리가 알고 있는 기준이 모두 활용될 것이다.

그러면 원하는 대학에 들어가기 위해 이 모두를 다 잘해야 할까? 그렇지 않다. 내신과 수능이 모두 1등급이면서 주 3일 이상 봉사 활동에 참여하고, 학생 활동에도 적극적이면서 일주일에 책을 두세 권씩 읽기가 가능하다고 생각하는가? 절대 불가능하다. 물론 방법이 있긴 하다. 부모가 아이 대신 봉사 활동을 하고, 사진 같은 학생 활동 증거품을 만들고, 책은 요약본만 읽고 전부 읽은 것처럼 보고서를 쓰고, 나머지 시간을 시험공부에 쏟아 부으면 된다. 물론 내 아이를 거짓말쟁이로 만드는 것이니 상식을 가진 부모들이라면 절대 선택할 수 없는 방법이지만 말이다.

대학들은 한마디로 '일정 기준을 충족한 학생들 중에서 뽑아야 하는 이유가 분명한 학생'을 선발할 것이다. 내신이 탁월하거나 수능이 아주 뛰어나거나 해당 분야에 깊은 관심을 가진 학생도 뽑을 것이다. 봉사 활동과 학생 활동을 열심히 한 학생도, 논술을 잘하는 학생도, 어려운 환경과 처지를 잘 이겨 낸 학생도 뽑을 것이다. 어느 쪽이든 대학이 뽑아야 하는 이유를 만족시키면 선발하는 것이다.

물론 공부든 활동이든 일정한 기준은 넘어야 한다. 현재의 수시 전형에 수능 최저 학력 기준이 있는 것처럼 말이다. 스펙을 따진다면 모두 고르게 잘하는 것이 좋지만 그것으로는 부족하다. 국영수 모두 90점을 받아 평균 90점인 학생과 국어 100점, 영어 90점, 수학 80점을 받아 평균 90점인 학생이 있다면, 국문과는 국어 100점을 받은 학생을 뽑을 것이라는 말이다. 모두 잘한다는 것은 떨어지지 않을 필요조건은 충족하지만 뽑아야 하는 충분조건이 되지는 못한다.

고등학생이라면 공부도 열심히 해야 하고 봉사 활동이나 학생 활동에도 많이 참여해야 한다. 운동도 해야 하고 책도 많이 읽어서 스스로 생각하는 힘도 길러야 한다. 이 모든 것을 고르게 잘하는 것이 대학 진학의 필요조건이고, 그중 본인이 좋아하는 것에 더 많은 시간과 노력을 들여 자신의 진로로 발전시키는 것이 고등학생 때 할 일이다.

대학은 학생의 관심 영역과 그 경험의 깊이를 보고 잠재력과 가능성을 판단한다. 이것이 대학 진학의 충분조건이다. 필요조건을 갖

추었기 때문에 선발하는 것이 아니라, 이 학생을 뽑아야 하는 이유,
즉 충분조건을 갖춘 학생을 뽑는다는 것을 명심해야 한다.

06

배우는 힘을 기르는 것이 목표이다

정부 입맛에 맞는 교육은 이제 그만!

2009년에 초등학교에 입학한 2002년생 월드컵 베이비들은 지금까지 아무도 사용한 적이 없는 새로운 교과서로 공부를 시작했다. 흔히 제8차 교육 과정이라 부르는 '2007 교육 과정'이 2009년 초등 1, 2학년부터 처음 적용되었기 때문이다. 2011년에 초등학교에 들어가는 아이들은 2009년 12월에 확정된 '2009 교육 과정'에 따라 새로 만들어진 교과서로 공부하게 된다. 교육 과정이란 초, 중등교육법에 따라 교육과학기술부 장관이 고시하는 초, 중등 학교의 교육 전반에 관한 국가 수준의 표준 지침을 말한다. 교육 과정 제·개정을 주관하는 한국교육과정평가원은 국가 수준의 교육 과정을 '초, 중등교육의 방향을 제시하는 청사진'이라고 설명한다.

교육 과정은 대학과 연구 기관의 교육 전문가, 일선 교사들이 참여하여 교육과 관련한 사회 전반의 변화, 특히 학술계와 세계적인 교육 동향 등을 검토하여 만들어진다. 사회가 교육에 기대하는 역할과 수요를 반영하는 것은 물론이다. 교육과정평가원은 교육 과정의 변화가 '분명한 목적에 의해 이루어지는 의도적 노력으로서 변화를 설계, 실행, 평가하는 일련의 과정'이라고 설명하면서 교육 과정이 국가적, 사회적 필요 및 변화와 각 학교의 자율성, 학생의 교육적 요구에 대응하여 달라져 왔음을 명확히 밝히고 있다.

교육 과정에는 교육의 원칙과 목표, 초, 중, 고교에서 학년별, 과목별로 학습하는 내용과 시간, 수업과 평가 방법 등이 정의되어 있다. 말하자면 교육 과정은 무슨 내용을 어떻게 가르치고 평가할 것인지 우리 사회가 지향하는 교육의 원칙과 방법이 모두 들어 있는 '교육의 헌법'이다. 헌법에 맞지 않는 법을 만들면 헌법재판소의 판결로 효력을 잃듯이 교육 과정의 원칙을 따르지 않는 교육은 허용되지 않는다. 교사들이 학교 수업을 무성의하게 한다고 불만을 가지지만 사실 교사들에게 수업 방법을 마음대로 변경할 수 있는 권한이 없다는 사실을 알고 있는 부모는 많지 않다.

그런데 우리처럼 정부가 교육 목표와 원칙, 수업과 평가 방법까지 다 결정하는 나라는 많지 않다. 아니, 우리와 일본뿐이라고 해도 과언이 아니다. 핀란드는 각 학교에서 졸업할 때까지 충족해야 하는 최소 수준만 정부에서 목표로 제시할 뿐, 나머지는 학교와 교사가 자율적으로 정할 수 있다. 교재, 수업, 평가 모두 교사가 마음대로 할 수 있다는 말이다. 대부분 선진국들이 학교를 졸업할 때 갖추어야 할 최소 수준과 대강의 방침을 목표로 정하고, 나머지는 교사, 학교, 또는 지역 교육청이 자율적으로 결정하고 있다.

현재의 교육 과정은 너무 상세한 부분까지 강제하고, 교사나 학교의 자율권이 너무 부족하다는 점에서 문제가 많은 것이 사실이다. 정부의 방침과 다른 내용으로 수업했다고 교사를 징계하고, 정부가 싫어하는 내용이 교과서에 실렸다고 교과서를 바꾸는 일도 교육 과정의 모든 결정과 운영이 정부의 규제 아래 놓여 있는 까닭이다. 따라서 교육이 선진화되려면 정부가 결정하는 부분이 대폭 줄어들어야 한다. 따라서 앞으로의 교육 과정은 정부가 대강의 원칙과 목표만 제시하고 교육 방법과 운영은 교사와 학교에게 맡기는 방향으로 변화해 갈 것이다.

현실과 지나치게 동떨어져 있는 대한민국의 교육 목표

교육을 걱정하는 사람은 많지만 교육 과정을 제대로 알고 있는 사람은 드물다. 공교육이든 사교육이든, 교육으로 먹고 사는 사람은 많지만 교육 과정은 정부에서 정하는 것이라고 생각하고 관심을 두지 않는다. 하지만 교육을 걱정하고 고민하는 사람이라면 누구나 '교육의 헌법'인 교육 과정에 관심을 가져야 한다. 헌법을 제정할 때 국민 투표를 거쳐 사회적으로 합의하듯 교육 과정에도 사회의 합의가 담겨야 한다. 헌법을 모르고 국가 운영 원칙과 정책을 논의할 수 없듯이 교육 과정을 모르고 교육을 논할 수는 없다.

교육 과정에서 밝히고 있는 우리 공교육의 목표는 무엇인가? 2007년 2월에 고시된 초, 중등학교 교육 과정은 맨 앞에 교육의 목적을 '추구하는 인간상'으로 정의하고 있다. '홍익인간의 이념 아래 민주 국가를 발전시키고, 인류 공영의 이상을 실현하고, 인간다운 삶을 영위할 수 있는 역량을 키운다'라는 교육의 목적은 상위법인 교육 기본법에 정의되어 있는 것이다. 이러한 목적이 공감되는가? 말은 좋지만 마음으로 흔쾌히 받아들여지지는 않는다. 교육의 목적 어디에도 부모들이 고민하는 내 아이의 성적과 학력의 문제가 나와 있지 않기 때문이다. 부모들은 석차에 매달리고 있는데 교육의 목적은 경쟁을 말하지 않기 때문이다.

그렇다면 고등학교의 교육 목표는 어떻게 정의되어 있을까? '학생의 적성과 소질에 적합한 진로 개척 능력', '학문에 필요한 논리적, 비판적, 창의적 사고력과 태도'가 대학 입학에 필요한 능력이다. 다섯 가지 목표 중에서 학력과 관련되는 내용은 두 가지이고 나머지는 인격과 태도, 즉 인성 교육을 언급하고 있다. 공교육에서 부모들이 기대하는 교육을 시키지 않는 이유가 바로 여기에 있다.

이것이 다른 나라의 교육 목표라면 대부분 사람들은 훌륭하다고 생각할 것이다. 보편적인 내용을 담고 있기 때문이다. 그런데 우리나라 부모들이 이 내용에 공감하지 못하는 이유는 이 목표가 내 아이의 성공을 보장하지 않기 때문이다. 대한민국 모든 아이들이 교육 목표에 부합하는 교육을 받아도 내 아이가 다른 아이들보다 앞서지 못하면 부모들은 실패라고 생각한다. 그런 점에서 우리가 고민하는 교육 문제는 사실 교육 자체의 문제라기보다 내 자녀의 결과가 다른 아이들보다 더 낫기를 바라는 욕망의 문제라고 할 수 있다.

글로벌 스탠더드에 맞는 교육이 절실하다

교육에는 여러 가지 목적이 있다. 학문과 기술을 배우고 익히는 것도 교육의 목적이지만 '홍익인간'과 같은 인류 보편의 가치나 '민주시민의 자질'처럼 국가와 사회 유지에 필요한 품성을 갖추게 하는 것도 교육의 목적이다. 후자와 같은 가치 지향적 목적은 오랫동안 변하지 않는 반면, 전자는 상대적으로 빨리 변화한다. 그래서 교육 과정을 개편할 때는 지식의 내용과 학습법을 위주로 논의할 수밖에 없다.

우리와 교육 시스템이 비슷한 일본의 경우를 보자. 우리 교육의 이념이 홍익인간이라면 일본 교육의 이념은 '살아가는 힘'이다. 1998년 유토리 교육과 함께 부각된 교육 이념인 '살아가는 힘'은 '지, 덕, 체가 균형 잡힌 힘'으로 정의된다. 이 이념은 OECD가 지식 기반 사회에 필요한 능력이라 정의한 핵심 역량Core Competency을 도입한 것으로, 장차 지식 기반 사회를 이끌 아이들에게 필요한 능력이 '살아가는 힘'이며, 이를 길러 주는 것이 교육의 목표라는 뜻이다.

지식 기반 사회라고 품성과 체력의 조건이 달라질 리는 없으니 결국 살아가는 힘의 핵심은 지식이다. 2008년 개정된 학습 지도 요령 해설서에는 이를 '기초와 기본을 확실히 익혀 스스로 과제를 발견하고, 스스로 학습하고, 스스로 생각해, 주체적으로 판단, 행동함으로써 문제를 해결하는 자질과 능력'이라고 설명하고 있다. 우리의 교육 목표와 비슷하지만, '스스로'를 유독 강조한다는 점이 눈에 띈다. 결국 불확실한 사회를 잘 살아가려면 자기 힘으로 문제를 해결할 수밖에 없다는 고백으로 보인다.

전 세계 어느 곳이든, 한 나라의 교육 과정은 교육 전문가들이 사회와 학문과 세계의 변화와 흐름을 고려하여 미래 지향적으로 개발한다. 아직 우리는 서구형 교육 제도를 실시한 역사가 길지 않아 선진국에 비해 경험이 적고 전문 인력도 많지 않지만, 나름대로 세계 교육계의 흐름을 반영하고 있다. 문제는 부모들 대부분이 그 내용을 충분히 알지 못하고 공감하지도 않을뿐더러 교육 현장에서도 이 원칙들이 잘 지켜지지 않는다는 데 있다. 헌법이 많은 논의 과정과 국민투표를 거치듯 교육 과정, 특히 교육의 목적과 각 학교와 과목별 목표에 대해서도 사회적으로 합의하는 과정과 절차를 거쳤다면 지금보다는 교육 문제가 훨씬 적었을 것이다.

부모들 대다수가 교육 과정에 관심을 두지 않는 이유는 앞서 말했듯이 내 아이의 성적과 석차 경쟁에 아무런 도움을 주지 않기 때문이다. 많은 부모들은 교육이 어떻게 변할지 몰라서 걱정이라고 말한다. 입학 사정관 제도나 고교 선택제, 특목고 입시, 일제고사, 교원 평가, 학교 평가까지, 매번 바뀌는 정책의 구체적인 내용을 이해하기 어렵다고 하소연한다. 사실 교육 당국에서도 너무 많은 정책을 제안하느라 일을 일관성 있게 시행하지 못하고 있기도 하다. 새로운 정책이 발표될 때마다 많은 관계자들이 논쟁을 벌이지만, 솔직히 이 또한 정책의 변화가 가져올 득실 때문이지 진정으로 학생들의 미래를 생각하기 때문은 아닐 것이다.

하지만 지금 대한민국에서 벌어지고 있는 교육의 변화를 미지의 세계로 들어가는 탐험처럼 생각해서는 안 된다. 우리 교육의 미래는 예측 불가능한 것이 아니다. 여러 정책이 지향하는 바를 넓고 길게 보자. 20세기 방식으로 길러진 아이들이 21세기 사회에서 제몫을 다하기는 어려우니 교육 제도를 선진국처럼 바꾸자는 말이 아닌가? 한마디로 글로벌 스탠더드에 맞는 교육을 실시하자는 말이다. 세계 수준의 경쟁에서 살아남을 수 있는 인재를 양성하기 위해 교육도 세계 수준으로 실시하자는 것이다.

이렇게 미래 지향적인 제도와 정책을 내놓아도 상황이 크게 나아지지 않는 데에는 기성세대의 고정관념이 한몫하고 있다. 입으로는 창의적인 인재가 필요하다고 하면서도 성적에 반영되지 않는 창의성에 매달리는 것은 현명하지 못하다고 생각하고, 잠재력과 가능성을 우선시한다 해도 속으로는 시험 성적과 석차가 더 중요할 것이라고 믿는 고정관념 말이다. 많은 학부모들과 교사들은 사실 이렇게 생각하고 있다. 등수만큼 객관적이고 공정한 평가 척도는 없다고 대놓고 주장하는 학원들은 말할 것도 없다.

지금까지는 대부분 대학들도 이렇게 생각했다. 2008학년도 입시에서 시행됐던 수능 등급제 논쟁을 생각해 보자. 0.1점 차이로 등급이 달라졌다며 억울한 호소를 하고, 등급의 폭이 넓어 변별력이 없어졌다며 대학들이 볼멘소리를 한 것은 모두 석차의 객관성과 공정성을 지나치게 신봉했기 때문이다. 이런 의견이 대세를 이룬 결과 수능 등급제는 유명무실해졌고, 다시 학생들은 석차 경쟁에 매달리게 되었다.

물론 성적은 중요하다. 교육을 말하면서 평가를 무시할 수는 없다. 문제는 석차다. 올림피아드처럼 순위를 가르는 경시 대회가 아닌 이상 대부분 선진국은 학생들의 실력을 등수로 측정하지 않는다. 세계가 비아냥거리는 한국 교육의 후진적인 특성이 바로 석차 시스템이다. 물론 이런 상황이 개선되지 못하고 있는 책임이 학생이나 부모에게 있는 것은 아니다. 일차적으로는 사회에, 이차적으로는 대학에 있다. 사회가 석차를 중시하고 대학이 석차를 요구하는데 학생이나 부모들에게 뾰족한 수가 있을 수는 없다. 결국 부모 세대가 공부하던 때와 지금이 마찬가지이듯 앞으로도 그럴 것이라고 믿는 것이다.

하지만 이제는 정말 제대로 고민해야 하는 상황에 이르렀다. 우리나라 안에서만 경쟁하며 살 수 있는 시대는 지나갔고, 대학 졸업장이나 박사학위로도 미래를 보장받을 수 없다. 입학 사정관 제도로 대표되는 대학 입시의 변화는 정부의 정책에 어느 정도 기댄 측면도 있지만 근본적으로는 대학이 살아남기 위한 불가피한 선택이라고 보아야 할 것이다.

석차 시스템에 익숙한 부모가 이러한 변화에 적응하기란 쉽지 않다. 상당수 교사들도 잘 소화하지 못하고 있고, 학원들은 여전히 석차가 중요하다며 목소리를 높인다. 아마 앞으로도 몇 년은 혼란스럽고 어수선한 과도기를 겪을 것이다. 하지만 10년 정도가 지나면 많은 것이 달라져 있을 것이다. 기존의 방식을 고집하기에는 시대와 세계의 변화가 너무나 크고 강하다. 지금 고등학생이라면 기존의 방식을 따라갈 수밖에 없겠지만 아직 초등학생이라면 변화의 방향을 읽고 대응하는 것이 보다 현명한 방법이다.

초등학생에게 필요한 것은 학원 스케줄이 아닌 인생 스케줄이다

그러니 현재 초등학생 이하의 자녀를 둔 부모들은 먼저 아이의 교육 목표부터 분명히 할 필요가 있다. 자녀를 어떻게 가르치고 싶은가? 몸과 마음이 건강하고 바른 아이로 키우는 것은 당연하다. 공부 잘하는 아이로 키우고 싶은 것도 모든 부모의 솔직한 마음이다. 그렇다고 해서 초등학생 때부터 아이가 1등을 할 필요는 없다. 아직 초등학생인 아이가 중간고사와 기말고사를 고시생처럼 준비할 수는 없다. 고시생에게 사법고시는 꿈을 이루는 등용문이지만 아직 꿈도 정하지 않은 초등학생에게 시험은 지나가는 과정에 불과하기 때문이다.

우선 미래 사회가 기대하는 인재의 조건을 생각해 보자. 필요조건을 충족하는 것이 일차적인 목표이다. 공부에 관한 필요조건은 일정 수준 이상의 지식과 공부를 할 수 있는 능력, 즉 수학능력을 갖추는 것이다. 지금 얼마나 많이 배웠느냐가 아니라 앞으로 얼마나 많이 배울 수 있는가이다. 이것이 잠재력이고 가능성이다.

그러니 초등학생의 교육 목표는 수학능력, 즉 ‘배우는 힘’을 기르는 것에 두어야 한다. ‘배우는 힘’이란 새로운 지식을 학습하는 능력이다. 같은 교실에서 공부해도 습득하는 지식의 내용과 양과 깊이는 개인마다 다르다. 학습하는 방법도 마찬가지이다. 우리는 주입식 교육에 너무 익숙해서 공부와 암기를 같은 것으로 보는 경향이 많지만, 엄밀히 말하면 암기는 배우는 것이 아니라 외우는 것에 불과하다.

구구단을 외우면 곱셈은 잘 하지만 나눗셈은 못할 수도 있다. 하지만 구구단을 외워도 곱셈의 원리를 터득한 아이들은 나눗셈도 쉽게 이해한다. 이처럼 똑같이 구구단을 기억한다고 해서 곱셈의 원리를 모두 같은 방식으로 이해하고 있는 것은 아니다. 원리를 깨우치는 방법이 다르기 때문이다.

새로운 지식을 확실히 자기 것으로 만드는 것이 진정한 배움이고. 그 능력이 바로 ‘배우는 힘’이다. 교육의 목표에는 창의력, 사고력, 추론력, 판단력, 표현력 등 여러 가지 능력을 기르는 것이 포함되어 있지만 그 바탕이 되는 능력은 ‘배우는 힘’이다. 물론 기억력도 중요한 능력이고 기억력이 좋은 학생은 대체로 시험에서 좋은 점수를 받을 수 있지만, 그렇다고 해서 공식을 외우고 영어 단어를 외우는 것이 반드시 좋은 학습 방법이라고 할 수만은 없다. 아이들이 타고나는 배움의 방식을 깊이 관찰했던 존 홀트는 이런 말을 남겼다.

아이들은 호기심이 많다. 그들은 사물에서 의미를 끌어내길 원하며 이 세상이 어떻게 돌아가는지 알고 싶어 한다. 다른 사람들이 하는 일을 똑같이 하고 싶어 하고 자기 자신과 주변 환경을 조절하는 능력을 갖추기를 원한다. 아이들은 또한 이상하고 어지럽고 복잡한 주변 세계로부터 스스로를 차단하지 않는다. 대신 세상을 관찰한다. 면밀하게, 또 예리하게. 그러고는 한껏 세상을 받아들인다.

맞다. 아이들은 원래 잘 배운다. 어른처럼 세상을 알고 이해하고 마음대로 움직이고 싶어 하기 때문이다. 부모든 교사든, 아이들에게 가르치려고 먼저 의욕을 앞세우면, 정작 아이들은 더 이상 스스로 알려고 하지 않는다.

우리가 쓰는 말 중에 암기한 단어는 거의 없다. 대화를 하고 책을 읽으면서 새로운 어휘를 접하면 문맥을 통해 의미를 이해하고, 그것을 스스로 사용할 수 있게 되면 그 어휘는 자기 것이 된다. 먼저 이해한 다음 사용하게 되면 대부분은 저절로 기억되는 것이 사람의 뇌이다.

학습學習은 배우고學 익히는習 과정이다. 어떤 지식의 원리를 깨닫는 순간 아이들은 '아! 그렇구나' 하며 탄성을 지르고, 그 경험을 통해 새로운 지식을 구성한다. 이것이 배움이다. 그렇게 깨달은 원리를 이리저리 적용해 보고 활용하여 제 것으로 만들도록 격려해 주어야 한다. 익히는 것보다 배우는 것이 우선이다.

'배우는 힘'을 기르는 것이 진짜 경쟁력이다

아이들이 어떻게 배우고 익히는지 살펴 보거나 생각해 본 적이 있는가? 수업을 듣고, 숙제를 하고, 교과서나 참고서를 읽고, 내용을 요약해서 노트에 정리하고, 연습문제를 푸는 것이 부모들이 생각하는 공부다. 아이들은 이중 어떤 과정에서 배울까? 많은 부모들은 아이들이 어떻게 배우는지에 관심을 기울이지 않는다. 그저 내용을 잘 기억하면 배운 것이라고 생각한다.

익숙한 문제는 잘 풀다가 낯선 문제를 만나면 헤매는 아이들은 대체로 지식을 자기 것으로 만들지 못한 경우가 많다. 기억력은 좋은데 응용력이 떨어진다는 아이들 대부분은 '원리를 배우지 못한' 경우이다. 배우는 힘은 시험으로 평가할 수 있는 것도 아니고 점수로 나타낼 수 있는 것도 아니다. 배우는 힘이 크다는 것은 말 그대로 하나를 가르치면 열을 아는 것이다.

배운 것을 잘 기억하고 활용할 수 있는지는 시험으로 평가할 수 있지만, 배운 것을 확장해서 다른 것까지 이해할 수 있게 되었는지를 시험으로 알아보기란 쉽지 않다. 둘을 아는지 열을 아는지는 교사나 부모가 직접 관찰을 해야 발견할 수 있다.

잘못된 학습법에 익숙해진 아이들은 학년이 올라갈수록 공부를 힘들어한다. 천재나 신동이라 불리는 아이들처럼 천부적인 능력을 타고나는 경우에도, 배우는 힘을 길러 주어야 더 큰 능력을 발휘할 수 있고, 그러지 못하면 성인이 되어서 평범한 수준에 머무르는 경우도 흔하다.

배우는 힘을 기르면 학생들이 가장 힘들어하는 수학이나 과학도 얼마든지 잘할 수 있다. 르네상스 이후 현대까지 인류 역사에 큰 영향을 남긴 과학 저술을 총정리한 존 캐리는 피터 메더워의 말을 인용하여 현대 과학자가 갖출 요건을 다음과 같이 설명했다.

> 똑똑하다는 것이 최고의 과학자가 되기 위한 필요조건은 아니다. 최고의 과학자가 되기 위한 충분조건은 더더욱 아니다. 과학 연구에 의해 일어난 위대한 사회적 혁명 중의 하나는 배움의 민주화였다. 일반적인 상식과 보통 수준의 상상력을 결합시킬 수 있다면 누구라도 창조적인 과학자가 될 수 있다. 또한 자기 능력의 한계를 넓힐 수 있느냐에 따라 그 사람의 행복이 결정된다면, 그는 적어도 행복한 과학자가 될 수 있을 것이다.

아이들의 미래는 무궁무진하다. 의사나 법조인이 될 수도 있고, 연구원이나 대학교수가 될 수도 있다. 부모들이 원하지 않는 직업을 선택할 수도 있고, 부모들은 이름도 들어 보지 못한 새로운 직업을 가질 수도 크다. 물론 요즘 같은 분위기라면 아예 직업을 가지지 못할 수도 있다. 하지만 어떤 직업을 가지고 살아가든, 아이들의 잠재력과 가능성을 최대한으로 발휘할 수 있다면 성공한 것이다. 그러기 위해서는 아이가 무엇보다 '배우는 힘'을 키울 수 있도록 가르치는 것을 목표를 세워야 한다.

희망하는 직업에 따라, 원하는 전공에 따라 배워야 하는 지식은 다르겠지만 어떤 분야든 배울 지식의 양은 갈수록 많아질 것이다. 중, 고등학생들이 아무리 많은 공부를 한다 해도, 학문으로 치자면 기본적이고 기초적인 수준의 지식에 불과하다. 대학 이후의 과정에서 보다 넓고 깊은 학문을 배우고 지식을 창출하려면 더 많은 것을 배울 수 있는 능력을 갖추어야 한다.

학교를 마친다고 공부가 끝나는 것도 아니다. 끊임없이 개발되는 새로운 기술과 지식을 익히지 않으면 사회가 변화하는 속도를 따라갈 수 없다. 결국 미래 사회에 하게 될 경쟁은 '지금까지 얼마나 배웠느냐'가 아닌 '앞으로 얼마나 더 배울 수 있느냐'이다. 어디서 어떤 방법으로 공부하든, 교육의 목표는 '배우는 힘'을 기르는 것이어야 한다.

07

달라진 교과서,
제대로 보자

절대불변의 지식은 존재하지 않는다

인도 빈민가를 배경으로 한 영화 〈슬럼독 밀리어네어〉가 2009년 아카데미상 시상식에서 8개 부문을 석권해 화제가 되었다. 학교도 제대로 다니지 못한 소년 자말이 텔레비전 퀴즈 프로그램에 출전했는데 제시된 문제들이 주인공이 빈민가에서 어렵게 자란 과정에서 겪었던 경험과 맞닿아 있어서, 경험을 되새기면서 모두 맞혀 간다는 이야기이다. 이 영화를 보고 나서 〈장학퀴즈〉가 생각났다.

1973년 처음 시작된 〈장학퀴즈〉는 당시 전국 모든 고등학생의 로망이었다. 주장원, 월장원을 거쳐 연말 기장원에 오르면 그야말로

스타가 될 수 있었다. 〈장학퀴즈〉는 방송사와 프로그램 진행 형식이 조금 달라졌지만 30년이 넘은 지금까지도 계속되고 있고, 고등학교를 돌며 제작되는 〈도전 골든벨〉도 꽤 오래 방송되고 있다. 얼마 전에는 성인들이 주로 참여하는 〈퀴즈 대한민국〉에서 만 11세의 초등학생이 퀴즈 영웅에 올라 화제가 되기도 했다. 그런데 그런 퀴즈를 잘 풀면 공부를 잘할까? 꼭 그렇지는 않다. 단답형으로 묻는 퀴즈들은 주로 기억력에 의존하는 것들인데, 공부는 그것만으로 잘할 수 있는 것이 아니기 때문이다.

역사적 사건, 사람이나 사물의 이름 같은 단순한 사실을 기억한다고 해서 지식이 되는 것이 아니고, 공부란 그렇게 외우기만 하는 것도 아니다. 세종대왕이 한글을 반포한 해1443년를 아는 것과 국민가수 이미자가 〈동백아가씨〉를 발표한 해1964년를 아는 것에 차이가 있다고 생각하는가? 간단한 인터넷 검색만으로도 그런 사실들은 쉽게 알 수 있다. 역사에서 배워야 하는 내용은 그 사건들이 왜, 어떻게 일어났고 그 결과로 어떤 변화가 나타났는가를 이해하는 것이다.

베토벤의 교향곡 〈운명〉과 빅뱅의 〈거짓말〉은 모두 사람들이 좋아하는 음악이고, 셰익스피어의 《로미오와 줄리엣》이나 조앤 롤링의 《해리포터》도 널리 알려진 소설의 제목인 것은 마찬가지이다. 이것들이 의미를 가지는 것은 음악을 듣고 소설을 읽은 사람들의 느낌이 더해지기 때문이다. 인생에서 중요한 전환기에 있는 사람은 〈운명〉을 하늘의 계시처럼 들었을 것이고, 사랑의 아픔을 겪고 있는 젊은이는 《로미오와 줄리엣》을 자신의 이야기로 받아들일 수도 있다.

아이들은 부모를 가장 잘 안다. 이름, 생년월일, 출신 학교를 알아서가 아니다. 말 한마디, 표정 하나로 엄마를 이해하고 아빠를 파악한다. 부모도 아이들을 잘 안다. 성적표나 키, 몸무게로 아는 것이 아니다. 아이가 말을 하지 않아도 눈빛과 표정만으로 엄마는 아이의 마음을 읽는다. 하지만 부모가 보는 것이 100퍼센트 정확한 것은 아니다. 아이들이 보는 부모도 마찬가지이다. 부부의 생각이 달라 오해와 반목이 생길 수 있듯이 부모자식 간에도 마음이 통하지 않을 수 있다.

지식도 그렇다. 소설이나 시와 같은 문학 작품을 감상하는 방법에 정답이 있을 수 없고, 역사적 사건의 의미는 해석에 따라 얼마든지 달라질 수 있다. 수학도 마찬가지이다. $1+1=2$는 항상 맞을까? 이 등식은 덧셈의 규칙과 십진법을 전제로 했을 때에만 성립한다. 덧셈 기호를 덧셈으로 정의하지 않을 수도 있고 이진법에서라면 $1+1=10$이 될 수도 있다. 개인에 따라, 상황에 따라 생각이 다를 수 있듯이 지식의 내용도 다르게 형성될 수 있다는 말이다.

흔히 학교에서 배우는 지식은 진실이고 오류가 없다고 생각하지만, 이것은 과거에만 유효한 표현이다. 오늘날의 교육에서 지식은 절대불변의 것이 아니다. 같은 말도 서로 다르게 해석할 수 있듯이 같은 내용을 공부해도 사람마다 지식을 받아들이는 방식은 다르다. 이 사실을 전제로 오늘날 전 세계 교육계가 지향하고 있는 교육이 바로 구성주의 교육이다.

자녀들의 교과서, 특히 초등학교 교과서를 보면 예전과 많이 달라진 것을 알 수 있다. 요즘 교과서에는 조사하고, 관찰하고, 교구를 활용하는 활동이 많이 포함되어 있다. 활동을 통해 느낀 점을 적으라고 되어 있는데, 아무리 봐도 정답이 있을 것 같지 않아 보이는 것들이 대부분이다. 부모 세대가 공부하던 시절과는 판이하게 달라서 아이들의 숙제를 도와줄 때 당혹감을 느끼는 부모들도 꽤 많다.

현재의 교육 과정은 구성주의 교육 철학에 기초해서 학생들이 스스로 지식을 구성할 수 있도록 만들어졌다. 구성주의 교육이란 단순히 지식을 전달하는 교육이 아니라 학생 스스로 지식을 구성하는 과정으로서 교육이 이루어져야 한다는 교육 철학이다. 과거의 교육은 교사가 내용을 설명해 주고 문제를 푸는 과정을 보여 주면 학생이 따라하는 방식이었지만, 구성주의 교육에서는 학생들이 다양한 활동을 통해 스스로 지식을 구성해 낸다. 마치 수학자가 수학 원리를 발견하는 것처럼, 특정 상황 속에서 수학적으로 추론과 발견하는 과정을 학생이 스스로 체험하도록 만드는 것이다.

구성주의는 2차 대전 이후 등장한 포스트모더니즘의 영향을 받아 형성된 인식론의 한 유형으로, 이전에 학문과 교육 전반을 지배했던 객관주의 또는 합리주의 인식론을 대체하며 등장했다. 객관주의에서는 절대적인 질서, 즉 객관적 진리가 존재해서 이를 발견하는 것이 지식이라고 생각했지만 구성주의에서는 절대적인 진리란 존재하지 않고 특정 사회와 상황 속에서 살아가는 개인이 사회적 경험과 개인적 경험, 그리고 인식을 통해 지식을 구성한다고 본다. 즉 개인이 살아가는 데 타당한 것이면 그것이 곧 지식이다. 구성주의 관점이 도입되면서 객관주의에 기초했던 과거의 전통 교육은 여러 가지 면에서 달라져야 했다. 학교에서 배우는 지식이 '절대 진리를 익히는 것'에서 '상대적이고 다원적이며 개방적인 인식을 통해 지식을 구성하는 것'으로 바뀌었고, 수업은 강의 중심에서 학생들이 대화하고 토론하는 방식으로 바뀌었으며, 이러한 수업에 참여하는 학생과 교사의 역할 또한 달라졌다. '학습자 중심 교육', '개방형 교육', '토론 중심 수업', '다양성 존중' 등 최근 교육에서 강조하는 원칙들은 모두 이러한 구성주의 교육 철학이 반영된 결과이다.

구성주의는 1980년대 이후 포스트모더니즘의 확산에 힘입어 유럽을 중심으로 교육 현장에 적용되기 시작했고, 1990년대에는 미국, 일본 등으로까지 퍼졌다. 우리나라는 6차 교육 과정에서 '열린 교육'을 선언하면서 도입, 7차 교육 과정 때 구성주의 교육 원칙을 충실히 반영해 교육 과정을 개발했다.

설명을 듣고 암기하는 방식에 익숙한 부모들로서는 낯선 교육 방법을 이해하기 쉽지 않다. 그래서 아직도 많은 학원이 학습할 내용의 핵심을 정리, 강의하고 학생들은 이것을 암기하는 식으로 공부한다. 하지만 이는 변하고 있는 교육을 제대로 이해하지 못한 결과이다.

초등학교 교육 과정에서 수학의 목표가 어떻게 달라졌는지 그 과정을 확인해 보자. 5차와 6차 과정에서는 '수학의 초보적인 지식과 기능을 배우고 익히며, 이를 활용하여 합리적으로 문제를 해결할 수 있는 수학적 능력과 태도를 기른다'라는 것이 교육 목표였다. 반면 7차 교육 과정에서는 '수학의 기본적인 지식과 기능을 습득하고 수학적으로 사고하는 능력을 길러, 실생활의 여러 가지 문제를 합리적으로 해결할 수 있는 능력과 태도를 기른다'로 수정되었다. '수학적으로 사고하는 능력'을 추가함으로써 수학적 사고력이 교육의 목표임을 명시한 것이다. 또한 2007년 교육 과정에서는 '기초적인 수학적 지식과 기능을 습득하고 수학적으로 사고하고 의사소통하는 능력을 길러, 생활 주변에서 일어나는 현상과 문제를 합리적으로 해결하는 능력을 기르며, 수학에 대한 긍정적 태도를 기른다'로 바뀌었다. '의사소통하는 능력'을 강조하고, '수학에 대한 긍정적 태도'가 추가된 것이다.

한편, 7차 교육 과정은 교육 방법에 대하여 '생활 주변에서 일어나는 현상을 수학적으로 관찰하고 조직하는 경험을 통하여 수학의 기초적인 개념, 원리, 법칙을 이해하는 능력을 기른다'라고 고시하고 있다. 즉 일상을 수학적으로 관찰하는 연습을 통해 지식을 습득한다는 것이다. 우리 교육 과정이 기본적으로 구성주의적 교육 철학의 입장에 서 있음을 분명히 보여 준다.

현행 교과서는 이러한 원칙에 따라 만들어졌다. 개념, 원리, 법칙을 일방적으로 전달하는 것이 아니라 경험을 통해 이해할 수 있도록 수업을 구성하고, 이 과정을 전체적으로 평가해야 한다. 또한 이렇게 익힌 지식을 일상에서는 어떻게 활용하여 문제를 해결하는지, 그 능력을 평가해야 한다.

그렇다면 어떻게 학생들이 활동을 통해 지식을 익히도록 할 것인가? 학생들이 습득할 지식의 기대 수준과 목표는 무엇이어야 하는가? 기대한 만큼 따라오지 못할 경우에는 어떻게 할 것인가? 학생들마다 제각각인 수준은 어떻게 평가할 것인가? 이처럼 교사들 입장에서도 교육 과정과 교과서에 제시된 방식대로 수업을 진행하고 평가하기란 여간 쉽지 않은 일이다. 교과서를 새로 만들고 교육 과정을 개편해도, 이것이 현장에서 계획대로 잘 운영되려면 오랜 시간이 필요하기 때문이다. 교육이 변화하는 데에는 짧게는 10년~20년에서 길게는 한 세대가 넘는 시간이 걸린다. 당연히 과거의 교육 과정과 교수법에 익숙한 교사들은 새로운 방식으로 수업을 진행하기가 쉽지 않고, 때로는 자신들에게 익숙한 교수법을 고집하기도 한다. 결국 새로운 교육 철학을 익힌 젊은 교사들이 다수가 될 정도의 시간이 지나야, 우리도 구성주의 교육을 온전히 정착시킬 수 있을 것이다. 7차 교육 과정이 도입된 지 이제 10년이 지났으니 앞으로 10년쯤 후에는 제대로 자리 잡을 것으로 기대해도 좋을 듯하다.

부모 입장에서는 이런 고민까지 할 필요는 없다. 다만 현재의 학교 교육이 무엇을 지향하고 있는지만 이해하면 된다. 현재 학교에서 추구하는 구성주의적 교육의 핵심은 상대성, 다원성, 개방성이다. 교과서에 실린 내용은 모두 사실이니 일단 외워야 하고, 모든 문제에는 하나의 정답이 있으며, 정답이 아닌 보기는 모두 틀린 답으로 처리하는 방식으로 공부해 온 우리 부모들의 경험과, 지금 내 아이가 학교에서 배우고 있는 수업 방식은 정반대라는 사실을 분명히 인식해야 한다.

왜 논술인가? 왜 면접인가?

이 원칙들이 학교에서 배우는 과정에만 해당하는 것이 아니다. 구성주의 교육의 바탕이 되는 철학은 자녀들의 진로, 직업, 그리고 미래 전체를 설계하는 데 중요한 기초가 된다. 미래의 지식 기반 사회와 대학이 선호하는 인재, 즉 창의적인 인재로 기르는 것과 구성주의 교육은 그 맥락이 같다.

스스로 과제를 탐구해서 원리를 터득하고 지식을 받아들일 수 있어야 창의성을 기를 수 있다. 또한 이렇게 공부하는 것이 바람직하다는 원칙에 거의 모든 부모들이 동의한다. 문제는 스스로 원리를 깨닫지 못하거나 내용을 이해하지 못할 때는 기존의 방식으로라도 가르쳐야 한다거나, 어려운 문제들을 반복해서 풀면 실력이 쌓인다고 믿는 부모들이 많다는 점이다. 이를테면 수학 공부의 일차적인 목표는 지식을 이해하는 것이고 최종 목표는 어려운 문제, 고난이도의 문제를 척척 풀어 내는 것이라고 생각하는 것이다.

여기에 새로운 교육 방식과 옛 방식의 차이가 있다. 지식을 익히는 것은 같지만, 다음 단계부터는 전혀 다르다. 어려운 문제를 푼다고 현실의 문제를 해결하는 능력도 뛰어난 것은 아니다. 영어 단어를 많이 안다고 영어 회화를 잘하는 것이 아닌 것과 같은 이치이다.

글을 읽어도 내용을 완전히 이해해서 핵심을 파악하고 요지를 분석할 수 있어야 문제를 풀 수 있다. 교사가 정리해 준 내용을 달달

외운다고 능력이 길러지지는 않는다. 단기적으로는 반복 학습과 암기식 학습법이 더 빠른 성과를 내는 것처럼 보일 수도 있지만 길게 보면 그렇지 않다는 것이다. 스스로 원리를 깨달으면 새로운 개념으로 확장하거나 연계시키는 학습으로 쉽게 이어질 수 있지만, 주입식 교육으로는 학년이 올라갈수록 늘어나는 학습 내용을 감당하기 힘들어진다.

개념과 원리 이해를 중시하는 학습법이 더 효과적이라는 사실은 PISA 2003에서 발표된 '수학 과목의 학습 방법별 성적'을 통해서도 확인할 수 있다. '나는 수학 공부를 할 때 가능한 한 외우려고 한다'라고 대답한 학생이 그렇지 않은 경우보다 성적이 9퍼센트 낮게 나타났다. 반면 '나는 수학 공부를 할 때 아직 제대로 이해하지 못한 개념이 무엇인지 파악하려고 한다'라고 대답한 학생들은 그렇지 않다고 답한 학생들에 비해 성적이 27퍼센트 가량 높았다. 물론 문제 풀이가 중요하지 않다는 뜻은 아니다. 깨달은 원리를 자기 것으로 제대로 만들기 위해서는 다양한 문제를 풀면서 대입하고 검증하는 과정이 필요하다.

다만, 이러한 과정 없이 문제 풀이만 반복해서는 지식을 자기 것으로 만들 수 없다. 배운 것을 기억하고 있는지 여부는 퀴즈로도 확인할 수 있지만, 이를 자기 것으로 만들었는가는 알 수 없다. 그래서 논술이나 면접도 치르는 것이다. 부모들은 으레 시험에는 배운 것이 출제된다고 생각하지만, 정작 중요한 시험에는 교과서에 실린 내용은 나오지 않는다.

08

학력이 아니라 능력이 필요하다

교육의 목표가 바뀌었다면, 평가하는 방법도 바뀌어야 한다

시험 위주의 시스템 때문에 평가라는 단어가 부정적인 이미지를 갖고 있긴 하지만, 평가는 교육에서 가장 중요한 요소 중 하나이다. 평가는 교육의 성과를 측정하고 개선 방안을 마련하는 기초가 될 뿐 아니라 교육의 지향점을 제시하는 역할도 한다.

학업 성취도 평가를 둘러싼 논란에서도 볼 수 있듯이, 학생 평가인지 학교 평가인지 교원 평가인지에 따라서도 교육의 많은 부분이 영향을 받는다. 그런데 많은 사람들이 성적과 석차에는 지대한 관심을 가지면서도 평가의 내용, 즉 무엇을 평가하는가 하는 점에는 별 관심이 없다.

창의성과 잠재력, 그리고 개인의 다양한 능력을 충분히 평가할 수 있는 시험이라면, 그 결과로 모든 것을 결정한들 문제될 것은 없다. 하지만 그런 시험이 존재하지 않는다는 데 문제가 있다. 오지선다형에서 주관식으로, 다시 서술형으로 시험 문제를 바꾸고, 논술과 면접을 도입하는 등 시험 방식을 평가의 목적에 부합하도록 바꾸려는 노력이 계속되고 있지만, 아직 충분하지 않다는 것이 전문가들의 공통적인 의견이다.

그렇게 많은 변화를 시도했음에도 평가의 목적에 부합하는 시험 유형을 만들지 못했다면, 도대체 평가를 하는 목적은 무엇인가? 우리가 추구하는 교육의 목표에 도달했는지를 알아보는 것이 평가의 목적이다. 쪽지 시험부터 수능까지, 학생들이 치르는 모든 평가는 교육 결과를 확인하기 위한 것이다.

그렇기 때문에 교육의 목적과 목표를 알아야 제대로 된 평가를 할 수 있다. 쪽지 시험은 지난 시간에 배운 것을 기억하고 있는지 확인하기 위한 것이다. 중간고사나 기말고사는 학기 동안 배운 내용을 종합적으로 평가하는 것이고, 학업 성취도 평가나 형성 평가는 지난해까지 학습한 것이 목표 수준에 도달했는지 알아보는 것이 목적이다.

학교 시험은 배운 내용을 기준으로 평가한다. 중요한 내용을 잘 기억하고 있는지 확인하는 문제도 나오고, 배운 내용을 다른 상황에도 적용할 수 있는지 알아보는 문제도 나온다. 따라서 모든 문제는 배운 내용을 기준으로 출제하는 것이 원칙이다.

그런데 학교 시험이 아닌 경우는 조금 다르다. 토플이나 텝스, 수능, 논술 등에는 배우지 않은 내용도 나온다. 이 시험들은 '배운 것'이 아니라 '배웠어야 하는 것'을 평가하는 것이다. 부모 세대는 대학에 진학하기 위해 학력고사를 치렀고 지금 학생들은 수능 시험을 친다. 그런데 많은 사람들은 학력고사와 수능의 차이를 알지 못한다. 이름이 바뀌고 점수 계산 방법이 복잡해진 것뿐, 둘 다 대입 시험이니 비슷하다고 생각하는 사람들이 대부분이다.

하지만 두 시험은 평가의 목적과 내용이 질적으로 다르다. 학력고사는 '학력'을 평가하고 수능은 '능력'을 평가한다. 학력고사는 학교에서 배운 것을 평가하기 때문에 교과서에 나오는 지문과 내용으로 문제가 출제된다.

수능은 대학 공부를 할 수 있는 '능력'을 평가하기 때문에 교과서 지문은 나오지 않는다. 내신은 학교에서 배운 것을 평가한다. 그래서 내신 성적과 학력고사는 상관 관계가 높지만 수능은 그렇지 않다. 수능이 도입된 이후로 학력과 능력의 차이가 전보다 분명해진 것이다. 그렇다면 수능으로 평가하고자 하는 것은 무엇인가? 바로 고등학교 과정에서 '배웠어야 하는 능력'이다.

'배웠어야 하는 능력'이란 대체 무엇인가? 앞서 확인한 수학 과목의 목표를 다시 살펴 보자. '기초적인 수학적 지식과 기능을 습득하고 수학적으로 사고하고 의사소통하는 능력을 길러, 생활 주변에서 일어나는 현상과 문제를 합리적으로 해결하는 능력을 기르며, 수학에 대한 긍정적 태도를 기른다.' 배우는 것은 '수학적 지식과 기능’이고 배웠어야 하는 능력은 ‘수학적으로 사고하고 의사소통하는 능력’과 ‘생활 주변에서 일어나는 현상과 문제를 수학적으로 고찰하고 합리적으로 해결하는 능력’이다.

지식과 기능, 수학적 사고, 의사소통 능력은 수학적 ‘도구’이고 수학 교육의 최종 ‘목표’는 문제를 해결하는 능력이다. 그래서 학력을 중시할 때에는 지식과 기능을 위주로 평가하고, 능력을 중시할 때에는 여러 가지 현상과 문제를 수학적으로 고찰하고 해결하는 능력을 주로 평가한다.

수능 시험 출제 매뉴얼에는 ‘수리 영역은 고등학교까지의 수학 학습을 통해 습득한 수학의 기본 개념, 원리, 법칙을 이해하고 이를 적용하여 계산하고 추론하며 문제를 해결하는 능력을 평가함으로써 대학 교육을 받는 데 필요한 수학적 사고력을 측정하는 시험’이라고 정의하고 있다. 수능이 학력고사와 다른 이유가 바로 여기에 있다.

‘학력’이 아닌 ‘소양’을 평가하는 시대가 왔다

학교에서 중간고사, 기말고사를 치르고 국가에서 기초 학력 진단 평가나 학업 성취도 평가를 실시하듯이, 국가 간 학생들의 성적을 평가하는 프로그램도 있다. OECD가 주관하는 PISA가 바로 그것이다. PISA는 각국의 교육 정책 수립에 도움이 되는 자료를 제공하기 위한 국제 비교 연구 프로그램으로, 지식 자체보다는 이를 실생활에서 상황과 목적에 맞게 활용하는 소양을 강조한다. 이런 점에서 볼 때, PISA는 '각국 학생들이 학교에서 무엇을 배우는가?'가 아니라 '학교에서 무엇을 배웠어야 하는가?'를 평가한다고 볼 수 있다.

물론 학습한 내용을 위주로 평가하는 프로그램도 있다. IEA 국제교육성취도평가협회가 주관하는 TIMSS Trends in International Mathematics and Science Study, 수학, 과학 성취도 추이 변화 국제 비교 연구가 그것이다. TIMSS는 1995년에 처음 시작되었으며 4년 주기로 초등학교 4학년과 중학교 2학년의 수학, 과학 능력을 평가한다. TIMSS의 목적은 학생들이 배운 것을 얼마나 잘 성취하였는가를 측정하는 것이다. PISA가 미래의 교육 과정이 어떻게 개선되어야 하는가를 알아보기 위한 '능력 위주 평가'라면, TIMSS는 현재의 교육 과정을 진단하는 '학력 위주 평가'라고 할 수 있다.

TIMSS 예시 문제 1

캠핑에 참여한 학생 수는 55명보다 많고 65명보다 적다. 참여한 학생들을 조로 나눌 때, 각 조의 인원 수를 7명으로 나눌 수 있지만 8명으로 나눌 수는 없다. 캠핑에 참여한 학생은 모두 몇 명인가?

답: ______________________________

풀이 과정: ______________________________

TIMSS 예시 문제 2

미현이는 비커의 물이 95℃에서 70℃까지 식는 데 걸리는 시간을

알아보기 위하여, 물의 온도가 5℃ 식을 때마다 걸린 시간을 측정
하였다.

기록 간격	냉각 시간
95℃ – 90℃	2분 10초
90℃ – 85℃	3분 19초
85℃ – 80℃	4분 48초
80℃ – 75℃	6분 55초
75℃ – 70℃	9분 43초

비커에 있는 물이 95℃에서 70℃까지 식는 데 걸린 전체 시간을
분으로 어림 계산하고 그 풀이 과정을 쓰시오.

어림 계산 결과: _______________________________________

____

풀이 과정: ____

____

　　PISA와 TIMSS에 어떤 차이가 있는지 살펴 보자. TIMSS의 문제
는 우리의 초등 5학년 1학기에 처음 도입되는 배수의 성질을 활용
한 문제인데, 학교 시험에서 흔히 볼 수 있는 유형이다. 중학교 2학
년생에게는 너무 쉬운 문제로 보이는데, 우리 학생들은 80퍼센트의
정답률을 보인 반면, 국제 평균 정답률은 37.5퍼센트에 불과했다.
또한 분수와 소수를 활용해서 어림셈을 하는 문제는 우리 학생들의

정답률이 26퍼센트, 국제 평균 9퍼센트로 매우 낮았다. 중학교 단계에서는 거의 나오지 않는 어림셈이 나온 것을 제외하고는, 역시 학교 시험에서 흔히 볼 수 있는 유형이다.

반면 능력 평가를 지향하는 PISA에서는 낯선 문제들이 많이 나온다. 강도 사건 통계를 이용한 문제를 보자. 수학 문제라기보다는 사회 문제에 가까워 보인다. 우리나라 교육 과정에서는 다루지 않는 내용인데, 그래프만 보면 큰 차이가 있는 것 같지만 축의 값을 보면 1998년에는 507건~508건, 1999년에는 515건으로 큰 차이가 난다고 판단하기엔 다소 부족하다. 이 문제의 정답은 '아니오'인데, 그 이유를 충분히 써야 정답으로 간주된다. 정답 처리된 설명들을 보면 '그래프의 일부만 제시하였다는 사실에 초점을 맞추어 설명한 경우', '증가 비율이나 퍼센트 같은 용어를 사용하여 정확하게 설명한 경우', '추세 변동에 대한 자료가 필요하다는 점을 지적한 경우' 등으로 다양했다. 우리 학생들의 정답률은 국제 평균인 26.7퍼센트와 비슷한 수준인 27.6퍼센트인데, TIMSS와 비교하면 상당히 낮은 수준이다.

PISA 수학 영역 문제 1 (강도사건)

한 기자가 아래 그래프를 보여 주면서 다음과 같이 말하였다.

"1998년과 1999년 사이에 연간 강도 사건 건수가 급격하게 증가하였습니다."

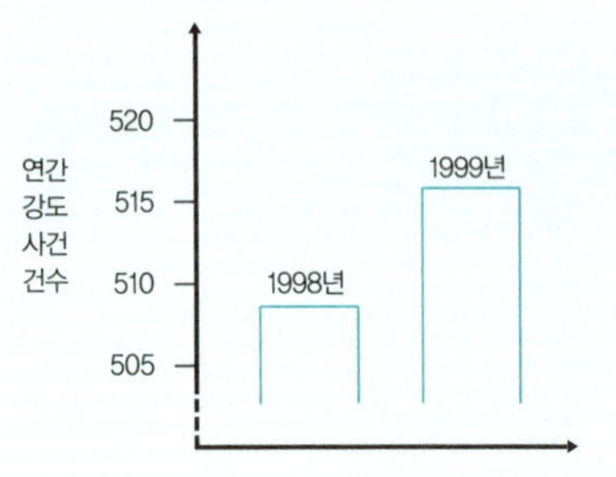

그래프에 대한 기자의 해석이 적절하다고 생각하는지 쓰시오. 제시한 답에 대한 이유를 설명하시오.

____

____

나라마다 교육 과정이 다른 상황에서는 학력 수준을 평가하는 TIMSS보다 의무 교육이 종료되는 시점에서 학생의 보편적인 능력을 평가하는 PISA가 더 의미 있다는 것은 두말할 필요가 없다. 가장 최근에 치러진 TIMSS 2007에는 전 세계에서 총 50개국이 참가했는데, OECD에 가입된 30개국이 모두 참여한 PISA와 달리 TIMSS에는 핀란드를 포함한 상당수 서유럽 국가들이 불참한 이유도 이러한 배경 때문인 것으로 짐작된다.

PISA에서 측정하고자 하는 능력은 단순한 지식이 아니라 '지식과 능력을 바탕으로 현상을 분석, 추론하고 자신의 생각을 효과적으로 표현할 수 있는 소양'이다. 이러한 소양은 사회 생활을 잘해 나가고 고등교육을 받는 데 필요한 핵심 역량이기도 하다. 평가 과목도 수학, 과학, 읽기까지 포함하여 주요 과목을 망라하고 있고, 평가의 틀도 기존과 달리 통합 교과적 입장을 가지고 있어, 미래 교육의 방향을 살펴 보는 데 유용하다.

PISA 평가에서 말하는 소양과 우리의 수능이 지향하는 능력이 비슷한 것도 우연의 일치는 아니다. 교육계에도 세계화가 일어나면서 수학, 과학과 같은 영역에서는 교육 과정도 서로 닮아 가고 있다. 이런 점에서 본다면 PISA의 평가 틀은 우리의 다음 교육 과정 개편 시 가장 먼저 고려하게 될 요소라고 보아도 무방하다.

평생 가지고 갈 진짜 능력, 문제 해결력을 길러라

아무리 많은 잠재력과 가능성을 가지고 있어도 이를 구체적인 성과로 만들어 내지 못하면 그 잠재력은 죽은 것이나 다름없다. 많은 연봉을 주고 스카우트했는데 실적이 기대에 미치지 못한다면, 스카우트한 의미가 없을 것이다. 운동선수가 좋은 성적을 내기 위해 부상을 참아 가며 연습하다가 다음 시즌에 출전할 수 없게 되었다면, 좋은 성적에 대한 보너스는 받을 수 있겠지만 연봉 인상을 기대할 수는 없을 것이다.

수험생으로 말하자면, 보너스는 학교 시험에서 좋은 성적을 냈을 때 주는 우등상이고, 연봉 인상은 대학에서 뛰어난 성과를 낼 것이라 판단해 주는 대학 합격증이다. 원하는 대학에 들어가지도 못하는데 우등상을 받겠다고 공부하는 것은 어리석은 일이 아닌가?

수험생들이 바라는 것은 우등상이 아닌 대학 합격증이다. 대학에 들어가는 데 필요한 능력을 키우는 것이 최종 목표이고, 학교에서 배우는 모든 과정은 그 목표의 하위 목표이다. 학교 교육의 궁극적인 목적 또한 능력을 기르는 것이고, 부모와 학생 입장에서도 배움의 목적은 고등학교에서 대학교로의 '연봉 인상'이다.

이 목표를 위해 어떤 능력을 길러야 하는가? 초등학교의 교육 목표가 '일상의 문제를 인식하고 해결하는 기초 능력'이라 설명하는 그것. 중학교에서는 '학습과 생활에 필요한 기본 능력과 문제 해결력'이라고, 고등학교에서는 '학문과 생활에 필요한 논리적, 비판적, 창의적 사고력'이라고 설명하는 그것. 바로 문제 해결력과 사고력이다. 문제 해결력은 절대 시험 문제를 푸는 능력을 말하는 것이 아니다.

문제 해결력을 흔히 '창의적 문제 해결력'이라 부르기도 하는데, 일반적으로는 '낯선 상황에 직면했을 때 알고 있는 지식, 원리, 문제 해결 방법을 새롭게 조직, 구성하여 새로운 지식이나 원리, 문제 해결 방법을 창안한 다음, 이를 활용하여 문제를 해결하는 능력'으로 정의된다. PISA에서는 '문제 해결 소양이란, 해결 과정이 명료하지 않으면서 적용 가능한 영역으로 수학, 과학, 읽기 중 어느 한 영역에만 국한되지 않는다. 문제 상황을 직면했을 때 이를 해결하기 위하여 인지적 과정들을 활용할 수 있는 개인의 능력을 말한다'라고 정의하고 있다.

즉, 자신이 알고 있는 지식을 활용해서 낯선 문제를 해결하는 능력이 문제 해결력이다. 문제 해결력은 주로 수학과에서 다루는데, 초등 각 학년의 2학기 교재 마지막에 '문제 푸는 방법 찾기'라는 별도의 장으로 편성되어 있다. 학교에서는 문제 해결 과정을 '문제의 이해→해결 계획 수립→계획 실행→반성'의 단계를 밟는 것으로 설명하고, 이를 위해 다양한 문제 해결 전략_{그림 그리기, 예상과 확인, 표 만들기, 규칙성 찾기, 단순화하기, 식 세우기, 거꾸로 풀기, 논리적 추론, 반례 들기 등}을 활용하도록 교육한다.

수학적 지식과 해결 전략을 알지 못하면 문제를 풀기 어려운 것은 당연하다. 하지만 지식과 전략을 안다고 해서 문제를 다 해결할 수 있는 것은 아니다. 어떤 지식과 전략을 활용할지 판단하는 것이 가장 어렵고 중요한 과정이다. 일부 학원에서 주장하듯이 다양한 유형의 문제를 많이 풀어서 문제만 보고도 전략이 떠오르도록 훈련하는 것은 본말이 전도된 방법으로, 고학년으로 올라갈수록 한계를 보일 수밖에 없다.

고등학교에서는 문제 해결력이 사고력으로 확장된다. 문제 해결력의 바탕은 바로 사고력, 즉 '생각하는 힘'이다. 논리적, 비판적, 창의적인 사고력을 총칭해서 통합적 사고력이라 부르기도 하는데, 주요 대학의 입시 요강을 보면 표현은 조금씩 달라도 사고력은 절대 빠지지 않는다.

수능의 언어 영역에서는 어휘와 어법, 사실적 사고, 추론적 사고, 비판적 사고, 창의적 사고 등 다섯 가지 요소를 평가하는데, 어휘와 어법을 제외하고는 모두 사고력을 평가하는 문제들이다. 언어 능력이 곧 사고력이라는 말이다.

언어 영역은 사고력을 강조하고, 수학은 문제 해결력을 주로 강조하지만 본질적으로는 별 차이가 없다. 학문에서든 일상에서든 문제를 파악하고 해결하려면 사실적, 논리적, 비판적 사고를 해야 하고, 해결 과정에서 어떤 때에는 수학적 지식이 필요할 수도 있고, 어떤 때에는 언어 지식이 활용될 수도 있기 때문이다 여기서 말하는 언어적 지식이란 주로 인문학과 사회과학 지식을 의미한다.

수학, 과학 등 자연과학적 지식을 사용하든 인문, 사회과학적 지식을 사용하든 중요한 것은 사고력이 바탕이 되어야 가능하다는 점이다. 특히 최근 강조되고 있는 표현력, 즉 의사소통 능력까지 감안한다면 언어 능력의 중요성을 간과할 수는 없다.

학원에서 추천하는 방법이 아닌 내 아이에게 맞는 방법을 찾아라

학력은 교과서에 실린 내용을 학습하는 것으로도 충분히 기를 수 있다. 학교에서 수업을 듣고, 숙제를 하고, 예습 복습을 하면 누구나 학력을 기를 수 있다. 학원을 다니는 것도 물론 도움이 된다. 하지만 문제 해결력과 사고력은 이런 식의 방법으로는 기를 수가 없다.

익숙한 문제는 잘 풀면서 낯선 문제를 보면 허둥대거나 손도 대지 못하는 아이들이 있다. 문제 해결력이 길러지지 않았기 때문이다. 흔히 '어려운 시험 = 난이도 높은 문제가 출제된 시험'이라고 생각하지만 실제로는 낯선 문제가 많았다는 의미인 경우가 많다.

대부분 학생들은 낯선 문제를 어려워한다. 원리와 개념을 학습하기보다 문제 풀이를 많이 하기 때문이다. 학교에서도 학원에서도 시종일관 기출 문제와 예상 문제를 유형별로 정리해서 푸는 방법을 가르치다 보니 이러한 학습법에 익숙해진 것이다. 대학생들도 시험을 앞두고 소위 '족보'라 불리는 기출 문제를 공부하고 취업 준비생도 면접 예상 질문을 뽑아서 준비하지만, 이렇게 공부해서는 정작 필요한 능력을 기르지 못한다.

일상에서, 회사에서 일하면서 만나는 문제들을 생각해 보라. 처음 맞닥뜨리는 낯선 상황을 문제라고 하지, 예전에 있었던 일이나 예상되는 상황을 두고 문제라고 하지는 않는다. 문제를 풀어 보는 것은 학습한 내용을 제대로 이해하고 활용할 수 있는지 확인하기 위해서인데, 이것을 공부라고 착각해서는 안 된다.

따라서 부모들은 아이가 낯선 문제를 접했을 때 어떻게 반응하는지 살펴야 한다. 어른들도 처음 접하는 문제 앞에서는 당황하고 실수하는 것처럼, 아이들이 낯선 문제를 잘 풀지 못하는 것은 지극히 자연스러운 일이다.

원인은 다양하다. 문제를 이해하지 못해서일 수도 있고, 필요한 지식을 기억하지 못해서일 수도 있고, 지식이나 해결 전략을 알고 있어도 기억이 나지 않아서일 수도 있고, 지레 겁을 먹고 포기해서일 수도 있다.

원인을 찾았다면 그에 적합한 해결 방안을 찾아야 한다. 충분한 독서로 문제 이해력을 키울 수도 있고, 개념을 확실하게 다시 익힐 수도 있고. 자신감이 부족한 아이라면 혼자 힘으로 푸는 경험을 가지는 것도 효과적이다. 그런데 많은 부모들은 풀이 방법을 가르치고 비슷한 문제를 많이 푸는 방법만이 전부인 줄 안다. 이 방식이 몸에 배면 낯선 문제는 영원히 풀지 못하게 될 수도 있음을 명심하자.

Education

Manual Ink

PART 2

10년 후에도 **성공**하는 **자녀 교육** 방법

09

아이들은 공부하는 이유를 부모에게서 찾는다

공부를 좋아하는 것과 공부를 잘하는 것은 다르다

어느 학습지 광고에 이런 장면이 나온다. 아이는 공부를 너무 좋아해서 잠도 자지 않고 밖에 나가 놀지도 않고 책만 붙들고 있고, 엄마는 공부 좀 그만하라며 아이를 말린다. 그 학습지로 공부하면 아이가 공부에 재미를 붙여 스스로 공부하게 된다는 메시지이다. 정말 그렇게만 된다면 모든 부모들이 자녀 교육을 걱정하지 않아도 되겠지만, 아쉽게도 현실은 그렇지 않다.

공부가 재미있다는 아이들이 없는 것은 아니지만 대부분 아이들은 공부를 싫어한다. 초등학생 때에는 공부를 좋아하는 아이들이 많지만, 중학생이 되면 급격히 줄어든다. 고등학생들은 거의 대부분 스스로 공부하지만, 이는 어디까지나 대입을 위해서이지 공부가 좋아서인 경우는 거의 없다. 사법고시나 유학 등을 준비하는 사람들도 마찬가지이다.

PISA 2006에서 조사한 결과를 보자. 과학에서 새로운 내용을 배우는 것을 즐긴다는 학생들은 70퍼센트로 OECD 평균인 67퍼센트보다 다소 높지만, 과학 문제를 푸는 것이 즐겁다고 답한 학생은 27퍼센트에 불과해 OECD 평균인 43퍼센트에 크게 못 미친다. 과학을 배우는 것은 재미있지만 문제를 푸는 것은 싫다는 말이다. 문제 풀기가 쉽지 않아서일 수도 있고, 공부하면서 너무 많은 문제를 풀기 때문일 수도 있다. PISA 2003에서도 수학에 대한 태도를 조사한 결과 수학에 흥미가 있다고 답한 학생이 44퍼센트로 OECD 평균인 53퍼센트에 못 미쳤고, 수학을 좋아한다고 답한 학생도 31퍼센트에 불과했다. 고등학교 1학년생을 대상으로 한 조사임을 감안하면, 고등학생들이 과학보다 수학에 훨씬 부담을 많이 느끼고 수학을 싫어하는 정도도 높다고 해석할 수 있다.

과연 공부는 어렵고 힘든 것일까? 사실 새로운 지식을 배우고 익히는 과정은 대체로 재미있다. 소설을 읽고, 영화나 드라마를 보고, 신문을 읽고 뉴스를 보는 이유도 새로운 사실, 경험하지 못한 이야기를 아는 것이 기본적으로 재미있기 때문이다. 공부도 그렇게 할 수 있다면 학생도 즐겁고, 부모도 신바람이 날 것이다. 하지만 공부는 하고 싶을 때에만 해서는 제대로 할 수가 없다. 교육 과정을 무시하고 아무 때나 입학을 할 수도 없고, 학교에서 요구하는 기본 수준을 갖추려면 좋아하지 않는 과목도 공부해야 한다.

그래서 아이들이 공부를 좋아하게 만들면 잘할 것이라고 생각하는 것은 현실적인 방법이 아니다. 싫어하는 것보다는 낫겠지만 좋아하거나 흥미를 가진다고 해서 모두 공부를 잘하는 것은 아니다. 축구를 좋아하는 것과 잘하는 것은 다른 문제이다. 유치원에서 처음 글과 숫자를 배울 때 재미있어 하는 아이들은 많다. 초등학교에서도 공부를 좋아한다고 답하는 학생들이 많은데 고등학생 대부분이 싫어하는 이유는, 학년이 올라갈수록 배우는 내용이 복잡해지고 어려워지는 까닭이다. 축구가 좋아서 시작했어도 막상 축구로 먹고 살기 위해서는 프로 선수가 되어야 하고, 프로가 되기 위해 거쳐야 하는 훈련 과정은 힘들고 고통스러운 법이다. 누가 시킨다고 참을 수 있는 것이 아니다. 힘든 훈련 과정을 견디려면 프로 선수가 되겠다는 꿈이 그만큼 커야 한다. 꿈이 클수록 더 큰 고통을 견딜 수 있는 것이다.

우리 아이는 공부하면서 무슨 생각을 하는 걸까?

공부도 마찬가지이다. 공부는 스스로 해야 한다. 학원에 가든 과외를 하든, 스스로 하려고 하지 않는 아이들을 공부하게 만드는 방법은 없다. 대학에 가든 기술을 배우든, 장차 무언가가 되고 싶다거나 이루고 싶다는 목표가 있어야 스스로 공부하고 싶은 이유를 찾고 실천으로 옮길 수 있다.

그렇다면 왜 굳이 '책상 앞에 앉아서 하는 공부'를 해야 할까? 공부가 아닌 다른 것을 할 수도 있지 않을까? 수학 교사들은 수학이 생활에 유용한 도구이고, 정신적 능력을 길러 주고, 심미적 가치도 지니고 있다고 설명한다. 좋은 말이지만 그리 와 닿지는 않는다.

미국에서는 더 직설적으로 수학의 중요성을 설명한다. 전미 수학 자문단은 중등 수학교육 전반을 진단해 2008년에 발표한 보고서에서 "수학을 잘하는 것은 개인에게도 중요하다. 수학 성적이 이후의 대학과 직업의 기회를 제공하는 데 결정적 역할을 하고 미래의 소득 또한 높여 주기 때문이다"라고 밝히고 있다. 수학을 잘하면 좋은 대학에 진학하고 좋은 직업을 가져서 높은 소득을 얻을 수 있다는 말이다. 수학 자체의 효용성을 말하는 것보다는 훨씬 공감이 간다.

PISA 2003의 조사에서도 미래에 원하는 일이나 공부를 하기 위해 수학이 필요하다는 데 57~60퍼센트가 동의했다. OECD 평균은 66~78퍼센트로 다소 높았지만 앞서 본 선호도에 비해서는 차이가 적다. 우리 고등학생들도 재미는 없지만 수학을 공부해야 한다는 점에는 대체로 동의하고 있다는 뜻이다.

대부분 부모들은 자녀가 명문대에 진학해서 좋은 직업을 가지기를 희망한다. 그렇게 되었을 때 누릴 수 있는 안락한 미래를 설명하고 아이들도 같은 꿈을 가지기를 바란다. 초등학생 때에는 누구나 그런 희망을 품고 공부할 수 있다. 하지만 현실에서 이 꿈은 상위 1~2퍼센트만 성취할 수 있다. 그래서 중학생이 되면 3분의 2 정도는 자신이 이 경쟁에서 이길 수 없다는 것을 깨닫게 되고, 고등학생이 되면 90퍼센트가 꿈을 접는다. 아이들의 꿈이 명문대, 의사, 법조인이 되는 것이어선 안 되는 이유이다. 명문대에 가는 것도 좋고 의사나 법조인이 되는 것도 좋지만, 초등학생들이 이것만을 이유로 공부해서는 안 된다. 물론 과학자나 연예인이 되고 싶다는 아이들처럼 의사가 되겠다는 꿈을 가진 아이들도 있지만, 많은 경우 이런 꿈은 아이들의 것이 아니라 부모의 소원일 가능성이 높다.

'우리 아이는 왜 공부하는 걸까?' 진지하게 생각해 보자. 100점을 받으면 부모님이 좋아하기 때문에 공부한다는 아이들이 있다. 친구들과의 경쟁에서 이기고 싶어서 공부하는 경우도 있고, 선생님께 잘 보이고 싶어서 공부한다는 아이들도 있다. 그런데 상당수 학생들은 자기가 왜 공부하는지 모른다. 엄마가 시켜서, 안 하면 선생님께 혼나기 때문에 한다고 답하는 아이들은 절대 스스로 공부하지 않는다. 그럴수록 부모들의 잔소리는 많아진다. 아이들에게 잔소리를 덜하려고 일부러 학원에 보낸다는 부모들도 있다.

초등학생인 자녀가 스스로 공부하게 만들려면, 장래를 위해서라는 생각은 아예 버려야 한다. 고등학생들도 대학과 전공을 선택할 때 갈팡질팡하는 경우가 태반인데 초등학생이 장래를 위해 공부할 수는 없다. 꿈이 구체적일수록 의지가 강해지는 것은 사실이지만 앞으로의 직업을 꿈으로 삼고 공부에 매진하는 일은 고등학교 이후에나 가능하다.

그러니 이제부터라도 아이들의 점수 대신 배우는 과정에 주목해야 한다. 아이들은 당연히 모르는 것이 많다. 그렇다고 부모가 가르치겠다고 나서서는 안 된다. 호기심이 생겨야 알려고 한다. 아이들이 말을 배우고 나서 쏟아 내던 질문들도 하나같이 "엄마, 이건 뭐야?" 아니었던가? 세상 모든 것들이 낯설고 신기한 아이들은 끊임없이 물으며 세상을 알아간다. 그때 부모가 아이를 붙들고 묻지도 않는 것들을 가르쳐 준다면 아이는 더 이상 질문을 하지 않는다. 공부도 이렇게 해야 한다. 궁금하게 만들고, 호기심을 가지도록 여건을 조성해 주고 기다려야 한다. 어른들도 궁금한 것이 있으면 인터넷을 검색하듯, 아이들도 궁금한 것이 생겨야 책을 집어 든다.

궁금하다는 것은 문제를 인식했다는 뜻이다. 자기가 모르는 것을 알고 싶어지면 문제를 인식했다는 뜻이고, 주변 사람들에게 묻거나 책을 펼치는 것은 문제 해결 전략을 실행하기 시작했다는 의미이다. 문제를 인식하지도 않았는데 전략만 익힌다고 문제 해결력이 길러지지 않듯이, 공부에서도 배우고 싶은 욕구가 우선이다. 자연스럽게 나타나는 아이들의 호기심을 공부로 이끌어야 한다. 궁금한 것을 찾다보면 다시 모르는 것이 나오고, 이 과정을 반복하면서 점점 더 많은 것들을 배우게 된다.

아이가 공부를 싫어하거나 성적이 오르지 않는다고 걱정하는 부모들이 공통적으로 하는 말이 있다. 예전에는 그렇지 않았는데 어느 순간부터 변했다는 말이다. 아이들마다 시기는 다르지만 부모들은 그 시기부터 학습 내용이 어려워지거나 공부를 덜 시켰기 때문이라고 생각하는 경우가 많다.

하지만 이런 아이들은 그보다 훨씬 전에 배우는 이유를 잃어버렸을 가능성이 크다. 부모님이 원하고 선생님이 시켜서 억지로 하는 척 했을 뿐, 오래전부터 공부할 의욕을 상실했을 것이라는 뜻이다. 아이들은 궁금한 것을 알게 될 때 눈을 반짝이게 마련이다. 대부분 부모들은 자녀가 어린 시절 호기심이 가득한 표정으로 엄마의 말에 귀를 기울이는 모습을 본 적이 있을 것이다. 아이들은 누구나 호기심이 많고, 배우는 것을 좋아한다. 다만 학년이 올라가면서 학습할 내용이 많아지기 때문에 흥미를 잃기 쉬울 뿐이다.

초등학교 저학년 시기에는 옛날이야기를 듣듯이 재미있게 공부할 수 있지만 고학년이 되고 상급 학교에 진학할수록 학습 커리큘럼을 따라가게 되는데, 이 단계를 잘 넘어서지 못하면 공부에서 손을 놓게 된다. 사칙연산은 잘 하다가 분수가 나오면서 힘들어지고, 초등학교에서는 ㅁ로 표시되던 미지수가 중학교에서 X로 바뀌면서 어려움을 느끼는데, 공부를 잘하려면 학문적 체계로 발전해 가는 이 단계들을 잘 소화해야 한다.

공부하고 싶은 이유를 만들어 주어라

공부하는 이유는 모두 다르다. 고등학생이라면 원하는 대학에 가기 위해서인 경우가 가장 많을 것이고, 중학생이라면 친구들과의 경쟁에서 이기고 싶다는 생각을 할 수도 있다. 하지만 나이와 상관없이 공통적인 이유는 부모님을 기쁘게 해드리기 위해서이다. 자식 교육을 위해 온갖 희생을 감수하는 부모님께 보답한다는 거창한 의미는 아니지만, 공부하는 모습을 보면 엄마 아빠가 좋아하니 공부한다는 말이다.

두말할 필요도 없이, 아이들이 가장 좋아하는 사람은 부모이다. 자신이 어떻게 행동할 때 부모가 좋아하는지 끊임없이 살핀다. 사춘기가 되면서 달라지긴 하지만, 대체로 초등학생들은 부모의 기대에 따라 움직인다. 성적표를 보고 기뻐하면 공부를 하고, 독후감과 일기를 읽고 기뻐하면 책을 읽고 글을 쓴다.

두 자리 수 덧셈을 배우는 초등학생 2학년짜리 아이가 100점을 받겠다고 두 자리 수 덧셈 문제 100개를 풀고 있다고 생각해 보라. 그 시간 동안 아이는 무엇을 배울까? 반복 연습으로 숙달될 뿐 배우는 것은 없다. 물론 반복 학습도 중요하지만, 이것이 지나치면 오히려 배우는 힘을 떨어뜨릴 수 있다. 대신 배우고 알아 가는 과정 자체를 즐기게 두면 아이들은 매일 새로운 무언가를 배울 것이다.

부모들이 그런 아이들의 모습을 보고 기뻐해 주면 그것만으로도 아이들은 충분히 공부할 수 있다. 아이가 공부를 열심히 한다고 안심하거나 그렇지 않다고 걱정하는 대신, 왜 공부하는지 살펴 보아야 한다. 배우는 이유를 잃어버리거나 포기하는 상황을 피할 수 있어야 공부를 계속할 수 있다.

또 하나 부모들이 해야 하는 일이 있다. 아이가 뭔가를 물었을 때 책을 펼치거나 인터넷에서 검색해서 알려 주는 일이다. 알고 있는 내용이라도 책이나 인터넷에서 찾아보는 모습을 보여 주어야 아이들은 혼자서도 궁금한 것을 해결하는 습관을 들인다. 부모에게 묻는 것보다 책이나 컴퓨터를 활용하는 것이 더 낫다는 생각이 들면, 그 때부터 스스로 공부하는 힘이 생긴다.

자신감이 강한 아이가 창의성도 높다

왜 낯선 문제만 나오면 겁부터 먹을까?

익숙한 상황이 발생했을 때, 이것을 '문제'라고 말하는 사람은 없다. 신종 인플루엔자가 세계적인 관심과 우려를 일으킨 것은 이것이 처음 등장했기 때문이다. 정확한 원인도 밝혀지지 않았고 완벽한 치료약도 개발되지 않은 상태에서 확산되면서 수많은 사망자를 발생시켰기 때문에 문제가 되는 것이다. 스페인 독감이나 홍콩 독감은 위험성으로 따지면 신종 인플루엔자보다 덜하지 않지만, 치료제가 개발되었기 때문에 더 이상 문제라고 하지 않는다.

공부도 마찬가지이다. 새로운 문제를 만났을 때는 이미 알고 있는 지식을 활용해서 해결하면 된다. 이런 능력을 기르는 것이 교육의 목적이다. 중요한 것은 낯선 문제를 만났을 때 두려워하지 않고 도전할 수 있어야 한다는 점이다. 물론 도전한다고 모든 문제를 풀 수 있는 것은 아니지만, 도전하지 않으면 어떤 문제도 해결할 수 없다. 설령 문제를 풀지 못해도 '다음에는 꼭 이 문제를 풀 수 있을 거야'라고 생각하는 자세를 기르는 것이 교육의 진정한 목적이다.

그렇다면 자신감은 어떻게 만들어지는가? 문제를 많이 풀면 자신감이 생길까? 꼭 그렇지는 않다. 앞에서 말했듯이 자신감은 '진짜 문제', 즉 낯선 문제를 만났을 때 가장 필요한 까닭이다. 처음 보는 문제라 하더라도 필요한 '지식'을 알고 있고, 문제를 풀 수 있다고 '생각'하면 해결할 수 있다. 필요한 지식을 알고 있으면서 문제를 잘 풀지 못하는 아이들은 '생각하는 힘'이 부족한 경우가 많다.

먼저 지식에 대해 생각해 보자. 수능을 포함해 학교에서 치르는 모든 시험은 배운 범위 내에서 출제된다. 따라서 지식을 모르면 문제를 풀 수 없다.

초등학교 2학년이면 구구단을 배운다. 구구단을 아는 것으로 한 자리 수 곱셈은 풀 수 있다. 그런데 '창호는 하루에 여섯 개씩 수학 문제를 풀었습니다. 일주일 동안 했다면 모두 몇 문제를 풀었을까요?'라는 문장제 문제를 내면 구구단을 알면서도 풀지 못하는 경우가 있다. 구구단을 활용해서 이 문제를 풀려면 머릿속으로 수학 문제 여섯 개를 한 묶음으로 만들고, 일주일이 7일이라는 사실을 떠올려 일곱 개의 묶음을 마음속에 그린 다음 $6 \times 7 = 42$라는 수학식으로 만들어야 한다. 그런데 노래처럼 구구단을 외울 뿐 곱셈의 원리를 이해하지 못한 아이들은 이 문제를 어려워한다. 구구단을 알고도 어떻게 활용하는지는 모르는 것이다.

이런 아이들은 대체로 문제 푸는 것을 어려워하고 자신이 문제를 풀 수 있다고 생각하지도 않는다. 낯선 문제를 풀어 본 경험이 적다면 더욱 그렇다. 어려운 문제가 나왔을 때 일단 풀이 방법부터 보고 이해하는 방식으로 공부한 아이들은, 문제 형태가 조금만 바뀌어도 쉽게 포기한다. 반대로 잘 풀리지 않는 문제를 붙들고 이리저리 궁리해서 해결해 본 적이 있는 아이들은 낯선 문제를 만나도 혼자서 풀 수 있다고 생각한다.

낯선 문제를 풀다 보면 없던 자신감도 생긴다

자신감은 이런 것이다. 문제가 익숙해서가 아니라, 내가 알고 있는 것들로 충분히 해결할 수 있다고 '생각'하는 것 말이다. 물론 시간이 걸려서 시험 때에는 답을 쓰지 못할 수도 있지만, 풀 수 있다고 생각하는 것만으로 충분하다. 시험 때든 연습 때든 스스로 낯선 문제를 풀어 내는 경험이 쌓일수록 고학년이 됐을 때 그 덕을 톡톡히 볼 것이다.

초등 3학년 2학기에 해당하는 수학 문제 하나를 더 보자.

초등 3학년 2학기 1단원(덧셈과 뺄셈)에 해당하는 문장제 문제

현경이의 저금 통장에는 8,167원이 있습니다. 오늘 6,500원을 찾아 학용품을 사고, 남은 돈 1,570원을 다시 저금하였습니다. 현경이의 저금 통장에는 돈이 얼마나 남아 있는지 쓰세요.

식: ________________________ 답: ________________________

네 자리 수 덧셈과 뺄셈을 알면 풀 수 있는 문장제 문제인데, 대략 30퍼센트 정도가 답을 맞힌다. 그런데 이 문제를 '8167−6500＋1570＝□'라고 바꿔 출제하면 절반이 훨씬 넘는 학생들이 정답을 쓴다. 지식은 알면서 응용하지 못하는 학생들이 많다는 말이다. 읽기 능력이 떨어져 문제의 의미를 해석하지 못하는 경우도 있고, 의미를 이해하고도 식을 만들지 못하는 경우도 있다.

문제를 푸는 방법도 여러 가지이다. 아이들은 처음 통장에 있던 8,167원에서 찾은 돈 6,500원을 빼고 다시 저금한 1,570원을 더하는 방법을 가장 많이 쓰는데, 이것은 학습지나 문제지에서 가장 많이 설명하는 방법이다. 그런데 어떤 학생은 찾은 돈에서 남은 돈을 빼 학용품을 산 돈을 계산하고 처음에 있던 돈에서 빼는 방법으로 계산하기도 한다. 이런 학생들은 창의적인 편이다. 스스로 생각해 낸 방법으로 푼 까닭이다. 아이들이 문제를 푸는 태도와 접근법을 보면 자신감이 있는지, 창의적인지 알 수 있다.

모든 아이들은 원래 창의적이다

콜럼버스의 달걀 이야기는 상식과 고정관념을 깨는 발상의 사례로 널리 알려져 있다. 한니발이 로마 군의 예상을 깨고 알프스를 넘어 승리한 것이나, 이순신 장군이 판옥선 열두 척으로 왜선 300여 척을 격파한 명량해전은 창의적 발상으로 인류의 역사를 바꾼 전쟁의 명장면으로 기록되어 있다. 많은 사람들이 이런 창의적 발상은 쉽지 않은 것이라고 생각한다. 물론 남들이 못하는 생각이나 행동을 먼저 해야 하는 것이니 쉽지 않은 것은 사실이다.

하지만 이는 창의성을 너무 좁게, 제한적으로 이해했기 때문이다. 아무도 하지 않은 생각을 하는 것이 창의적 발상이라면, '최초'라는 것이 첫 번째 조건이 되어야 한다. 물론 발명을 하고 특허를 받는 일이라면 그래야겠지만, 창의적 발상이 모두 특허를 받는 것은 아니다. 아이들이 하는 창의적인 생각은 대부분 이미 누군가가 했던 생각일 가능성이 크다. 하지만 다른 사람이 예전에 생각했던 것이니 창의적이지 않다고 말할 수는 없지 않은가. 어른들이 상상하지 못했던 엉뚱한 생각을 해야 창의적인 것도 아니다.

교육에서 말하는 창의성이란 '아이들이 자신의 입장, 자신의 눈높이에서 보는 것'이다. '배움'이 전에는 몰랐던 것을 알게 되는 것이듯, 전에는 하지 못했던 생각을 하면 창의적인 것이다. 네 살짜리 아이가 해가 바뀌어 자신이 다섯 살이 되었음을 알게 되었을 때, 자신뿐 아니라 엄마 아빠도, 다른 친구들도 모두 한 살을 더 먹게 된다는 이치를 깨닫는 것이 창의적인 것이다. 초등학교 3학년 어린이가 달력을 보고 요일을 계산하는 법을 배운 다음, 올해 자기 생일이 무슨 요일인지 알아보고 자기가 태어난 날이 무슨 요일이었는지도 알 수 있겠다고 생각하면 창의적인 것이다.

배운 것들을 확장하고, 연계시키고, 상상력을 보태서 전에 하지 못했던 생각에 이르는 모든 과정이 창의적 발상이다. 무지개 색깔을 빨주노초파남보로 외우면 쉽게 기억할 수 있다는 사실을 알고 나서, 태양계 아홉 행성의 이름과 순서를 수금지화목토천해명으로 외울 수 있겠다고 생각하면 역시 창의적인 것이다.

교사나 부모가 알려 주거나 시키는 대로 하는 것을 제외한 모든 생각과 활동은 창의적인 것으로 보아야 하고, 그런 점에서 아이들은 모두 창의적이다. 아이들이 전에는 하지 않았던 생각을 할 수 있도록 자극하고 독려한다면 창의성을 기르는 교육을 실천하는 것이다. 창의성을 기르는 것과 자신감이 밀접한 관련이 있는 것도 이 때문이다.

아이가 자기 스스로 문제를 풀 수 있다고 생각하는 것이 자신감이고, 문제를 해석하고 어떤 방식으로 풀지를 찾아 내는 모든 과정이 창의적 사고이다. 그런 점에서 자신감은 지식과 창의적 사고를 바탕으로 문제 해결 경험을 쌓는 과정에서 길러진다고 볼 수 있다.

비교하는 것은 아이에게 독을 주는 것이다

초등학교에서 배우는 지식은 전통적으로 교육의 기본이라 부르는 '읽기, 쓰기, 셈하기'가 핵심이고, 말 그대로 기초적인 것이어서 복잡하거나 어렵지 않다. 부모가 충분히 가르칠 수 있는 수준이어서 엄마들이 직접 가르치는 이른바 엄마표 학습도 많이 실시하고 있다.

그런데 지식을 가르치는 것과 문제 해결 능력이 비례하는 것은 아니기에, 여기서부터 고민이 시작된다.

공식은 아는데 문제에 적용하지 못할 경우, 많은 부모들은 문제집을 풀게 한다. 풀다가 막히거나 틀리면 풀이 방법을 보고, 풀이 과정을 이해하면 공부가 되는 줄 안다. 부모가 공부했던 방식대로 가르치는 것이다. 풀이를 보고 이해하는 것으로 공부하면 비슷한 문제는 풀 수 있지만, 문제를 이해하고 필요한 공식을 적용해서 답을 찾아가는 사고력은 기를 수 없다. 문제를 스스로 풀지 못하니 자신감도 당연히 떨어진다. 이렇게 공부하면 학년이 올라갈수록 한계가 나타난다. 상위 학교로 갈수록 성적이 떨어지거나 공부에 흥미를 잃는 아이들의 대부분은 이런 방식으로 공부한 경우가 태반이다. 처음엔 늦더라도, 틀리더라도, 더디게 가더라도 스스로 떠올리고 연결시키는 것이 자신감의 원천임을 잊어서는 안 된다.

남들이 안 하는 생각을 하는 것만 창의적인 것이 아니듯 자신감도 남보다 잘할 수 있다는 것만을 의미하지는 않는다. 자신감은 스스로 할 수 있다고 생각하면 자연스럽게 가지게 되는 것이다. 기본적인 내용만 알면 할 수 있다고 생각하는 것만으로 자신감을 가질 수 있다는 뜻이다. 앞서 본 네 자리 수 덧셈과 뺄셈을 스스로 풀어 낸 아이는 문제를 바꾸어도 금방 풀 수 있다.

문제 하나를 풀어 내는 경험은 다양한 차원으로 확장할 수 있다. 네 자리 수 덧셈과 뺄셈이 필요한 문장제 문제를 풀었다고 할 수도 있고, 3학년 수학 문제를 풀었다고 할 수도 있다. 조금 더 확장하면 자기가 모르는 문제를 해결한 것이기도 하다. 자신만의 방식으로 문제를 해결했다면, 이 문제가 다른 아이들도 푸는 것이든 그렇지 않든 상관없다. 수학 문제 하나를 푼 경험으로 다른 과목에도 자신감을 가질 수 있다.

이런 경험이 쌓여 능력이 길러지니, 굳이 남들과 비교할 필요도 없다. 남들보다 잘할 수 있다는 것은 시험으로 말하면 1등을 할 수 있다는 의미인데, 이런 기준으로 생각하면 1등을 제외한 대부분 학생들은 자신감을 잃게 되고, 자신감을 잃으니 공부에 의욕을 가질 수가 없다. 내 아이의 잠재력을 최대한 발휘하게 하고 싶다면 다른 아이들과 비교하는 것부터 당장 그만두어야 한다.

PISA 결과에서 우리나라와 일본 학생들이 다른 국가에 비해 학습에 대한 자신감이 유난히 낮게 나타난 것도 다른 학생들, 특히 상위권 학생들과 비교하는 버릇 때문인 것으로 보인다. 물론 시험에서 높은 성적을 얻는 것은 좋은 일이고, 입시에서 석차는 참으로 중요한 의미를 가진다. 하지만 그것은 결과일 뿐이다. 결과는 다른 사람과 비교되더라도, 공부를 통해 능력을 기르는 모든 과정은 본질적으로 자신과의 싸움이기 때문이다.

11

빨리 가는 아이보다
멀리 가는 아이가 성공한다

진짜 공부는 시작하기도 전에 지쳐 버리는 아이들

외국에서 공부한 경험이 있는 사람들 중에는 '공부도 체력 싸움'이라는 말을 하는 경우가 많다. 중요한 시험이나 과제물 제출을 앞두고 사흘씩 밤을 새며 공부하는 외국 학생들과 경쟁하다 보니 체력이 달리더라는 것이다.

PISA나 TIMSS에서 나타났듯이 미국의 초, 중, 고등학생들은 우리나라 학생들보다 성적이 많이 떨어진다. 하지만 미국의 대학생들은 세계 최고 수준이고 우리 학생들보다 절대 못하지 않다. 특히 석사, 박사과정으로 올라갈수록 우리 학생들이 뒤처진다고 유학 경험자들은 입을 모아 말한다.

미국 대학은 공부 못하는 고등학생들을 세계 최고 수준으로 만들어 내는 요술 방망이를 가진 것일까? 노벨상을 받은 교수들은 없던 실력도 만들어 내는 기적의 학습법을 알고 있는 것일까? 그렇지 않다. 지금은 미국의 초, 중등교육 과정에 미흡한 측면이 많아서 국가적으로 교육 개혁의 필요성을 외치고 있지만, 기본적으로 미국 교육이 가진 힘은 우리보다 훨씬 강하다.

우리는 고등학교 시절 가장 많은 시간을 공부하고, 미국은 대학 입학 이후에 가장 많은 시간을 공부한다. 그래서 고등학생끼리 비교하면 우리가 우수하고 대학생을 비교하면 미국이 우수하다. 우리 학생들이 공부하는 시간을 비교하면 고등학생＞중학생＞초등학생＞대학생 순이다. 하지만 미국을 비롯한 선진국에서는 대학생이 고등학생보다 더 많이 공부한다.

문제는 고등학교, 중학교, 초등학교에서 너무 많은 시간을 공부하는 데 있다. 가진 힘과 시간을 절반 정도만 공부하는 데 쓰면 대학에 가서도 더 공부할 여력이 있을 텐데 지금 우리 학생들은 시간과 에너지의 거의 전부를 공부하는 데 쓰고 있으니 대학에 가면 제풀에 지쳐 더 이상 공부할 수 없게 된다.

다른 나라 학생들보다 두 배 이상 공부해서 낸 성적이니, PISA에서 세계 2위라는 높은 성적을 내고도 기뻐하지 못하는 것이 대한민국이다. 마라톤에 비유하자면 우리 학생들은 처음부터 전력질주해서 앞서 가다가 30킬로미터 지점에서 탈진해 기권하거나 뒤처지는

레이스를 반복하고 있는 셈이다.

우리 학생들이 실제로 얼마나 공부하고 있는지 통계를 보자. 2008년 정부의 사교육 실태 조사에 따르면 전국 초등학생의 사교육 참여율은 87.9퍼센트에 달한다. 중학생은 72.5퍼센트, 일반계 고등학생은 60.5퍼센트로 나타났다. 대입을 준비하는 고등학생들이 오히려 사교육을 적게 받는 것은 학교의 야간 자율 학습 때문이다. 방과 후 학교 프로그램 참여율은 초등학생 35.5퍼센트, 중학생 22.1퍼센트인 반면 고등학생은 61.9퍼센트가 참여하고 있다. 초등학생의 사교육 참여 시간은 평균 주당 8.9시간이고, 열한 시간 이상 사교육을 받는 학생들도 전체의 37퍼센트나 된다. 물론 여기서 말하는 사교육은 방과 후 학교 프로그램에 참여하거나 학교 숙제, 학원 숙제를 하는 시간은 포함하지 않은, 순수하게 학원에 가거나 과외 수업을 듣는 시간이다. 숙제를 하거나 혼자 공부하는 시간을 학원 시간의 두 배 정도로 보면 우리나라 초등학생들은 학교 수업 외에도 주당 평균 30시간, 매일 네 시간 이상을 공부하는 셈이다. 물론 이들의 예체능 사교육 참여율이 61.4퍼센트나 되니 공부만 한다고 말할 수는 없지만 말이다.

초등학교 고학년이 되면서 예체능은 줄고 주요 과목 사교육이 늘기 시작한다. 중학생의 사교육 시간은 주당 평균 8.9시간으로 초등학생과 같지만, 예체능 사교육은 15.1퍼센트로 급격히 줄어든다. 사교육을 받지 않는 학생의 비율은 27.5퍼센트로 초등의 12.1퍼센트에 비해 크게 늘어나는데, 주로 성적이 낮은 학생들의 사교육이 줄어들기 때문이다. 사교육을 받지 않는 학생들을 빼고 다시 계산하면 평균 사교육 시간은 주당 11.6시간 정도가 된다. 역시 혼자 공부하는 시간이 사교육 시간의 두 배쯤 된다고 보면 중학생들은 학교 수업 외에 주당 평균 35시간, 매일 다섯 시간 공부한다는 말이 된다.

우리 아이들은 하프 마라톤 선수로 길러지고 있다

그러면 어느 정도 공부하는 것이 적절할까? 상위 학교로 올라갈 때마다 50퍼센트 정도 더 한다고 생각하면 된다. 이 기준대로 최대 학습 시간을 계산해 보자. 하루 24시간 중에서 먹고 자고 이동하는 시간 등으로 하루 열 시간을 빼면 쓸 수 있는 시간은 열네 시간이고, 일주일이면 98시간이다.

이 시간을 모두 공부하는 데 쓴다고 가정해 보자. 대학생은 학교 수업 20시간을 빼면 78시간을 공부할 수 있다. 고등학생은 학교 수업 36시간을 뺀 62시간에서 대학생보다 50퍼센트 적은 41시간, 중학생은 학교 수업 34시간을 뺀 64시간에서 고등학생보다 50퍼센트 적은 28시간, 초등학생은 학교 수업 32시간을 뺀 66시간에서 중학생보다 50퍼센트 적은 20시간을 공부하면 최대가 된다. 수업을 제외하고 대학생은 하루 열 시간, 고등학생은 약 여섯 시간, 중학생은 네 시간, 초등학생은 약 세 시간을 공부하는 것이 최대 시간이다. 수업 외에 하루 여섯 시간씩 공부한 고등학생이 대학에 진학하면 하루 열 시간씩 공부해야 제대로 교육을 받을 수 있다는 말이다. 그러기 위해서는 먹고 자고 수업을 듣는 시간을 뺀 나머지 모든 시간 동안 공부만 해야 한다. 그런데 고시생이 아니고서야 하루에 다섯 시간 이상 공부하는 대학생은 별로 없다.

학교에서 밤 10시까지 야간 자율 학습을 하는 고등학생들은 그것만으로도 하루 여섯 시간을 넘긴다. 1970년대에 유행했던 '사당오락'은 이제 특목고를 준비하는 중학생에게까지 적용되고 있다. 학교 수업을 포함해 하루 평균 열 시간이 넘게 공부만 하는 중, 고등학생들이 대학에 가면 공부할 여력이 없는 것은 당연하다. 한마디로 우리 학생들은 풀코스 마라톤 대신 하프 마라톤 전문 선수가 되어 세계에서는 아무런 인정도 받지 못하면서 대한민국에서만 통용되는 20킬로미터 기록에 매달리다 선수 생활을 마감하고 있는 꼴이다.

왜 이렇게 많은 시간을 공부하는가? 좋은 대학에 입학하기 위해서이다. 대학에 들어가기만 하면 적당히 공부해도 되지만, 좋은 대학에 가지 못하면 인생이 달라지니 고등학교 때까지는 최대한으로 공부할 수밖에 없다. 그러니 내 아이의 석차를 조금이라도 올리기 위해 남보다 비싼 사교육을 많이 받게 하려는 부모들의 경쟁은 군비 경쟁이나 다름없다.

나무만 보고 숲은 보지 못하는 부모들

다행히 이런 상황은 많이 달라졌고 변화도 시작되었다. 사실 교육은 42.195킬로미터만 달리면 되는 마라톤이 아니다. 미래 사회의 경쟁의 특징은 끝이 없다는 것이다. 끝이 없기 때문에 가장 멀리 간 사람이 승자가 되는 것이 게임의 규칙이고, 나이와 상관없이 얼마나 가치 있는 것을 만들어 내느냐가 최종 평가 기준이다. 미적분을 푸는 초등학생에게 관심을 쏟는 것은 그 학생에게 장차 과학의 새로운 지평을 열 잠재력이 있을 것으로 기대하기 때문이지 미적분을 푸는 것이 훌륭해서가 아니다. 모차르트를 천재라고 칭송하는 이유는 그가 네 살에 작곡을 했기 때문이 아니라 인류 역사에 길이 남을 명곡들을 남겼기 때문인 것처럼 말이다.

창의성 없이 배우는 속도만 빠른 경우도 있고, 속도가 느려도 꾸준히 한 주제에 매달려 큰 발견과 발명을 해내는 경우도 있다. 누가 멀리 가는지 경기를 한다면 누구나 빨리 달리기보다는 걸어가는 전략을 택할 것이다. 공부도 그렇다. 스무 살에 박사가 되든 마흔 살에 박사가 되든, 그 사람이 이룬 학문적 성취를 보고 평가하지 시간을 따지지는 않는다.

잠깐 초등학교 야구 선수 이야기를 해 보자. 흔히 '리틀 야구'라 불리는 초등학교 야구 경기는 6회로 진행하는데 투수에게는 엄격한 규정이 있다. '선발 투수는 3이닝을 초과할 수 없고, 한 경기에서 60개 이상의 공을 던질 수 없다. 한 경기에서 40개 이상을 던지면 다음 경기에 나올 수 없다. 투구 수와 관계없이 사흘을 연속 등판하는 것도 안 된다.' 물론 이런 규정을 만든 이유는 선수를 보호하기 위해서이다. 한참 성장하는 시기에 무리해서 투구를 하면 성인이 되었을 때 선수 생활을 못하게 될 수도 있기 때문이다.

그런데 감독들은 이 규정을 반대한다. 초등학교 야구에서는 거의 투수에 따라 승패가 달라지는데, 뛰어난 투수가 있어도 경기에서 질

수 있다는 이유에서이다. 팀의 성적에 따라 보상이 달라지는 감독의 입장에서는 싫을 수도 있다. 그런데 일부이긴 하지만 부모들 중에는 이 규정에 반대하는 경우가 있다. 고등학교 운동선수들이 전국 대회 4강 안에 들어야 체육 특기생으로 대학에 갈 수 있듯이 초등학교에서도 팀 성적이 좋아야 야구부가 좋은 중학교로 스카우트될 수 있다는 감독들의 말에 동조한 부모들이다.

선수를 보호하자고 이런 규정을 만들었는데 아이의 미래를 누구보다 걱정해야 할 부모들까지 가세한다는 것은 아무리 생각해도 비상식적이다. 야구를 하는 학생들은 박찬호를 꿈꾸지만 부모들은 대학을 꿈꾸는 까닭이다. 박찬호처럼 된다면 더할 나위 없이 좋겠지만 그 정도 능력이 될지는 알 수 없으니, 우선 대학에 가는 것을 목표로 하자는 생각이다.

초, 중, 고등학교 운동선수들이 수업을 듣지 않고 운동만 하는 것도 우리나라에만 있는 특수한 상황이다. 외국에서는 운동선수들도 정상적으로 수업을 듣고 숙제도 한다. 스포츠를 즐기고 건강한 신체를 만드는 것이 우선 목표이기 때문이다. 특히 초등학교에서는 더욱 그렇다. 지, 덕, 체를 모두 기르는 것이 교육이니 운동을 한다고 공부를 하지 않을 수는 없다는 뜻이다. 그런데 우리 아이들은 운동을 하면 대부분 공부를 포기한다. 수업을 다 들으면서 운동을 하면 체육 특기생이 되기 어려운 까닭이다. 외국에서는 공부와 운동을 모두 할 수 있는데 우리나라에서는 하나를 포기해야 한다면 뭔가 잘못된 것이다.

우리는 공부도 그렇게 한다. 봉사 활동, 학생 활동, 동아리 활동처럼 품성과 체력을 기르는 다양한 것들을 모두 미루고 공부만 한다. 많은 부모들이 이건 아니라고 생각하면서도 이 전략을 선택하는 이유는, 아이의 미래를 좌우할 대학과 특목고가 시험 성적만으로 학생을 선발하는 까닭이다. 운동할 시간에도, 품성을 기르는 활동을 할 시간에도 공부만 하면 시험 성적은 올릴 수 있다. 성적으로 모든 것이 결정되기 때문에 성적에 포함되지 않는 것들은 젖혀 두고 필요한 것만 하면 된다는 전략이 나온다. 빨리 가는 전략이다.

지금까지의 입시 제도에서는 모든 것을 미루고 공부만 하는 전략이 유효했다. 경제 개발이 시급하다고 민주주의조차 유보하고 성장에만 치중했던 1970년대와 마찬가지이다. 하지만 어느 정도 경제 성장을 이루어 선진국을 지향하고 있는 지금은, 어느 누구도 경제 성장과 민주주의를 양자택일의 문제로 보지 않는다. 둘 다 갖추지 않으면 장기적으로 발전할 수 없고 선진국 대열에 들어갈 수도 없는 까닭이다.

멀리 가려면 교육도 그렇게 되어야 한다. 세계 최고 대학들이 공부는 포기하고 운동만 한 학생이나 공부만 하고 봉사 활동을 하지 않은 학생을 뽑지 않듯이 우리 대학들도 그렇게 할 것이라는 의미이다. 그래야 멀리 갈 수 있는 인재를 기를 수 있고, 미래 사회의 리더도 양성할 수 있다.

미래의 대학이 찾는 인재는 간단하다. 대학 이후의 과정에서 많은 것을 배우고 창의적인 결과물을 만들어 낼 수 있는 인재이다. 대학 입학 이전에 얼마나 많이 공부했느냐가 아닌 앞으로 얼마나 많이 배울 수 있느냐가 기준이다. 지금까지는 0.1점이라도 점수가 높은 학생을 뽑았다면, 앞으로는 성적이 비슷하다면 공부를 적게 한 학생을 뽑는다. 그래야 대학에서 공부할 힘이 남아 있고, 공부를 적게 한 만큼 공부 이외의 요소, 즉 품성이나 체력 등도 길렀을 것이라 생각하기 때문이다.

교육에서 지, 덕, 체는 동시에 추구해야 하는 하나의 목표이다. 고등학교까지는 공부만 하고, 대학에서는 체력을 기르고, 회사에서 품성을 기를 수는 없다. 초등학교 운동선수들이 공부를 포기하고 운동만 하는 것이나 다른 것들을 뒤로 미루고 공부만 하는 것은 모두 빨리 가는 전략일 뿐이다. 아이가 멀리 가는 경쟁에서 승리하기를 바란다면 멀리 가는 공부, 즉 능력과 자질과 품성을 모두 기르는 교육을 해야 한다.

12

학원을 다니면
정말 성적이 오를까?

공부를 잘하는 아이일수록 학원을 더 다니는 까닭

많은 사람들은 사교육이 만연해서 공교육이 붕괴되었다고 말한다. 사교육 때문에 공교육이 부실해진 것인지 공교육이 부실해서 사교육이 많아진 것인지는 불분명하지만 사교육이 번창하고 있는 것은 사실이다. 개인 과외처럼 규모를 짐작할 수 없는 영역도 있어서 시장 규모를 추정하기는 어렵지만, 2008년 정부 통계로도 초, 중, 고등학교의 사교육 시장 규모는 20조 원을 넘어섰다.

사교육비 때문에 파출부로 나선 엄마나 자정이 넘도록 학원에서 공부하는 초등학생들의 이야기가 보도될 때마다 '사교육 망국론'을 말하지만, 이제 이 정도 이야기는 뉴스거리조차 되지 못하는 지경에 이르렀다.

그런데, 학원을 다니면 성적이 오를까? 그렇다고 생각하는 부모들이 많다. 돈이 더 들어도 개인 과외를 하면 성적이 오를 거라고 생각한다. 하지만 학원과 성적의 상관관계는 증명된 바가 없다. 학원을 다녀서 성적이 오른 건지 성적이 좋은 학생이 학원을 다니는 건지 모른다는 말이다.

우리나라 사교육의 가장 두드러진 특징은 공부를 잘하는 학생들이 사교육을 더 많이 받는다는 것이다. 2008년 사교육 실태 조사 결과를 보면 상위 10퍼센트 이내인 학생들은 87.7퍼센트가 사교육을 받는 반면, 하위 20퍼센트인 학생들은 51.6퍼센트만 사교육을 받고 있다. 성적이 올라갈수록 참여율만 높아지는 것이 아니라 시간도 많아진다. 사교육을 받는 학생들을 대상으로 조사하면 하위 20퍼센트 학생들은 주당 평균 8.5시간, 상위 10퍼센트 학생들은 11.1시간씩 사교육을 받고 있었다. 그러니 사교육비도 늘어날 수밖에 없다. 하위 20퍼센트 학생들의 월 평균 사교육비는 25만 원인데, 상위 10퍼센트 학생들의 사교육비는 36만 원으로 약 44퍼센트 많다.

그런데 상위 10퍼센트와 하위 20퍼센트의 사교육 참여율은 차이가 큰 반면 공부하는 시간은 큰 차이를 보이지 않는다. 참여율이 낮긴 하지만 하위권 학생들도 상위권 학생들과 비슷하게 공부한다는 의미인데, 이는 사교육을 받는다고 성적이 오르는 것이 아니라고 해석할 수 있다. 분명한 것은 성적이 높을수록 사교육도 많이 받는다는 것이고, 이는 우리나라의 사교육이 보충학습보다는 더 높은 성적을 내기 위한 경쟁에 치중하고 있음을 보여 준다.

다른 나라는 어떨까? PISA 2006 결과를 보면 우리나라를 제외한 거의 모든 OECD 국가는 사교육 시간이 많을수록 성적이 낮아지는 경향이 확연하다. 우리식으로 말하면 학원을 다닐수록 성적이 떨어지는 것인데, 공부를 더 했는데 성적이 떨어지는 것이 아니라 공부를 못하는 학생들이 보충 학습을 한다는 말이다.

공교육 제도가 잘 갖추어져 있는 핀란드와 비교해 보자. 핀란드는 보충 학습을 하는 시간도 절대적으로 적다. 수학의 사교육 시간이 우리나라는 주당 2.3시간인데 핀란드는 0.4시간에 불과하다. 그것도 고1을 대상으로 한 조사라 그나마 적게 나온 것이다. 우리나라 학생들은 공부를 잘할수록 학원을 많이 다니기 때문에 학원을 다녀서 성적이 좋은 것인지 여부를 확인할 길이 없다.

이렇게 많은 시간과 비용을 사교육에 들이는 것도 문제지만, 사교육의 가장 근본적인 문제는 교육의 내용과 방법에 있다. 성적과 인성 교육과 개성 존중 가운데 무엇이 우선인지는 차치하고, 학습법 측면에서 보더라도 대부분의 사교육은 교육의 본령에서 벗어나 있다. 수업은 시종일관 문제 풀이 요령을 가르치거나 시험에 나오는 문제들을 유형별로 분류하여 반복 연습을 시키는 방식으로 진행되고, 목표는 오직 점수, 석차 상승일 뿐이다.

자기 주도적 학습이 되지 않으면 아무리 비싼 사교육도 소용없다

많은 부모들이 아이를 학원에 보내면서도 정작 학원에서 무엇을 어떻게 배우는지는 알지 못한다. 아이가 학원 다니는 것을 싫어하지 않고 성적이 오르면 된다는 것이 부모들의 기준이다. 그래서 대부분의 학원들은 아이들이 견딜 수 있는 최대한으로 암기와 반복 훈련을 시킨다. 아무리 교육적으로 바람직한 프로그램이어도 성적이 오르지 않으면 부모들이 싫어하기 때문이다. 성적이 오르지 않는다며 수시로 다른 학원으로 옮기는 부모들이 있는 한 학원은 제대로 된 학습 서비스를 제공할 수 없다. 이것은 공교육, 사교육을 떠나 어떻게 학습하는 것이 효과적이고 바람직한가의 문제이기도 하다.

암기와 반복 훈련은 20세기에는 통했을지 모르지만 창의성이 강조되는 21세기에는 효과를 거둘 수 없다. 그래서 우리 교육도 6차 교육 과정 이후에는 구성주의 교육 철학에 바탕을 두고, 활동을 통해 스스로 원리를 깨치도록 설계되었다. 그런데도 대부분 학원은 아직도 영어 단어와 수학 공식을 외우고 유형별 문제 풀이라는 반복 학습에만 매달린다.

이렇게 된 근본적인 이유는 학교 교육에 있다. 21세기를 지향하는 교육 과정이 만들어졌지만 정작 교사들은 충분히 내용을 소화하지 못했기 때문이다. 그 결과 학교 수업과 시험은 과거의 방식을 벗어나지 못하고 있다. 시험 문제가 유형화될수록 요령만 가르쳐도 금방 성적을 올릴 수 있기 때문에 학원 입장에서는 좋을 수밖에 없다. 21세기 교육 과정이 20세기 학교에서 19세기 학원 학습에 의해 말라죽고 있는 것이다.

학습 방법에는 학교 수업과 사교육만 있는 것이 아니다. 혼자 하는 공부, 즉 자기 학습도 있다. 숙제를 하고 예습 복습을 하는 것은 모두 자기 학습이다. 자기 학습이 가능한 아이가 마지막에 웃는다는 이야기는 모든 교사와 부모와 강사들이 공감한다.

PISA 결과만 보아도, 자기 학습 시간이 많을수록 성적이 올라간 다는 사실을 알 수 있다. 실제로 OECD 국가 대부분이 자기 학습 시간에는 큰 차이가 없다. 서너 시간 공부할 때 생산성이 높지만 그보다 더 많은 시간을 한다고 해서 성적이 많이 오르는 것은 아니다. 그런데 우리나라는 다른 나라와 달리 자기 학습 시간이 많을수록 성적이 급격히 올라간다. 학원을 많이 다니는 만큼 학원 숙제를 하는 시간도 많은 까닭이 아닐까.

사교육과 자기 학습 중 어느 것이 더 효과적일까? 자기 학습이다. 많은 사람들이 공부는 스스로 하는 것, 자기 주도 학습이 더 좋은 방법이라 생각하듯이 사교육보다 자기 학습이 더 효과적이라는 사실은 PISA 평가에서도 나타난다.

사교육 시간과 자기 학습 시간을 조합해 수학 성적의 분포도를 살펴 보면, 자기 학습만 일곱 시간을 한 학생들의 평균은 609점이고, 사교육 일곱 시간과 자기 학습 한 시간을 한 학생들의 평균은 557점이다. 사교육 세 시간과 자기 학습 일곱 시간을 하는 경우는 평균이 625점으로 가장 높다. 사교육 시간의 두 배 정도를 자기 학습을 하는 데 투자하는 것이 효과적이라는 의미일 수도 있고 성적이 좋은 학생들은 학습 시간을 이렇게 분배하고 있다고 볼 수도 있다. 어떻게 보든 공부를 할 때 사교육을 어떻게 활용해야 하는지 지침이 될 만하다.

사교육 시간보다 자기 학습 시간이 많은 학생들의 성적이 높고, 반대의 경우는 전체 학습 시간이 같은 다른 조합에 비해 성적이 상당히 낮다는 점은, 충분한 자기 학습이 뒤따르지 않은 채 사교육을 받으면 효과적이지 못하다는 점을 분명히 보여 준다.

이렇듯 PISA 평가는 시험뿐만이 아니라 학생과 학부모, 학교에 대한 설문조사도 함께 실시해 교육 성과를 다각도로 진단하는 자료를 제공한다. 설문에는 부모의 학력, 재산 정도, 가정환경, 학습 방법, 학문에 대한 태도, 학교의 환경 등 다양한 내용이 포함되어 있어서, 배경 변인과 학업 성취도의 상관관계를 분석할 수도 있다.

우리도 지난 수년간 교육과정평가원이 실시한 학업 성취도 평가에서 PISA와 유사한 방식으로 설문조사를 실시했지만, 사교육 관련 문항이 빠져 있어서 사교육과 학업 성취도 간의 관계를 살펴 볼 수는 없었다. PISA 평가에서 학생들의 평소 성적을 함께 조사했거나 우리 학업 성취도 평가에서 사교육 항목을 조사했다면, 서로 다른 틀을 가진 PISA 성적과 학교 성적 사이의 상관관계도 파악할 수 있었을 것이다. 그런데 2008년부터는 기초 학력 진단 평가와 학업 성취도 평가가 소위 '일제고사' 형태로 실시되면서 배경 변인에 관한 설문이 없어졌다. 이제 학생들의 성적만 파악될 뿐 차이의 원인을 분석하고 연구할 기회조차 사라진 것이다.

예습은 OK, 선행 학습은 NO

한편, 사교육에서 가장 문제가 되는 것은 선행 학습이다. 2008년 사교육 실태 조사에서 일반 교과목의 사교육 수강 목적을 보면, 성적이 높은 학생일수록 학교 수업 보충보다는 진학 준비와 선행 학습을 위해 사교육을 받는 것으로 나타났다. 대학 진학률이 세계 최고이고 명문대 입학을 위한 경쟁이 극도로 치열한 현실에서 진학 준비를 위해 사교육을 많이 받는 것은 자연스러운 일이다. 사실 시험 문제 유출이나 커닝 같은 부정한 방법을 쓰지만 않는다면 경쟁이 치열한 것 자체는 문제가 되지 않을 수도 있다. 하지만 진학 준비의 방법으로 선행 학습이 활용되고, 사교육을 받는 이유 중 가장 많은 비중을 차지하고 있다는 것은 분명 심각한 문제이다.

선행 학습은 상위 학년에서 공부할 내용을 미리 공부하는 것을 말한다. 예습은 좋은 공부 방법인데, 왜 선행 학습은 문제가 되는가? 그 이유는 선행 학습이 더 빨리 학습하는 것이 아니라 더 많이 여러 번 공부하는 것에 불과하기 때문이다. 1년 선행 학습을 하는 초등학교 5학년 학생은 학교에서는 5학년 내용을, 학원이나 집에서는 6학년 내용을 공부한다. 6학년이 되면 학교에서 다시 6학년 내용을, 학원이나 집에서 중학교 1학년 내용을 공부한다. 같은 내용을 두 번 공부하니 성적은 높아지지만 학교 수업에는 흥미를 잃게 된다. 특목고 열풍으로 초등학생의 선행 학습이 더 많아진 최근에는 2, 3년 정도의 선행 학습은 필수라는 이야기도 흔히 듣는다.

물론 학습 능력이 뛰어난 학생들은 자기 학년보다 더 앞선 내용을 공부할 수 있도록 해 주는 것이 좋다. 학교 교과 과정은 학생들의 평균 학습 속도에 맞추어져 있고 모든 학생들이 필수적으로 알아야 하는 최소한의 것들로 채워져 있기 때문에, 우수한 학생들에게는 너무 느리고 지루하게 느껴질 수 있다. 그래서 영재 교육에서는 속진을 강조한다. 학습 능력이 뛰어난 아이들은 빨리 갈 수 있게 하자는 것이다.

월반을 하거나 상위 학년 과목을 수강하거나 상급 학교로 조기 진학하는 것도 속진의 한 방법이다. 우리나라에서도 과학고와 영재 학교에서 대학 과정 과목을 미리 수강하는 AP Advanced Placement 제도를 운영하고, 고교 과정인 영재 학교에 중학교 1학년생도 입학할 수 있게 하였다. 2004년 이후에는 모든 초, 중, 고등학교에서 월반과 조기 졸업이 가능하도록 제도를 바꾸는 등 속진을 장려하고 있다. 이론적으로는 초등학교에서 3년, 중학교 1년, 고등학교 1년 등 최대 5년을 월반해서 만 13세에 대학에 진학할 수 있다.

그런데 선행 학습은 많아지는 반면 월반이나 조기 졸업의 예는 찾아보기 힘들다. 상당수 학생들이 조기 졸업하는 과학고를 제외하면 일반 학교에서 월반하는 학생은 거의 없다. 왜일까? 월반을 하면 상급 학년 학생들과 공부하게 되는데, 그러면 선행 학습의 효과가 상쇄되기 때문이다. 상위 1퍼센트 안에 드는 학생이 1년 월반해서 상급 학년에서 5퍼센트 수준에 든다면 아주 우수한 학생이라 볼 수 있는데, 부모 입장에서는 그게 달갑지 않다. 1퍼센트 안에 들면 SKY 대학 진학이 가능하지만 5퍼센트는 어려운 까닭이다.

대학 입학이 일차 목표인 부모가 선택할 수 있는 최선의 방법은 상위 학년 과정을 미리 공부하되, 월반이나 조기 졸업은 하지 않고 제 학년 아이들 속에서 최상위권을 유지하는 것이다. 이것이 선행 학습의 본질이다. 그래서 초등학교나 중학교에서는 2, 3년씩 선행 학습을 하던 학생들도 고3이 되면 더 이상 선행 학습을 하지 않는다. 고등학교 과정은 이미 고1 이전에 선행 학습을 했으므로 재수생처럼 1년 내내 수능 준비에 매달린다.

결국 선행 학습은 고등학교 1학년까지는 엄청나게 빠른 속도로 많은 양을 공부하다가 1, 2년 동안 학습이 정지되는 부작용을 초래한다. 고등학교 과정을 배운 뒤에는 대학 과정으로 올라가야 하는데, 배우기를 중단하고 실력 다지기만 하는 것이다.

우수한 아이들은 선행 학습이 아닌 속진을 해야 한다

결과적으로 선행 학습은 공부에 지나치게 많은 시간과 노력을 들여 공부 이외의 다양한 활동을 할 수 있는 기회를 박탈할 뿐 아니라 학습 능력을 퇴화시켜 대학 입학 후의 학문적 성취를 어렵게 만들 수도 있다. 반복 학습을 많이 하면 할수록 성적이 올라가는 것은 당연하다. 모든 것이 시험으로 결정되는 시스템에서 이런 공부 방법을 선택하는 것이 단기적으로는 유리하다. 하지만 상급 학교로 갈수록, 학문이 깊어질수록 이런 공부는 통하지 않는다.

선행 학습으로 공부한 학생들이 대학에 들어가면 한계를 보인다. 선행 학습에 익숙해지면 새로운 지식을 배우는 힘은 오히려 줄어들기 때문이다. 대학교수들이 학생들의 능력이 갈수록 떨어진다고 하소연하는 이유도 이것이다. 입학 성적을 보면 실력이 더 나아진 것 같은데, 책을 읽고 토론하거나 글을 쓰는 것을 보면 전혀 다르다는 말이다. 물론 현재의 입시 제도가 '시험 벌레'에게 유리한 까닭이겠지만, 결국 잘못된 선행 학습의 피해는 내 아이에게 돌아간다.

선행 학습이 문제가 되는 또 하나의 이유는 배우는 것과 익히는 것이 전도된다는 것이다. 교사들이 교대나 사범대에서 배운 교수법은 처음 배우는 학생들에게 학습 내용을 지도하는 방법이지 이미 배운 학생들에게 보충 학습이나 연습을 시키는 방법이 아니다. 반대로 학원 강사는 보충 학습이나 연습에는 숙달되었지만 처음 배우는 학생을 위한 교수법을 전문적으로 배우지 않은 경우가 대부분이다. 그런데 선행 학습을 하게 되면 학원 강사에게 처음 배우게 되니, 학교 교사와 학원 강사의 역할이 전도된 상황을 초래하게 된다.

구성주의를 지향한 7차 교육 과정이 제대로 정착되지 못한 이유도 여기에 있다. 교과서에서는 처음 지식을 배울 때 다양한 활동을 통해 학생 스스로 이치를 발견하도록 활동 수업을 제시하고 있는데, 학원에서는 배운 내용을 잘 기억하는 요령을 가르치고 있으니 학교에서 제대로 수업을 진행할 수 없다. 학원에서 과거의 방식으로 이미 배워 버린 학생들을 데리고 활동 수업을 하는 것은 불가능하다.

선행 학습? 차라리 후진국으로 유학을 가라

그래서 핀란드나 스웨덴에서는 학습할 내용을 부모들이 미리 가르쳐 주지 말라고 주문한다. 미리 내용을 알고 있으면 수업에 집중할 수도 없고 산만해진다는 이유에서인데, 근본적으로는 스스로 지식을 습득할 수 있도록 가르치는 것은 교사의 전문 능력이라고 본다는 의미이다. 원리를 스스로 깨닫고 발견하게 해야 하는데, 전문 교사도 아닌 부모가 설명한 원리를 아이들이 그냥 기억해 버리면 제대로 학습할 수 없다는 말이다.

1, 2년 선행 학습이 예사인 우리 아이들은 어디서 어떻게 배우고 있는가? 계속 선행 학습을 고수한다면 '시험 벌레'가 될 뿐 창의력도, 배우는 힘도 기르지 못한다. 부모들은 예습과 복습이 공부의 기본이라고 생각하지만, 이제 생각을 바꾸어야 한다. 복습만으로도 충분하다. 선행 학습으로 올리는 성적은 진정한 실력도, 능력도 아니다. 선행 학습을 할 시간에 책을 읽고 운동을 하는 것이 낫다. 그래도 다른 아이들이 다 선행 학습을 하는데 내 아이만 뒤처질까 걱정된다면, 창의적 사고력을 길러 주는 학원이나 프로그램을 시키기를 권한다. 찾는 법은 간단하다. 교재나 수업 시간에 요령을 가르치는 비중이 적은 곳을 선택하면 된다.

어떤 문제든 스스로 해결하는 과정을 익히고 그렇게 해서 찾아낸 답은 내 아이의 가장 큰 재산이자 보물이다. 숨겨진 보물을 찾는 것은 즐거운 놀이이지만 보물이 어디 있는지 알려 주고 찾아오게 하는 것은 노동이다. 영화를 먼저 본 사람이 결말을 이야기해 주는 것과 마찬가지이다. 우리는 그렇게 공부했어도 아이를 그렇게 가르쳐서는 안 된다. 선행 학습이야말로 후진국으로 유학을 보내는 것과 마찬가지임을 명심해야 한다.

이제는 수월성 교육을 추구해야 할 때이다

공교육은 최소한의 교육을 책임져야 한다. 모든 학생이 사회 구성원으로 살아가는 데 필요한 최소한의 것들을 익힐 수 있도록 교육하는 것이 첫 번째 의무이다. 상급 학교에 진학해서 학업을 계속할 수 있도록 준비시키는 것은 두 번째 의무이다. 그러기 위해서는 고등교육을 이수하는 데 필요한 능력이 무엇인지 명확히 해야 한다. 그런데 필요한 능력이 무엇인지는 고민하지 않고 석차가 그 자리를 대신하고 있다.

사교육은 최대한의 교육을 지향한다. 최대한의 교육이 개인의 잠재력을 기준으로 하고 있다면, 사람마다 잠재력과 가능성이 다른 만큼 각자 최선을 다해 스스로 향상되는 것을 목표로 할 것이니 별 문제가 되지 않는다. 하지만 우리 사교육이 추구하는 결과는 석차로 나타나는 상대적 결과이다. 석차를 중시하고 강조하는 한 사교육은 기승을 부릴 수밖에 없다.

교사는 학생의 학업 외에도 교육의 다양한 목표를 고려해서 가르쳐야 한다. 하지만 학원 강사들은 어떻게 하면 석차를 올릴 수 있는지만 끊임없이 연구한다. 공교육은 일부 학생만을 위해 교육할 수 없다. 기초 학력 미달 학생과 최우수 학생을 함께 챙겨야 한다. 반면 사교육은 원하는 학생들만 가르칠 수 있다. 학생 수만 많다면 수준에 맞지 않는 학생들이 학원을 떠나도 부담이 없다. 적어도 석차로 나타나는 결과에 대해서는 공교육이 사교육을 따라잡을 수 없는 이유이다.

그래서 궁여지책처럼 나온 대안이 석차의 경계선을 흐릿하게 만드는 방법이다. 국제중학교나 자율형 사립고 선발 시험에서 추첨이 도입된 이유도 이 때문이다. 대학 입시를 자율화하고 입학 사정관 제도를 도입하는 취지도 같다. 등수가 아닌 지원자의 잠재력과 가능성을 보고 선발하도록 유도함으로써 석차에만 의존하는 시스템을 개선해 보고자 하는 것이다.

이제 교육 정책의 흐름이 보이는가? 일제고사를 통한 학교와 교원 평가, 고교 선택권 확대, 방과 후 학교 프로그램 확충 등 공교육을 강화하고 사교육비를 줄이기 위한 여러 정책들이 관심을 끌고 있지만, 모두 단기적인 처방에 불과하다. 이것들만으로 공교육이 바로 서지 못한다는 것을 정부도 알고 있다. 정부 정책의 핵심은 대학 입시에서 석차를 없애자는 것이다. 이것이 성공하면 고등학교까지의 교육은 자연스럽게 정상화될 수 있고, 우리 교육 또한 글로벌 스탠더드로 갈 수 있다.

공교육 정상화는 학교 교육이 '최대한의 교육'을 지향하는 방식으로 나아가야 한다. 단지 아이들에게 필요한 최소 수준만을 충족시키는 교육이 아닌, 인성, 학력 등 모든 면에서 모든 학생의 능력과 개성을 고려하여 잠재력을 최대한 발휘하도록 돕는 교육이 목표가 되어야 한다. 이것이 수월성 교육이다. 흔히 엘리트 교육으로 오해되기도 하지만 수월성 교육의 본래 뜻은 'Excellence for All', 즉 개인의 잠재력을 최대한으로 발현하도록 교육한다는 것이다.

지금까지는 오로지 시험 성적에만 매달렸지만, 앞으로의 교육은 다양성과 개성을 고려하는 최대한의 교육을 지향하게 될 것이다. 그래야 사교육도 최소한의 교육을 도와 준다는 사교육 본연의 역할에 충실할 수 있다. 핀란드나 스웨덴을 비롯한 교육 선진국들은 이미 그렇게 하고 있다. 내 아이도 이런 변화에 맞게 공부하도록 해야 한다.

만약 이 변화가 실패한다면, 그래서 지금과 별반 다르지 않은 교육이 계속된다면 어떻게 해야 할까? 우리 대학들은 세계에서 더 이상 경쟁할 수 없다고 보는 편이 나을 것이다. 그렇다면 국내에서 대학을 졸업해도 미래 사회의 주역이 되기 어려우니 결국 해외로 눈을 돌려야 한다. 지금 초등학생인 아이들은 영어로 의사소통하는 데 큰 장애는 없을 테니, 하루라도 빨리 유학을 가는 편이 차라리 나을 것이다.

13

내 아이의 최고 경쟁력은 '내 아이만의 스토리'이다

기업이 원하지 않는 스펙은 없느니만 못하다

요즘 취업 준비생들은 '스펙'에 목숨을 건 것 같다. 학점은 기본이고, 해외 어학연수, 토익이나 토플 같은 영어 인증 시험과 일본어 또는 중국어 같은 제2외국어 자격증, 이걸로도 부족해 각종 공모전 수상에 인턴 경험까지, 그야말로 억 소리가 절로 나온다.

그런데 이들 중 어학연수나 인턴 경험 등을 제외하고는 모두 시험으로 얻는 것들이고, 많은 사람들은 이것으로 자신의 가능성과 우수성을 증명할 수 있다고 생각한다.

물론 시험 성적이 본인의 성실성과 학업 능력을 반영하고 높은 석차가 상대적 우수성을 판단하는 기준이 될 수도 있다. 하지만 이런 시험은 시험으로 서열을 매기는 영역에서만 유효하다. 석차 또한 모든 학생들이 동일한 조건에서 학습했다는 전제가 성립되어야 비교하는 데 의미가 있다. 한 사람은 공부만 하고 다른 사람은 공부와 학생 활동을 병행했다면, 성적과 석차만으로 능력을 비교할 수는 없지 않은가?

많은 취업 준비생들이 스펙을 갖추고도 취업하지 못하는 이유는 기업이 찾는 인재의 진짜 스펙을 모르기 때문이다. 학교와 기업은 평가하는 기준이 다르다. 학교에서는 전 과목을 합산해 평균 점수가 높은 사람이 1등을 차지하지만 기업에서는 과목별 1등이 수석이 되는 일이 허다하다. 기업은 많은 사람들이 모여 조직적으로 일을 하는 곳이기 때문에, 전 과목 평균 1등보다 과목별 1등들의 역량을 모으는 것이 훨씬 유리하다. 일을 하는데 필요한 능력만 갖추었다면 나머지 조건은 개의치 않는 것이 기업이다.

토익 만점을 받고도 취업이 되지 않는다고 울상이지만, 엄밀히 말하자면 토익 성적과 취업은 별 관계가 없다. 영어 능력이 필요하면 기업은 영어 면접을 실시한다. 일반 면접과 마찬가지로 어떤 질문이나 상황을 주고 얼마나 잘 이해하고, 적절히 대응하는지 본다. 면접에서 토익 시험에 나올 내용을 물을 기업은 없다. 한국어 능력 시험에서 높은 성적을 받았다고 우리말 면접에서 좋은 평가를 받는 것이 아니지 않은가?

취업 준비생이 면접관에게 자신의 가능성을 보여 주고 확신을 가지게 하는 것은 일종의 마케팅이다. 좋은 상품을 만들면 팔릴 것이라고 생각하면 오산이다. 어느 개그맨의 유행어처럼 '그건 니 생각일 뿐이고', 소비자가 원하는 상품을 만들어야 팔린다. 이것이 마케팅이다.

자동차를 예로 들면, 소비자들이 배기량이 크고 힘이 좋은 차를 원하는지, 연비가 좋은 차를 원하는지, 소음이 적은 차를 원하는지를 먼저 파악해야 하는 것과 동일하다. 제조업체가 생각하는 좋은 차와 소비자가 사고 싶은 차가 같다는 보장은 없다. 좋은 차의 기준은 소비자마다, 시대마다 달라진다. 소비자의 심리와 시장의 흐름을 꿰뚫어야 어떤 차를 만들지도 결정할 수 있다.

'합격할 수밖에 없는 이유'를 만들어라

최근 관심을 끌고 있는 마케팅 기법 중에 스토리텔링 마케팅이 있다. 주로 기업 이미지나 브랜드 홍보에서 많이 활용되는데, 기업이나 브랜드에 담긴 스토리를 통해 소비자에게 감동을 주면 성공한다는 것이다. 월트 디즈니가 디즈니랜드를 만들면서 가졌던 꿈이 지금도 소비자들을 끌어들이고 있는 것은 좋은 예이다. 우리나라에서도 최근의 광고들은 드라마처럼 보일 정도로 스토리를 담고 있다. 소비자는 해당 상품을 구입하면서 그 스토리에 공감하고 만족한다.

내용은 다르지만, 모든 광고의 스토리에는 공통점이 있다. 단점이 없음을 말하지 않고, 사야 하는 이유만 강조하는 것이다. 기업에 지원할 때도 그렇게 해야 한다. 입사지원서부터 최종 면접까지 모든 전형 과정은 떨어질 이유가 없음을 확인하는 것이 아니라 합격시킬 이유를 찾는 과정이라고 생각해야 한다. 자신이 살아온 경험과 쌓은 능력을 하나의 스토리로 설명해서 인사 담당자가 공감하게 만드는 것이 취업의 성공 비결이다.

대학도 마찬가지이다. 원하는 대학에 들어가려면 그 대학에서 찾는 인재의 조건에 맞추어 준비해야 한다. 내신으로 뽑으면 내신 성적을 올려야 하고, 수능으로 뽑으면 수능 공부를 해야 한다. 그렇다면 지금 초등학생인 아이들이 대학에 들어갈 10년 뒤에 대학들이 어떤 인재를 원하고, 어떤 기준으로 선발할까?

구체적인 전형 방법은 그때가 되어야 알 수 있겠지만 전반적인 흐름은 예상할 수 있다. 미국을 비롯한 선진국의 명문대들이 선발하는 방식을 따라갈 것이다. 미래의 대학은 수능을 포함한 각종 시험 성적은 수학능력을 확인하는 자격 정도로 참고하고, 에세이와 면접을 통해 가능성과 잠재력을 기준으로 선발하는 방향으로 변할 것이다.

외국 대학이 거의 필수로 에세이를 요구하는 것은 이러한 인재를 판별하는 데 에세이가 유용하기 때문이다. 독창적인 에세이를 써서 미국 대학에 합격했다는 이야기는 많다. 어떤 학생은 초등학생 시절 그 대학을 방문했던 사진을 첨부해 그 대학만을 꿈꾸며 공부했다는 이야기를 써서 합격했다고 한다. 입학 사정관의 마음을 움직일 만큼 감동적이다. 그런데 그 학생은 미국 여행 당시 그 대학만 방문한 것이 아니라, 방문한 대학마다 정문에서 기념 사진을 찍었다고 한다. 부모가 선견지명을 가진 것이라고 봐야 할 것 같다.

1980년대에 대학을 다니고 미국 대학원에 지원했던 한 학생은 졸업 학점이 그 대학원의 입학 기준에 못 미쳤는데, 당시 한국이 민주주의의 위기를 맞고 있었기 때문에 그런 상황에서 단순히 좋은 학점을 따기 위해 공부하는 것은 지식인으로서의 역할을 다하지 않는 무책임한 것이었다고 주장하는 에세이를 써서 합격했다고 한다. 물론 그 학생이 학생 운동 때문에 공부를 하지 않았는지, 노느라 하지 않은 것인지는 확인할 길이 없다.

이러한 성공 사례가 알려질 때마다 같은 방법으로 에세이를 쓰는 학생들이 나타난다. 하지만 이미 독창성을 상실한 뒤이니 합격하기가 어렵다. 그렇게 쓴 에세이가 자기 것밖에 없을 가능성은 거의 없지 않겠는가? 명문대학들이 기대하는 좋은 에세이는 독창적이고 구체적인 경험이 뒷받침되는 스토리인데, 자신만의 경험이 녹아 있지 않으면 그런 독창적인 에세이를 쓸 수 없다.

만들어 낸 에세이는 들통 날 수밖에 없다

유학을 준비하는 우리 학생들은 대체로 에세이를 쓰는 것이 가장 어렵다고 말한다. 공부한 것 외에는 쓸 것이 없으니 그럴 수밖에 없다. 그래서 유학 전문 학원에서 자신의 경험을 과장하는 방법을 배운다. 그렇게 에세이를 쓰면 합격할까? 에세이만으로 심사하는 경우에는 모르겠지만 면접을 하면 거짓말이나 과장은 바로 드러나게 마련이다.

대안 학교이면서도 서울대 합격자를 다수 배출해서 새로운 '입시 명문'이 된 이우학교의 예를 보자. 이우학교는 부모의 자기소개서와 면접으로 학생들을 선발하는데, 한때 강남의 학원가에 자기소개서 쓰는 법을 가르치는 학원이 생긴 적이 있지만 이렇게 쓴 자기소개서를 제출한 사람은 모두 떨어졌다고 한다. 이우학교 정광필 교장의 말처럼 "입학 사정관들이 비록 귀신은 아니지만 글과 말에 그 사람 자신이 들어 있는지 알아볼 수 있는 능력은 갖춘" 사람이기 때문이다.

미래의 대학이 선호하는 학생은 자기만의 이야기, 즉 스토리를 가진 학생이다. 어떤 대학, 학과에 지원할 때 대학이 묻는 것은 단 두 가지이다. 공부를 잘할 수 있는지, 그렇게 공부해서 무엇을 하고 싶은지이다. 예전에는 공부를 잘할 수 있는지를 보고 선발했다면 앞으로는 그렇게 공부해서 무엇을 하고 싶은지를 많이 고려하게 될 것이다. 학생 본인이 가지고 있는 생각과 꿈, 그리고 이 대학, 이 학과를 선택한 이유와 그 경위를 독창적으로 설명하기란 절대 쉬운 일이 아니다.

취업 준비생들은 수십 개 기업에 입사지원서를 제출하면서 '오래전부터 이 회사에 관심이 많았고, 입사하면 그야말로 뼈가 부서지는 각오로 열심히 일할 것'이라고 쓴다. 지금의 심정과 각오는 충분히 담겼지만, 얼마나 관심이 많았고 지금의 마음이 얼마나 유지될지는 면접에서 몇 가지 질문만 던져 보면 실체가 바로 드러난다.

대학도 마찬가지이다. 사실 고등학교를 갓 졸업하는 학생이 할 수 있는 경험의 폭은 무척 좁다. 특히 우리나라에서는 공부 이외의 경험을 묻는다는 것이 비상식적일 수도 있다. 하지만 지금 초등학생인 아이들이 대학에 진학할 때에는 분명 그렇게 물을 것이고 그에 답해야 한다. 지금처럼 모든 것을 젖혀 두고 공부만 한다면 오히려 불리해질 것이다.

세상에 단 하나, 내 아이만의 스토리 만들기

그러면 어떤 준비를 해야 할까? 내 아이 '만의' 스토리를 만들어 주어야 한다. 부모가 미리 자녀의 대학 입학 에세이를 쓴다고 상상해 보라. 아이의 능력과 소양을 보여 줄 수 있는 자기소개서라고 생각하면 된다.

에세이는 학생 스스로 나는 어떤 사람이라고 소개하는 것으로 시작한다. 어떤 환경에서 나서 자랐고, 어떤 경험을 했고, 그래서 현재는 어떤 가치관과 꿈을 가졌는지 쓰는 것이다. 외국 대학의 입학 사정관들이 가장 중요하게 보는 것은 난관을 이겨 낸 경험인데, 가장 힘들고 어려웠던 상황과 그것을 극복한 과정을 보여 달라는 것이다. 어려움을 이겨 낸 과정은 그 자체로 스토리가 되고, 그렇게 형성된 가치관과 꿈은 발전의 원동력이 된다고 믿는 까닭이다. 하지만 일부러 아이에게 고행을 시킬 수는 없는 노릇이니 무엇을 가장 중요하게 생각하고 왜 그렇게 생각하게 되었는지 계기가 될 만한 경험 하나쯤은 만들어 주어야 한다.

그리고 그 경험을 활동과 사건으로 밝혀야 한다. 학교, 학원 다니고 집에서 공부한 기억밖에 없는 아이라면 당연히 쓸 것이 없다. 요즘 학생들이 쓸 수 있는 것도 책 읽은 이야기와 초등학교 시절 배운 예체능 사교육 경험이 전부이다. 음악, 미술 이야기도 음악을 좋아해서 주말마다 연주회를 갔다거나 우리나라의 모든 미술관과 박물관을 방문했다든지 하는 정도가 되어야 이야깃거리가 된다.

미국 고등학생들에게는 운동부에서 학교 대표로 뛰었거나 주장을 맡았다는 것들이 중요한 소재이고, 학생 활동이나 봉사 활동도 빠지지 않는다. 물론 성적은 우수하게 유지하면서 말이다. 부모들은 아이들이 만화책에 빠지는 것을 걱정하지만 만화가 너무 좋아서 5,000권 이상 읽고 작품과 작가를 꿰고 있는 수준이라면 역시 이야깃거리가 될 수 있다.

이처럼 초등학교 시절의 경험은 쓸모가 많다. 다양한 경험도 좋지만 어느 정도의 깊이를 가진 경험이라면 더욱 좋다. 백화점에서 하는 교양강좌처럼 몇 달 배운 얕은 경험이 아니라 자신의 가치관에 영향을 줄 정도로 깊은 경험을 가졌다면 자신의 가능성과 잠재력을 입증할 수 있는 도구가 된다. 도시에 사는 학생이 시골에서 1, 2년 살았다거나, 해외에서 체류하는 것도 좋은 경험이다. 선진국 학생들이 교환학생 프로그램에 참여하는 것도 같은 이유이다. 특히 불편한 곳에서의 경험일수록 유리하다. 최근 미국에서 높게 평가한다는 아프리카 오지 봉사 활동처럼 말이다.

하지만 그렇다고 너도나도 아프리카로 간다면 의미가 없다. 어떤 광고가 인기를 끌었다고 경쟁업체가 비슷한 광고를 내면 효과가 없는 것처럼 말이다. 지금도 중, 고등학생들은 봉사 활동 점수를 받기 위해 동사무소나 각종 보호 시설에서 봉사 활동 확인서를 받는다. 내신 점수로 표시되는 봉사 경험은 그렇게 때울 수도 있다. 하지만 자신만의 독창적인 무언가를 만들려면 어린 시절부터 관심 있는 분야를 많이 경험하게 해야 한다.

현명한 부모는 성적표가 아닌 포트폴리오에 목숨 건다

여러 학문과 직업을 접한 아이일수록 자신의 진로를 구체적으로 정할 수 있다. 과학자가 되고 싶은 아이가 우리나라 최초로 인공위성을 쏘아 올린 나로 우주센터를 방문해서 발사 장면을 보았다면, 희망 진로가 훨씬 구체적이고 강력해질 것이다. 그러면 그 아이는 독서, 특별 활동, 학교 외 프로그램, 심지어 텔레비전 프로그램까지 우주 공학과 관련한 것들에 더 관심을 가질 것이다. 이런 시간과 경험들이 아이가 대학에 가고 사회로 진출할 때 가장 유용한 자산이 된다.

일단 열심히 공부해서 성적만 잘 받아 두면 마음대로 대학을 고를 수 있을 거라고 생각해서는 안 된다. 지금까지는 그랬지만 앞으로 10년 후에는 분명히 달라진다. 다양한 학문과 직업을 접할 기회를 많이 제공해야 한다. 그리고 그 경험을 기록해 두어야 한다. 직장에서 경력 증명서를 요구하듯이 아이의 경험도 기록으로 남겨 두어야 포트폴리오로 활용할 수 있다.

일기를 써도 잡다한 일상을 적는 것이 아니라 아이가 좋아하는 주제에 집중해서 적도록 하는 것이 좋다. 독서, 음악, 미술도 좋고 만화책도 상관없다. 아프리카 봉사 활동도 좋고 시골 생활 체험도 좋다. 새와 곤충도 주제가 될 수 있다. 1, 2년 단위로 묶어 별도의 제목을 붙일 수 있도록 만들면 금상첨화이다. 어떤 기록이든 아이들이 살아 온 과정을 보여 줄 수 있는 기록이 있다면 성적표보다는 훨씬 유용한 증거가 된다. 부모가 아이를 관찰한 기록을 적는 것도 좋은 방법이다.

자녀가 창의적인 인재로 자라길 바란다면 부모가 먼저 창의적으로 아이의 스토리를 계발해 주어야 한다. 아이를 성숙시킬 기회를 만들어 주고, 아이가 좋아하는 일에 몰두할 수 있는 시간을 주어야 한다. 그렇다고 초등학교 공부가 중요하지 않다는 것은 아니다. 다만 성적에만 매달려 시간을 쓸 필요가 없다는 말이다. 적어도 초등학교 때에는 아이에게 다양한 경험을 쌓게 하는 것이 현명한 부모가 할 일이다.

초등학생 시절만큼은 아이 마음대로 하게 내버려 두어라

사회가 다원화될수록 학문과 직업도 복잡해진다. 조선 시대에는 과거 급제가 유일한 출세의 길이었고, 지금까지는 SKY 대학에 들어가 의사나 법조인이 되는 것이 성공의 척도였다. 하지만 20년~30년 후에는 분명 달라진다. 부모가 알고 있는, 또는 상상하는 것 이상으로 새롭고 다양한 직업의 세계가 열릴 것이다. 아이가 성인이 되었을 때 '이럴 줄 알았다면 그렇게 가르치지는 않았을 텐데'라며 후회하거나 '이렇게 되리라고는 상상도 못했다'라며 변명하는 부모가 될 생각이 아니라면 아이의 잠재력을 믿고 기다려 주자.

이제 사회는 명품의 시대에서 동대문의 시대로 가고 있다. 명품은 좋은 재료로 잘 만들어져서가 아니라, 희소하기 때문에 가치가 있다. 대부분 명품이 손수 제작하여 소량 생산하는 이유가 그것이다. 하지만 동대문 시장 상품은 다르다. 브랜드 가치가 아니라 사용 가치를 인정받으면 된다. 남과 다르다는 것을 보여 주지 않으면 살아남을 수 없다. 명품과 달리 브랜드가 없어도 보기 좋고 잘 어울리면 그만이다.

아이들은 자신만의 개성을 찾고 싶어 하는데, 부모들이 자기 자녀가 남과 다른 것을 참지 못하는 경우가 많다. 다른 아이들처럼 열심히 학원에 다니고 공부해야만 만족하는 것이다. 하지만 이런 욕심을 자제하지 않으면 아이의 미래는 어디서도 찾을 수 없다. 적어도 초등학교 시절 동안만이라도 아이가 하고 싶은 것을 하도록 두면 된다.

14

남다른 아이에겐
남다른 교육을 시켜라

학급당 학생 수, 아직도 더 줄여야 한다

중학생이 분수 덧셈과 뺄셈을 배우면 너무 쉽다고 생각하겠지만 초등학교 3학년 학생에게는 어렵게 느껴질 것이다. 4학년 때 배우는 내용이니 당연하다. 사실 같은 4학년에서도 학생들 간의 차이는 제법 크지만, 학교 진도는 평균 수준의 아이들에게 맞춰져 있기 때문에 모든 학생들을 만족시킬 수는 없다.

그래서 일부에서는 수준별 학습이나 반 편성이 필요하다는 주장을 제시한다. 물론 여기에 반대하는 의견도 만만치 않다. 우열반에 들어가기 위한 경쟁이 치열해지거나 열등반에 들어가는 학생들이 의욕을 상실할 가능성이 있기 때문이다.

그렇다면 수업을 따라가지 못해도 표준화된 수업을 들으면 아이들이 나아질까? 그렇지는 않다. 어떻게 공부하든 각자의 수준에 맞게 공부해야 성과가 좋아진다. 우리는 학생들을 수준별로 나누어 수업하는 것이 수준별 학습이라고 생각하지만, 핀란드에서는 수준별 반 편성을 금지하고도 수준별 학습을 한다. 함께 공부하든 수준별로 반을 나누든, 학생의 수준에 맞게 가르쳐야 한다는 것은 교육의 기본 원칙이고 지향점이다.

이 원칙을 지키려면 학생 수가 적어야 한다. 학생이 많으면 교사가 학생 하나하나의 수준을 고려해서 수업을 하기는 어렵다. 그래서 정부는 과밀 학급 해소를 최우선 과제로 삼아 이른바 콩나물 교실을 없애기 위해 학교와 교사를 늘렸다. 그 결과 1970년에 60명~65명이던 학급당 학생 수가 2008년에는 30명~35명으로 줄었다. 초등학교는 30명 수준까지 내려갔지만 여전히 OECD 국가 중에는 가장 많고, 평균인 21.4명 수준에는 크게 못 미친다.

우리와 달라도 너무 다른 '핀란드식 수준별 학습'

각자의 수준에 맞게 가르친다는 것은 무엇인가? 공교육의 모범이라 불리는 핀란드에서는 과목별로 10점 만점인 성적표를 받지만 석차는 표시하지 않는다. 수학 수업을 보자. 개념을 배우는 수업은 함께하지만 연습 문제는 각자 수준에 맞는 것을 푼다. 연습 문제는 10단계로 구분되어 있는데, 어떤 학생은 2단계를, 어떤 학생은 8단계를 푼다. 모르는 것이 나오면 교사에게 질문하고, 다 풀면 다음 단계의 문제를 푼다. 누가 더 높은 단계를 푸는지는 상관하지 않고, 자기가 받은 문제를 다 풀면 잘한 것이다. 학생들은 각자 자기가 받은 문제를 열심히 풀고, 간혹 잘하는 학생들이 못 하는 학생들을 도와 주기도 한다. 최소한의 학습 목표 수준이 있어서 모두 이 수준은 넘는다. 10단계까지 다 푼 학생들은 다음 학기에 상위 과정의 수업을 듣고, 낮은 수준의 문제를 푼 학생들은 보충 학습을 받는다.

남과 비교하지 않으니 학생들은 수업이 즐겁고, 학습으로 인한 스트레스도 없다. 장애를 가진 학생도 일반 학생과 같은 교실에서 배우는 것이 원칙이다. 몸이 불편해 도움이 필요한 학생에게는 전담 보조 교사가 붙어 학교에서 지내는 동안 함께 다닌다. 이것이 수준별 맞춤형 학습이고 교육 기회의 평등이다. 핀란드 교육에 온 세계가 관심을 가지는 이유가 느껴지는가? 각자의 특성과 개성을 고려해서 가르치는 것은 수준별 학급이나 학교를 편성한다고 되는 것은 아니다. 상, 중, 하로 나누어 교육하면 구분하지 않는 것보다 조금은 나을 수도 있지만, 근본적인 대책이라고 할 수는 없다.

학교를 마음대로 선택해도 학교 간 격차를 없앨 수 있다

학교별 차이는 어떨까? 2004년 방한했던 OECD의 베르나르 위고니에르 교육 부국장은 PISA 2003의 결과를 토대로 "한국은 다른 나라보다 학교 내의 성취도 격차는 크지 않지만 학교 간 격차는 매우 큰데, 학교 내에서의 격차는 있어도 학교 간 격차는 없는 것이 바람직하다"라고 말했다. PISA 평가는 고등학교 1학년생을 대상으로 한 조사여서 이 평가에서 학교 간 격차가 크게 나타났다는 것은 이미 고교 평준화가 무력화되었다는 의미로 해석된다.

우리가 30년 동안 학생을 강제로 배정해 평준화한 것을 의미하는 말은 아니다. 핀란드처럼 학생의 선택권을 인정하되, 선호도가 낮은 학교에 대한 지원을 강화해 결과적으로 균등한 교육 기회를 제공해야 한다는 의미이다. 대부분 선진국은 이러한 교육 목표와 원칙에 사회적 합의를 이루고 있으며, 이 원칙과 견해를 달리하는 사람들은 여러 형태의 대안 교육으로 자기 비전을 실현해 간다. 이들 국가가 교육에서 논쟁이 벌이는 것은 단지 현재 교육이 합의된 목표를 향해 가고 있는지에 관해서이며, 정책이 달라지는 것도 구체적인 실행 계획과 우선순위가 무엇인가 하는 점뿐이다.

누구에게나 평등한 교육 기회를 제공하고 인류 보편의 가치를 공유하고 실천할 수 있도록 소양을 키우는 것, 그래서 학생들이 미래 사회에서 살아갈 수 있는 준비를 충분히 시켜야 한다는 것, 교사와 학교, 제도를 끊임없이 개선하여 시스템을 유지하고 발전시켜야 한다는 것 등이 선진국에서 합의하는 교육의 목표와 원칙이다. 장애아나 학습 부진 아동에 대한 지원, 소수 민족의 교육 지원, 영재 교육 강화 또는 금지, 공공 도서관의 확충, 과학 교육 강화, 인문 교육과 통합 교육의 확대와 같은 구체적인 계획을 두고 우선순위와 실행 방법을 원칙에 맞추어 고민하는 것이다. 우리나라도 선진국이 되려면 이렇게 해야 하고 또 이렇게 갈 것이라 기대한다.

아이의 학습 능력을 배려해야 한다

두 자녀를 똑같은 방식으로 가르치는 부모는 없다. 아이 각자의 능력을 최대로 키워 주는 것이 모든 부모가 희망하는 교육이자, 전 세계 교육자들이 모두 동의하는 교육 원칙이기도 하다. 'Excellence for All' 저마다의 잠재력을 극대화하기 위해 개인에게 가장 적합한 방법을 선택해 수월성 교육을 실시하는 것이, 지금 전 세계 교육계가 추구하는 방향이다.

문제는 아이들의 능력과 학습 특성을 알기 어렵고, 또 그것이 고정되어 있는 것이 아니어서 수시로 달라진다는 데 있다. 그러면 어떻게 학습 능력과 특성을 알 수 있을까? 신뢰할 수 있는 객관적 평가나 진단 방법은 아직 없고, 머지않아 등장하리라 기대하기도 어렵다. 지능 검사나 적성 검사, 행동 특성 검사가 어느 정도 참고가 될 수는 있지만 그것만으로 판단하기엔 역부족이다.

가장 근사한 방법은 부모와 교사가 관심을 가지고 아이의 학습 과정을 관찰하고, 성과를 살피는 것이다. 학원 강사들도 아이들을 가르치다 보면 학습 속도가 빠르고 느린 차이를 느낄 수 있다. 자기 자녀를 담당하는 교사와 강사의 의견을 듣고 그에 따라 학습량과 진도를 조절해 주는 것으로 충분히 수월성 교육을 할 수 있다. 더 높은 석차를 원하는 부모의 욕망이 아이의 학습 속도와 무관하게 최대한의 학습으로 몰고 있어서 잘 되지 않을 뿐이다. 빨리 가는 것보다 멀리 가는 것이 중요하다고 생각하는 부모라면 아이의 학습량과 성적보다는 학습 속도, 즉 학습 능력에 관심을 두어야 한다.

원칙으로 말하자면 같은 조건에서 수업을 들을 때 다른 학생들보다 빨리 이해하면 평균 수준보다 능력이 뛰어난 것이고, 그렇지 않으면 낮은 것이다. 아이가 일반 교과 과정과 적당히 비슷하다면 고민할 필요가 없지만 빠르거나 느릴 때는 어떻게 해야 할까? 당연히 제 속도에 맞추어 공부하도록 배려해야 한다.

심화 학습은 학교 수업 수준으로, 보충 학습은 충분히

먼저 생각할 수 있는 방법은 심화와 보충 학습이다. 속도가 빠르면 심화 학습을 통해 학습에 흥미를 유지하도록 하고, 느리면 보충 학습을 시켜서 학습 내용을 따라갈 수 있게 하면 된다. 어느 정도의 심화, 보충 학습으로 수업을 지루하거나 답답하게 여기지 않게 되면 별 문제가 없다. 절대적인 기준은 아니지만 교과 학습에서 보자면 국가가 주관하는 학업 성취도 평가에서 '기초 학력 미달' 수준으로 나오는 학생들은 보충 학습이 필요하다고 생각하면 된다. 별다른 준비를 하지 않고도 시험에서 90점 이상을 받았다면 심화 학습을 시키는 것이 좋다. 보충 학습을 시킨다면 다소 많은 시간을 할애해도 상관없다. 목표는 '보통 학력 이상' 수준에 도달하는 것이다. 여기서 말하는 보통 학력이란 평균적인 학생의 학력이 아닌 학교 교육의 최소 목표 수준임을 명심해야 한다. 하지만 심화 학습은 시간을 적당히 배분하는 것이 좋다. 통상 학교 수업 시간을 기준으로 삼으면 되는데, 여기에는 숙제를 하는 시간도 포함해야 한다. 예를 들어 수학 수업이 주당 세 시간이라면 숙제하는 시간을 빼고 주당 세 시간

정도 하면 된다는 말이다. 사교육을 받더라도 사교육과 자기 학습 시간 비율이 1 : 2일 때 효과가 가장 높으므로 한 시간 사교육을 받았다면 두 시간은 자기 학습을 하는 것이 좋다. 공부 시간을 늘리더라도 수업 시간의 두 배를 넘어서는 것은 아이의 학습 능력을 떨어뜨릴 수 있으므로 피해야 한다.

부모 입장에서 자녀가 전 과목에서 만점을 받고 전교 1등이 된다면 참으로 반갑고 기쁜 일이겠지만 그것만을 위해 모든 시간을 공부에만 전념하게 하는 것은 자녀의 미래를 망칠 수도 있다. 대학과 기업은 과거의 성적이 아니라 앞으로의 가능성이 높은 인재를 원한다. 초등학교부터 고등학교까지 전교 1등을 놓치지 않은 학생이 운동도 잘하고 책도 많이 읽고 음악도 전문가 수준이라는 엄친아는 현실에 존재하지 않는다. 자녀가 그렇게 되기를 꿈꾸어서도 안 된다. 인재 육성의 중요성은 분명 강조해야겠지만 학문, 기업, 문화예술 등 그 어느 영역을 살펴 보아도 한 사람이 모든 것을 잘 하는 경우는 없다.

영재 교육, 제대로 알자

영재 교육이란 무엇인가? 영재Gifted and talented children란, 천부적으로 아주 뛰어난 재능을 가진 소수의 아동을 말한다. 영재, 특히 일반 학생보다 학습 능력이 월등히 뛰어난 영재들은 성인이 되었을 때 뛰어난 성과를 만들어 낼 가능성이 매우 크다. 영재들은 일반 학생과는 다르므로 교육 또한 다른 방식으로 시켜야 한다는 것이 영재 교육의 핵심이다.

영재를 일반 학교에서 일반 아이들과 동일하게 가르치면 잠재력을 제대로 발휘하지 못하는 경우가 많다. 또한 표준 교육에 제대로 적응하지 못하는 영재도 많아서, 영재 교육은 특수 교육의 성격도 띠고 있다. 초기 교육 심리학 연구자들이 영재 교육을 많이 연구한 이유이기도 하다.

일반 학교 교육에 대해서는 전 세계가 대체로 같은 방향을 보이는 반면, 영재 교육은 나라마다 조금씩 시각을 달리하고 있다. 미국은 영재 교육을 선도하면서 점차 확대하고 있고 한국을 포함해 상당수 국가들이 이를 따르고 있는 반면, 유럽 국가들은 영재 교육을 조심스럽게 보고 소극적으로 대응한다. 핀란드는 아예 별도의 영재 교육을 하지 않는다.

그렇다면 영재 교육이 대체 무엇인지, 선행 학습이나 속진과 어떻게 다른지 살펴 보자. 초창기에는 지능이 높은 아이를 영재라 정의하고, 아이큐가 높은 아이를 영재로 판별했다. 따라서 당시의 영재 교육은 이들이 표준 교과 과정보다 더 빨리 학습할 수 있도록 월반을 시켜 상급 학교에 조기 진학시키는 방식으로 이루어졌다. 이런 아이들 중에는 보통 아이들에 비해 5년 이상 진도가 빨라서 초등학생이 대학생과 같은 수준을 갖춘 경우도 많은데, 이들이 일반 학급에서 공부하면 학업에 흥미를 잃거나 불안정한 정서를 보일 수 있기 때문에 따로 특별 교육을 시켜야 한다는 것이 영재 교육의 근거였다.

하지만 시간이 지나면서 다른 주장이 등장하기 시작했다. 지능이 높다고 모두 학문적으로 탁월한 성과를 내는 것도 아니고, 지능과 학업의 상관관계도 그리 높지 않은 것으로 나타난 것이다. 상급 학교로의 조기 진학이 학문적 성취를 높이는 것이 아니라는 연구 결과가 발표되면서 영재의 범위는 수학이나 과학 같은 학문 영역에서 예체능 영역까지 확대되었고, 판별법도 다양해졌다.

미국의 경우 전통적인 지능 검사 외에도 창의성 검사, 교사, 학부모, 심지어 학생 본인의 추천으로도 영재 교육 대상이 될 수 있도록 선발 방법이 확대되고 있다. 초기의 영재 교육에서는 능력에 따라 영재들만을 위한 학급을 별도로 편성하는 분리형 영재 교육이 당연하게 받아들여졌지만 최근에는 수준이 다른 아이들이 함께 모여 있는 학급에서 학업 성취도가 더 높다는 연구 결과가 나오고 있다. 분리형 영재 교육을 금하고 있는 핀란드가 이런 입장을 견지하고 있다.

영재들은 '하나를 가르치면 열을 안다'라는 말처럼 학습 속도가 엄청나게 빠르다. 일반적인 교과 과정과 교수법은 당연히 맞지 않는다. 따라서 지금까지 시행되어 온 영재 교육은 스스로 원리를 터득할 수 있도록 다양한 자극을 주고 직접 체험하게 하면 혼자 힘으로도 아주 높은 수준의 학습을 쉽게 해낼 수 있다는 이론에 기초했다. 그런데 1990년대를 지나면서 전 세계적으로 구성주의 교육이 확산되고, 스스로 원리를 깨우치는 구성주의적 학습법을 지향하는 방향으로 바뀌면서 영재 교육과 일반 교육의 방법에 별 차이가 없게 되었다. 영재 교육의 성격이 특수 교육에서 수월성 교육으로 변화하고 있다는 의미이다. 초기 영재 교육은 에디슨이나 아인슈타인처럼 일반 학교에서 수용하지 못했던 천재들을 위해 실시되었으나, 최근에는 뛰어난 인재를 양성하는 데 목적을 두고 있다는 점을 강조하고 있다.

학습 능력이 매우 뛰어나서 심화 학습도 지루하다고 생각하는 아이들은 영재 교육을 받는 것이 좋다. 학교, 교육청, 그리고 일부 대학에서 운영하고 있는 영재 교육원을 활용하면 좀 더 높은 수준의 심화 학습을 받을 수 있다. 상위 학년의 내용도 잘 소화한다면 월반 등의 방법으로 속진을 시키는 것이 좋다. 이처럼 아이의 학습 속도에 맞추어 새로운 내용을 공부하도록 하는 것이 수월성 교육이다. 속진할 수 있는 아이를 제 학년에 붙들어 두는 것은 개인적으로도 사회적으로도 손실이다.

속진을 시키는 데 일정한 기준이 있는 것은 아니지만 상위 2학년 정도 학습을 따라갈 수 있다면 월반을 하는 것이 좋다. 1년 정도 빠르다면 속진보다는 공부 시간을 줄이고 독서나 운동, 취미 활동 시간을 늘리는 것이 좋다. 앞에서도 말했지만 선행 학습은 속진이 아니다. 선행 학습을 하면 학교 수업은 계속 지루하고 재미없는 것이 되고, 모든 내용을 두 번씩 배우는 비생산적인 학습 습관만 고착화된다. 2년 이상의 선행 학습을 하면서 속진하지 않는 것은 시속 300킬로미터로 달릴 수 있는 승용차를 꽉 막힌 도심에서 시속 20~30킬로미터로 몰고 다니는 것과 같다. 계속 그렇게 운행하다간 엔진 성능이 떨어져 200킬로미터도 낼 수 없는 일반 승용차와 마찬가지가 된다.

속도 제한이 없기로 유명한 독일의 아우토반에서는 모든 차가 자기 속도에 맞는 차로를 선택해서 달린다. 빠른 차는 빨리 가고 느린 차는 천천히 가면 된다. 교육도 마찬가지이다. 빨리 가는 것보다 얼마나 멀리, 오래 가느냐로 경쟁하기 때문에 좀 느리더라도 멀리 가면 성공할 수 있다.

핀란드처럼 학교가 무학년제로 운영되어 자기 수준에 맞게 학습할 수 있다면 영재 교육을 따로 시킬 필요가 없다. 하지만 우리나라에서는 이런 조건을 충족시킬 수 없는 만큼, 빨리 배우는 학생은 빨리 가도록 하는 편이 학습 능력과 의욕을 모두 충족시킬 수 있는 방법이다.

영재 교육은 우월반이 아니다

영재 교육의 방법은 크게 속진 Acceleration 과 심화 Enrichment 로 나뉜다. 속진에서는 월반이나 AP 같은 제도가 중요하고, 심화에서는 교재와 프로그램 등 교육 방법과 내용이 강조된다. 속진이 학습 속도에 초점을 맞추어 일반 학생과 상당히 차이가 나는 영재에게 주로 적용하는 교육 방법이라면, 심화는 표준 교과 과정을 확장해 더 많은 학생들에게도 적용할 수 있는 프로그램이다. 최근의 연구를 보면, 일반 학교의 상위권 학생들에게도 심화 학습을 실시하면 학습 의욕을 높이고 성취도를 향상시킬 수 있다는 결과가 발표되고 있다.

우리나라는 미국식 영재 교육 방법을 따르기 때문에 분리형 교육을 실시한다. 각 교육청과 전국 20여 개 대학에 초등학생과 중학생을 위한 과학 영재 교육원이 설치되어 있는데, 현재 대상자는 전체 학생의 0.5퍼센트이지만, 모든 학교에 하나 이상의 영재 학급을 두어 2010년까지 1퍼센트 수준으로 늘리고, 이후 5퍼센트 수준까지 끌어올리겠다는 것이 정부의 계획이다. 영재 학교도 현재 2개교에서 2011년까지 2개교를 더 늘리는 것을 계획하고 있다.

그런데 영재 교육은 절대 우열반이 아니다. 영재 교육은 열심히 공부해서 성적이 우수한 학생이 아니라 표준 교과 과정에는 흥미를 가지지 못하는 학생들을 위한 것이다. 영재 교육원 수료를 이력으로 만들기 위해 영재 교육원을 다니는 것은 취업 준비생이 스펙을 만들기 위해 토익 학원을 다니는 것과 별반 다르지 않다. 영재 교육을 받아 빨리 가든 일반 교육을 받아 천천히 가든 앞으로의 경쟁에서 달라질 것은 없다. 중요한 것은 훗날 '누가 더 멀리까지 가느냐'이기 때문이다. 영재 교육을 받아 학습에 흥미를 느끼고 수학이나 과학을 더 깊게 공부하고 싶은 의욕이 생겼다면 그것으로 충분하다.

15

배우는 힘은
독서에서 나온다

독서의 중요성, 아무리 강조해도 지나치지 않다

책을 많이 읽을수록 좋다는 말에 반대할 사람은 없다. 교육에서 가장 중요한 한 가지를 꼽아야 한다면 당연히 독서이다. 선진국일수록 도서관에 많은 투자를 한다. 지식은 독서를 통해 쌓이고, 책을 읽고 내용을 파악하는 능력이 교육의 핵심이라고 믿는 까닭이다. 그래서 선진국에서는 아이가 학교에 입학하면 가장 먼저 도서관 이용 방법을 가르친다. 다양한 독서를 통해 새로운 세계를 알고, 수업 내용과 관련된 참고 도서를 읽고, 숙제를 하기 위해 자료를 찾는 모든 과정이 도서관을 중심으로 일어난다.

하지만 독서를 많이 한다고 성적이 오르는 것은 아니라고 생각하는 사람들이 있는 것 같다. 그래서 초등학교에서는 학교에서도 독서를 많이 시키고 부모들도 책을 많이 읽도록 권장하지만, 중학교에 가면 책을 읽겠다는 아이에게 문제집을 풀게 한다. 독서를 하더라도 논술이나 언어 영역에 나올 만한 책을 읽어야 한다고 생각한다.

혹시 지금 이 책을 읽고 있는 독자도 그렇게 생각하고 있다면 PISA 2006에서 나타난 결과를 보고 생각을 바꿀 필요가 있다. 이 결과는 집에 책이 많을수록 성적이 높다는 것을 보여 준다. 집에 책이 500권 이상 있는 경우는 10권 미만인 경우보다 수학 점수가 무려 36.5퍼센트 높았다. 우리나라만이 아니라 모든 OECD 국가에서 같은 양상을 보였다. PISA 2003에서도 34.7퍼센트의 차이를 보였고, 국가 수준의 학업 성취도 평가에서도 동일한 결과가 나타났다.

집에 책이 많다는 것은 부모가 책에 관심이 많고, 대체로 부모가 독서를 많이 한다는 의미로 해석할 수 있다. 부모의 학력과 책 보유량을 비교해도 부모의 학력이 높을수록 책이 많은 것으로 나타났다. 부모의 학력이 낮다고 아이에게 독서를 권장하지 않을 리는 없으니 학력이 높을수록 부모들이 독서를 많이 한다고 생각할 수도 있다. 하지만 더 상세한 자료가 없으니 속단할 수는 없다. 다만 집에 책이 많은 아이들이 성적이 높다는 사실을 주목하면 된다.

핀란드에서는 시험을 준비하는 과정을 '공부한다'라고 말하지 않고, '읽는다'라고 한다. 대부분 시험이 논술형 에세이이기 때문에 많이 읽어야 답을 할 수 있어서이다. 외우는 것에만 익숙한 우리 아이들에게는 쉽게 이해되지 않는 상황이다. 프랑스의 수능이라고 할 수 있는 바칼로레아 문제를 보자. '무의식에 의한 과학은 가능한가?', '현실이 수학적 법칙을 따른다고 할 수 있는가?' 평소 충분한 독서로 생각하는 힘을 기르지 않고서는 답을 쓰기 어려운 문제들이다. 물론 학교에서 배운 내용도 아니다. 프랑스에서는 대학에 진학하려면 이 정도 수준의 질문에 답할 수 있는 독서를 해야 한다고 기준을 세우고 있는 것 같다.

서울대와 하버드대의 가장 큰 차이는 도서관이다?

우리는 어떤가? 모든 것을 사교육으로 해결한다. 대학들이 논술을 도입하자 족집게 논술 학원이 인기를 끌었다. 예상 문제를 찍어 주고 점수를 잘 받을 수 있는 답안을 쓰는 방법을 가르쳤다. 그 결과 학생들이 쓴 답안은 대동소이해졌고, 결국 천편일률적인 답안을 채점하던 교수들이 이런 답안에는 점수를 주지 않겠다고 밝혔다. 응시자의 독창적인 생각을 알아보고자 도입한 논술에 모범 답안이 있다고 가르친 것부터 잘못된 것이니 당연한 결과였다.

지금도 많은 수험생들은 논술 학원에서 모범 답안을 배운다. 논술과 구술은 충분한 독서와 사색을 통해 사고력을 길렀는지 여부를 확인하기 위해 치르는 것인데, 학생들은 시험에 나오는 것만 골라 공부하겠다고 한다. 시험에 나오지 않으면 공부하지 않는 학생들이 대학에서 제대로 공부할 수 있을까? 그럴 리 없다. 그래서 교수들이 신입생들의 수준이 갈수록 떨어진다고 말하는 것이다.

아이들이 평소 공부하는 모습을 생각해 보자. 책이나 자료를 찾아 읽고 스스로 정리하는 것이 아니라 이미 정리된 결과물을 찾는다. 공부하는 데 필요한 모든 자료는 참고서에 정리된 것으로 충분하고, 과제물은 인터넷을 검색해 다른 사람들이 올려 놓은 완성품을 찾는다. 원전을 찾아 읽거나 자료들을 분석, 종합하는 것이 아니라 여러 개의 완성품을 복사하고 조합해 자신의 과제물인 양 제출한다. PISA 2006의 읽기 과목에서 우리 고등학교 1학생들이 세계 1위의 성적을 낸 것이 신기할 따름이다. 어쩌면 우리 학생들이 읽기를 잘해서가 아니라 한글이 워낙 훌륭해서 누구나 글을 잘 읽는 것일지도 모른다.

인류의 지식은 문자로 기록됨으로써 축적되고 발전한다. 고등학교까지는 수업을 듣고 문제집을 푸는 것을 공부라고 생각하지만, 대학에 진학한 이후에는 책을 읽고 공부한다. 대학에서는 한 과목에도 교재가 여러 권일 수 있고, 참고 도서도 많다. 교수가 강의에서 교재의 모든 내용을 강의하는 것도 아니다. 참고 도서를 얼마나 많이 보았는지에 따라 성적이 달라질 수밖에 없다.

선진국의 대학일수록 읽어야 하는 책의 양이 늘어난다. 얼마 전 서울대 총장이 하버드 유학생들과 가진 대담이 보도된 적이 있다. 서울대는 박사과정 학생도 스무 권 이상은 동시에 대출할 수 없는데, 하버드는 무제한이란다. 그 이야기를 한 학생은 현재 260권의 책을 빌려 보고 있다는데, 학교 도서관에 책이 그렇게 많다는 사실도 부럽지만 그렇게 많은 책을 읽어야 한다는 것이 사실 더 부럽다.

우리 대학들도 세계 수준으로 가려면 그렇게 많은 책을 읽으며 공부하도록 달라져야 한다. 물론 읽는 것으로 만족해서는 안 된다. 읽더라도 책의 내용을 비판하면서 창의적으로 읽어야 한다. 그래서 많은 학생들은 그룹을 만들어 함께 책을 읽고 토론하며 공부한다. 책의 내용을 기억하는 것이 목표가 아니다. 그 책에 담긴 이론과 주장을 이해하고, 타당성과 한계를 따져서 자기 것으로 만드는 것이 독서의 궁극적인 목표이다.

읽는 것에서 그치지 말고 책의 내용을 '추상화'해야 한다

수능 시험의 평가 목표를 보자. 언어 영역에서는 듣기, 읽기, 쓰기 등 세 가지 내용 영역과 어휘와 어법, 사실적 사고, 추론적 사고, 비판적 사고, 창의적 사고 등 다섯 가지 행동 영역을 평가한다. 이중 수능에서 가장 강조하는 것은 추론적 사고와 비판적 사고이다. 이 두 가지 요소의 평가 의의를 어떻게 설명하는지 살펴 보자.

추론적 사고란 언어의 표현과 이해 과정에서 추론을 통하여 보다 깊고 수준 높은 언어를 사용할 수 있는 능력을 의미한다. 이 능력은 설명문이나 논설문과 같은 언어 표현의 내적 연관성을 종합하여 논리적으로 추론하는 능력과, 문학 작품과 같은 언어 표현에서 상상력을 동원하여 이해하는 능력을 포함한다. 논리적 추론은 언어 사용 과정이 논리적으로 이루어졌는지를 판단하는 능력을 말한다. 특히 대학에서의 교육이 그 나름의 논리를 통한 객관적 진리의 발견이라는 측면이 강하다는 점을 고려하면, 수능에서 이 능력을 측정하는 것은 중요하다.

비판적 사고란 언어 표현과 이해의 과정에서 여러 가지 준거에 의하여 분석한 것을 바탕으로 그 정당성이나 적절성 또는 가치 및 우열에 대하여 평가하는 능력을 의미한다. 흔히 문학 작품에 대한 감상 능력이 이에 해당하지만, 비문학 글에서도 글의 내용이나 표현에 대한 비판이나 독자들의 태도에 관한 비판 능력 등은 여기에 포함된다. 특히 대학 교육이 지식의 단순한 암기를 넘어서 문제에 대한 판단을 요구한다는 점에서, 이 능력은 중요한 측정 대상이 된다.

대학에서 공부하려면 글을 읽고 논리적으로 추론할 수 있어야 하고, 지식을 암기하는 것이 아니라 비판적 사고를 통해 문제를 판단해야 한다는 말이다. 하지만 책을 어떻게 읽어야 하는지 아는 사람은 많지 않다. 제대로 된 독서 교육을 받지 못했기 때문이다. 논술 학원이 많지만 독서 교육을 제대로 하는 곳을 찾기는 쉽지 않다. 많은 학원에서 책 읽기를 수학 문제 풀듯이 가르친다. 책의 주제가 정답으로 정해져 있고, 그것을 잘 찾아 내면 독서를 잘하는 것처럼 말이다.

책을 읽은 느낌은 사람마다 다를 수 있다. 그것을 표현하고 나누는 프로그램을 운영하는 학원도 있지만 그런 곳은 부모들이 좋아하지 않는다. 엉뚱한 얘기만 늘어놓고 성적이 오르지 않는다는 이유에서이다. 심지어 국어 교육을 보면 시를 감상하는 방법에도 정답이 있다고 가르친다. 시는 일종의 노래인데, 노래를 듣고 느끼는 정서에 어떻게 정답이 있을 수 있는지 이해할 수 없다. 이것도 우리 교육의 안타까운 현실이다.

책은 글로 쓰여 있지만 글을 읽을 수 있는 것과 '책 읽기'를 할 수 있다는 것은 다르다. 책을 읽으려면 행간을, 작가의 메시지를 읽을 수 있어야 한다. 글을 이해하고 분석하고 판단할 수 있도록 가르쳐야 한다. 쓰인 내용을 그대로 받아들이는 것으로 대강의 줄거리는 이해할 수 있지만, 주제는 파악하기 어렵기 때문이다. 어릴 시절에 재미있는 내용 위주로 읽으면서 책에 흥미를 가지게 했다면, 청소년기에 들어서면 지적 성숙을 꾀할 수 있는 책을 읽는 훈련을 시켜야 한다.

지적 성숙을 꾀한다는 말은 책의 내용을 '추상화'시킨다는 의미이기도 하다. 얼마 전 텔레비전 다큐멘터리에서 미국 고등학생들에게 황순원의 〈소나기〉를 읽히고 소감을 묻는 장면이 나온 적이 있다. 많은 학생들이 그 소설이 '계급 간의 갈등'을 말하고 있다고 이해했다. 우리 학생들 대부분은 이 작품을 '아름다운 사랑 이야기'로 이해하는데, 어린 소년 소녀가 만나 풋풋한 사랑의 감정을 느끼는 에피소드를 말하고 있으니 읽은 대로 이해한 것이고 틀린 말은 아니다.

하지만 '계급 간의 갈등'이라고 이해하려면 추상화가 필요하다. 소년과 소녀는 살아온 가정환경과 신분이 다르다. 두 사람의 말과 태도에서 그 차이가 드러나고 그것들이 뛰어넘을 수 없는 벽처럼 존재한다는 것이 작품 곳곳에 나타난다. 그것들을 읽어 내야 계급이나 신분의 차이를 생각할 수 있다. 〈소나기〉를 꼭 그렇게 읽을 필요는 없지만 독서를 통해 추상화 능력을 기르면 더 폭넓고 깊이 있는 독서가 가능해지는 것은 분명하다.

대학에서 권장하는 고전 정도는 청소년기에 읽어야 한다

모든 아이들이 책 읽기를 좋아할 필요는 없다. 다만 책을 읽을 줄은 알아야 한다. 그러기 위해서는 일정 수준의 독서를 반드시 해야 한다. 우리 아이들은 시험 준비에 너무 많은 시간을 쓰는 까닭에 책을 많이 읽지 않고, 잘 읽지도 못한다. 책을 읽고 공부하는 것이 아니라 핵심 내용이 정리된 요약본으로 공부하다 보니 학년이 올라갈수록 두꺼운 책을 읽는 것을 점점 더 힘들어한다. 그러니 책을 읽고 전체를 관통하는 주제는 파악하지 못한다.

이런 학생들은 대학에 들어가도 스스로 공부하지 못한다. 결국 남들이 정리해 놓은 내용을 뜯어 붙여 리포트를 만들고, 족보를 찾아다닐 수밖에 없다. 어렸을 때 책 읽기를 장려하는 것도 중요하지만 중, 고등학교 과정에서의 독서는 특히 중요하다. 그저 재미로 읽는 독서가 아니라 교양을 키울 수 있는 독서가 그 시기에 반드시 필요하다. 대학들이 발표하는 권장 도서들은 고전이라 많은 학생들이 어렵게 생각하지만, 사실 그 책들의 대부분은 중, 고등학교 과정에서 충분히 읽을 만한 것들이다.

그렇다면 책 읽기를 어떻게 가르쳐야 하는가? 초등학교 1, 2학년까지는 동화책을 읽는 것으로 충분하지만 3, 4학년 이상이 되면 고전을 접하도록 하는 것이 좋다. 청소년용으로 출판된 고전들은 초등학교 고학년 이상이면 충분히 읽을 수 있다. 내용이나 개념을 명확하게 알지 못해도 읽을 수 있는 능력을 키워 주는 것이 필요하다.

사전적 정의나 요약된 핵심만 암기해서는 절대 고등 학문에 다가설 수 없다. 부모 세대가 그렇게 열심히 단어를 암기하고 문법을 공부해도 외국인 앞에서 꿀 먹은 벙어리가 되는 것도 이 때문이다. 단어 암기와 문법 공부에 들인 시간을 영어 책을 읽고 영어로 표현하는 연습을 하는 데 들였더라면 지금보다는 훨씬 영어를 잘할 것이다.

교양은 평생 배우고 익혀야 할 수단이자 무기이다

모든 학문은 상위 단계로 올라갈수록 추상화의 수준이 높아지고 상징도 많아진다. 추상화 능력을 키우지 않으면 고등교육으로 갈수록 힘들어진다. 독서도 마찬가지이다. 어렸을 때 책을 많이 읽어 주는 이유는 책 읽는 능력을 기르기 위해서이다. 중, 고등학교와 대학 과정에서 고전과 전문 서적을 읽을 수 없다면 어렸을 때 읽은 동화책이 아무리 많아도 실패한 독서 교육이 된다. 아무리 입시 준비가 바빠도 중, 고등학교 시절에 문학 작품과 고전을 읽을 시간은 남겨두어야 한다.

고전을 읽는 것은 교양을 쌓는 데에도 중요하다. 20세기 후반 이후에는 과학 기술이 발달하면서 배워야 할 것이 많아져 교양의 비중이 점차 감소되었지만, 최근에는 다시 교양의 필요성이 커지고 있다. 통섭과 같은 통합 학문의 등장이 보여 주듯 학문 간 경계에 기초한 대학 시스템이 총체적으로 바뀌어야 한다는 요구가 커지고 있다. 창의성을 키우려면 교양이 바탕이 되어야 한다는 점을 인식하게 된 것이다.

창의성은 상상력에서 나오고 상상력은 인문학적 소양을 바탕으로 발현된다. 문학, 역사, 철학 등 소위 '문사철'이라 불리는 인문학은 인간의 본성을 이해할 수 있는 기본적인 소양을 기르는 데 필수적일 뿐 아니라 상상력의 원천이 된다. 서양의 판타지는 대부분 신화에서 나왔고 과학자들이 탐구하는 주제의 상당수는 이미 오래전에 작가의 상상력에 의해 미술, 문학 등으로 표현된 것들이다. 지금 초등학생인 아이가 대학에 가고 사회에 나갔을 때 필요한 창의성은 바로 이러한 교양의 토대 위에서 나올 수 있다.

대학에 가서 공부하면 교양을 쌓을 수 있을까? 그렇지 않다. 교양은 삶 전체를 통해서 축적되는 것이다. 그런데 우리 교육은 교양을 쌓는 것을 강조하지도 않고 기회를 충분히 제공하지도 않는다. 우리나라에서는 각종 전시회와 음악회가 방학 중에 많이 열린다. 방학 숙제를 하기 위해 찾아오는 학생들이 많아 관람객 수가 보장되는 까닭이다. 부모의 손에 이끌려 온 수많은 학생들이 과연 얼마나 여유롭게 미술품과 음악을 감상할 수 있을지 의문이지만 그 정도가 학교 교육에서 기대할 수 있는 전부이다. 결국 아이의 교양은 부모가 나서서 챙겨 주는 수밖에 없다.

교양을 쌓으려면 책을 읽어야 한다. 대학 권장 도서를 기준으로 보면 교양에는 문학, 역사, 철학 외에 과학과 예술까지 포함된다. 적어도 이 다섯 가지 영역의 책들은 고루 읽어야 한다. 그중 아이가 특히 흥미를 가지거나 좋아하는 것이 있다면 그 분야의 책들을 많이 읽게 하고, 가능하면 직접 체험할 수 있는 기회를 만들어 주면 된다. 소설을 좋아한다면 명작들을 두루 읽고 직접 소설을 써 보게 하면 된다. 과학에 흥미를 느낀다면 과학 교실이나 실험 프로그램에 보내는 것도 좋은 방법이다.

다만, 무엇이든 한 번쯤 경험해 보는 것은 좋지만 동시에 두세 가지를 배우고 익히게 하는 것은 오히려 해가 될 수 있다. 한 번에 한 가지씩 다섯 가지 교양 영역을 섭렵한다는 생각으로 경험하게 하는 것이 좋다. 그래도 아이가 아무 분야에도 관심을 보이지 않으면 최소한의 독서만 시키는 것이 현명하다. 그 아이에겐 그 아이 나름대로 또 다른 스토리가 숨어 있을 테니 말이다.

16

수학은 사칙연산이 아닌 생각하는 힘을 키우는 과목이다

수학 교육의 딜레마

수학은 학문의 기초이자 가장 중요한 도구로, 대부분 국가에서 수학 교육의 중요성을 강조한다. 미국 국가 수학 자문단이 노골적으로 밝혔던 것처럼 수학을 잘해야 좋은 직업을 가지고 돈을 잘 벌 수 있다고 단언하기는 어렵지만, 미래에는 과학 기술을 기반으로 하는 지식이 가장 큰 경쟁력이고 수학이 그 바탕이라는 점은 분명하다. 정보 통신 기술이나 생명공학 등 과학 기술 분야뿐만 아니라 경영학, 경제학 등 많은 사회과학 분야에서도 수리적, 계량적 방법론에 의한 연구가 대세를 이루고 있고, 금융 공학 등 응용 수학의 영역도 점차 커지고 있다.

학문과 기술의 세계에는 언어와 수학이라는 두 가지 도구가 있다. 수학 교육은 수학 자체에 대한 교육인 동시에 학문의 도구로서 수학을 가르치는 교육이다. 고등학교를 졸업하면 성인으로서 사회생활을 하는 데 필요한 기본 교육을 마치게 되는 셈이므로, 사회생활에 꼭 필요한 내용이라면 고등학교 교육 과정에 포함되어야 한다. 또한 대학 교육을 받을 수 있는 학문적 소양과 기초 지식도 갖추어야 하므로 대학 교육에 필요한 내용도 교육 과정에 포함되어야 한다.

문제는 사회생활에 필요한 수준과 대학 교육에 필요한 수준의 차이가 점점 커지고 있다는 것이다. 여기에 수학 교육의 딜레마가 있다. 대부분 사람들은 사회생활을 하면서 미적분을 쓸 필요가 없고, 행렬이나 로그를 사용할 일조차 없다. 하지만 이공계 대학에 진학하면서 미적분을 모른 채 공부할 수는 없다. 그러면 어떤 내용을 고교 교육 과정에 포함해야 하는가? 대학에 진학할 학생과 바로 사회생활을 시작할 학생 모두에게 가르칠 내용은 무엇이 되어야 하는가? 이것이 수학 교육이 안고 있는 과제다.

수학 교육의 딜레마를 극복하려면

선진국에서는 주로 고등학교 때 대학 진학용 프로그램과 직업 교육용 프로그램을 구분하여 선택하도록 권장한다. 중학교까지의 의무 교육에서는 누구나 알아야 하는 기본적인 내용을 가르치고 고등학교 단계에서는 진로에 따라 더 깊은 내용을 공부하는 것이다. 대학 진학을 준비하는 경우에도 다양한 과목 중에서 선택, 수강할 수 있어서 우리 대학과 비슷하다고 할 수 있다. 차이가 있다면, 선진국들은 대학 진학 희망자가 50~60퍼센트 수준이어서 이렇게 운영할 수 있지만, 우리는 80~90퍼센트가 대학에 진학하고 과목의 선택 또한 자유롭지 않아 현실적으로 어렵다는 점이다.

정부가 2009 교육 과정에서 국민 공통 기본 교육 과정을 기존의 10학년고1에서 9학년중3으로 줄이고 고등학교 과정 전체를 선택적으로 운영할 수 있게 한 배경이 이것이다. 수학 공부를 해야 하는 학생들은 더 심화된 과목을 듣고, 그럴 필요가 없는 학생들은 기본적인 과목만 들을 수 있도록 하자는 것인데, 그 중심에 학생들이 가장 어려워하는 수학이 있다.

아이들이 공부하는 내용과 부모들의 생각이 가장 큰 차이를 보이는 과목 또한 수학이다. 아이들이 배우는 것은 현대 수학인데, 부모들은 자신들이 배웠던 산수를 생각하는 것이다. 수학적 사고력을 키우는 방향으로 발전한 학교 수학의 현실과 미래 방향을 아무리 설명해도, '수학의 정석'으로 공부한 부모들은 자신의 경험에 기초해서 수학을 잘하려면 공식을 암기하고 다양한 문제를 많이 풀어야 한다고 믿고 있다.

'정답이 하나'라는 생각을 버려야 한다

이제 수학 교육이 앞으로 어떻게 변화할지 고민해 보자. 세계적인 흐름으로 보면 수학 교육은 구성주의 교육 철학에 기초해 개방화, 통합화, 실용화 경향을 보이고 있다. 개방화는 개방형 학습과 개방형 문제 해결이 강조된다는 의미이고, 통합화란 과목 또는 영역 간의 경계를 넘어선 통합 교과적 학습이 늘어난다는 의미이며, 실용화란 수학을 실생활에 적용할 수 있는 능력 중심으로 변화한다는 것을 말한다.

앞에서도 설명했듯이 구성주의적 교육 철학은 단순히 지식을 전달하는 것이 아니라 학생 스스로 지식을 구성하는 과정으로 교육이 이루어져야 한다는 교육 철학이다. 과거에는 교사가 내용을 설명하고 문제를 푸는 과정을 보여 준 다음 학생이 그것을 따라 하는 방식이었다면, 구성주의 교육에서는 다양한 활동을 통해 학생 스스로 지식을 구성하게 된다. 수학자가 수학 원리를 발견할 때 그러했던 것처럼, 상황을 제공하고 수학적으로 추론, 발견하는 과정을 학생 스스로 체험하도록 만드는 것이다. 7차 교육 과정 이후 우리나라의 수학 교육도 이러한 흐름을 따르고 있다.

개방화 경향은 개방형 문제를 통한 학습과 평가로 나타난다. 많은 사람들이 수학에는 모든 문제에 하나의 정답과 가장 효과적인 풀이 방법이 있다고 생각한다. 하지만 개방형 교육에서는 답도, 그 답을 구하는 과정도 여러 가지일 수 있다. 따라서 개방형 문제란 '답에 이르는 과정이 여러 가지이거나 복수의 답이 가능한 문제'로 정의된다. 개방형 문제가 강조되는 것은 실제 생활에서 만나는 문제들은 정답이 없거나 해결 방안이 여럿인 경우가 많기 때문이다. 그러니 개방형 교육에서는 문제에 대한 접근 방법과 답이 여러 가지일 수 있다고 생각해야 배운 내용을 활용할 수 있다. '모든 문제에는 정답이 있다'거나 '하나의 옳은 정답이 존재한다'라는 생각은 수학에서만 가능할 뿐 현실에서는 존재하기 어려우므로, 수학을 제대로 활용하려면 현실 세계처럼 다양한 해석과 접근이 가능하도록 교육해야 한다.

수학, '계산하는' 과목에서 '생각하는' 과목으로

한편, 수학의 통합화 경향은 내적 통합과 외적 통합으로 나타난다. 내적 통합이란 여러 가지 수학 개념을 복합적으로 이해하도록 연결시키는 것이고 외적 통합이란 과학, 읽기, 사회 등 다른 과목에서도 활용할 수 있도록 연계시키거나 관련짓는 것이다. 이 역시 구성주의적 교육 목표와 맥을 같이하는 것으로, 실생활에서 벌어지는 현상에 수학적 사고와 지식을 활용할 수 있으려면 수학 교육도 다른 과목과 통합적인 수준에서 이루어져야 한다는 것을 의미한다.

실용화 경향은 수학 지식 자체가 목적이 아니라 수학을 활용할 수 있는 능력에 초점을 두는 형태로 나타난다. 컴퓨터가 등장한 이후로 이러한 경향이 강화되고 있는데, 예전에는 수학에서 계산 능력이 중요하게 여겨졌지만 오늘날에는 계산의 중요성이 낮아진 결과이다. 미국의 수학 교육 표준을 제시하는 NCTM전미수학교사협회는 수업 시간에 계산기와 컴퓨터 사용을 권장하고, 심지어 초, 중, 고등학교의 수학 시험에서도 대학처럼 계산기 사용을 허락하는 경우가 늘고 있다. 이제 수학은 계산하는 과목이 아니라 식을 만드는 과목, 즉 수학적 모델링이 강조되는 '생각하는 과목'으로 변하고 있다.

　수학에서 개방형 교육이 강조된다는 것은 중요한 시사점을 가진다. 그런 교육을 받아 본 적이 없는 부모들이 아이들의 교육을 이해하지 못하는 원인이기도 하다. 예전에도 정답이 여러 개인 문제는 있었고 풀이 방법이 다양한 경우도 많았다. 이런 것들도 개방형이라고 할 수는 있지만 진정한 의미의 개방형 문제는 아니다. 정답과 해결 방안이 열려 있는, 즉 정답과 해결 방안이 존재하는지, 존재한다면 몇 개인지, 아니면 아예 없는지조차 정해져 있지 않은 것이 진정한 개방형 문제이다.

　간단한 문제를 예로 살펴 보자. 초등학교 1학년생이 배우는 덧셈에서 $2+5=\square$라는 문제는 흔히 볼 수 있는 폐쇄형 문제이다. $2+\square=7$이라 해도 마찬가지이다. 그런데 이 문제를 $\square+\square=7$이라고 바꾸면 개방형이다. 얼마나 많은 답이 가능하겠는가? 자연수의 범위에서만 생각해도 답이 여러 개인데 소수나 음수를 포함한 정수의 범위로 확장하면 무한대의 답이 가능하다. 이 문제를 푼다는 것은 정답 하나를 찾는 것이 아니라 가능한 답들을 찾아 나가는 과정과 그것을 설명하는 것을 의미한다.

　결국, 폐쇄형 문제는 수학적 지식과 기능을 습득하기 위한 것이고, 개방형 문제는 수학적으로 사고하고 의사소통하는 능력을 기르는 데 주안점을 두는 것이라 할 수 있다. 수학 교육에서 개방형 문제가 강조되는 이유는 다음 세 가지로 요약된다. 첫째, 수학적 사고력을 신장시킬 수 있고 둘째, 수학에 대한 긍정적인 태도를 형성하는

데 도움을 주며 셋째, 현실 문제의 개방성과 잘 맞는다는 점이다.

개방형 문제에서는 지식이 다소 부족한 학생도 자기 수준의 답을 쉽게 찾을 수 있기 때문에 흥미를 가질 수 있고 자신의 답을 설명하고 다른 친구들의 설명을 들으며 생각의 폭을 넓힐 수 있다. 물론 창의성이 뛰어난 학생들은 독특한 풀이 방법으로 새로운 답을 추가할 수도 있다. 그런 점에서 본다면 수학적 사고력과 의사소통 능력, 나아가 수학에 대한 긍정적인 태도를 형성하는 데 기여할 수 있다.

개방형 학습의 가장 중요한 의미는 현실에서 부딪히는 문제에 쉽게 대응할 수 있다는 점이다. 대부분 사람들이 경험하듯 학교에서 배운 수학적 지식 중에 실생활에서 사용하는 것은 사칙연산 외에는 거의 없는 것이 사실이다. 하지만 이는 수학이 쓸모가 없어서가 아니라 수학을 활용하는 방법을 잘못 배운 까닭이다. 수학적 지식은 대부분의 학문이 그렇듯이 일정한 조건과 다소 비현실적인 가정 하에서만 성립하기 때문에, 현실에서는 계산 문제를 풀듯이 사용할 수 없다.

하지만 개방형 학습법에 익숙해지면 현실 문제의 핵심 내용을 추상화하여 수학 문제로 만들고 이를 수학적으로 해결하여 답을 찾으면 다시 현실에 대입해서 근사한 답을 찾아가는 과정을 밟을 수 있다. 현실에서는 수학 문제처럼 일정한 값이 주어지거나 정답을 구하지 못하는 경우가 태반이다. 따라서 제한된 조건에서 문제를 해결하려면 주어지지 않은 값은 어림잡아 추정할 수밖에 없다. 요즘 수학책에 부모들은 보지 못했던 '어림셈'이 들어 있는 것이 이 때문이다.

어림셈은 근사값과는 내용이 전혀 다르다. PISA의 문제 중에는 20층 높이의 건물 그림을 보여 주고 아무 조건도 주지 않은 채 전체 건물의 높이를 묻는 문제가 있다. 적절한 설명을 제시하면서 50~90미터 사이로 답한 경우 맞힌 것으로 간주하는데, 우리 교육에서는 아직 어림셈을 정확한 답을 구하는 과정에 도움이 되는 방법 정도로만 가르치고 있어서 이런 문제를 풀 때 어림셈의 도움을 받기가 힘든 경우가 많다.

수능을 포함한 각종 시험에는 아직 개방형 문제가 등장하지 않고 있다. 지필 고사에서는 채점하기 편하고 객관적이라는 이유로 폐쇄형 문제를 주로 낸다. 하지만 논술이나 구술 시험에서는 상황이 달라진다. 사고력과 창의성을 판단하려면 문제를 개방형으로 출제할 수밖에 없고, 주어진 조건을 자기만의 독창적인 아이디어로 전개하여 논리적으로 설명하는 답안이 높은 평가를 받는다.

이처럼 개방형 문제와 이를 활용한 교육의 중요성이 부각되고 있지만, 아직 우리의 교육 현장에서는 충분히 확산되지 못하고 있다. 개방형 교육에 필요한 교육 방법과 평가 지침이 충분히 마련되지 않은 까닭이다. 2008년 일제고사에서 주관식 서술형 문제의 채점이 문제가 되었던 것처럼, 서술형 답안의 평가는 채점자에 따라 점수가 다르게 나올 수 있기 때문에 쉽지 않다. 폐쇄형 문제가 이 정도이니 개방형 문제를 채점하는 것은 오죽하겠는가? 개방형 교육이 활성화된 미국과 유럽의 교재에는 개방형 문제를 활용한 수업 방법과 평가 방법이 적절한 기준과 함께 제시되지만 우리는 아직 그 수준에 이르지 못하고 있다.

개방형 문제에 익숙해져야 수학을 정복할 수 있다

PISA 시험이 미래의 교육을 예측하는 데 도움이 된다는 것은 개방형 문제가 출제된 횟수를 보면 쉽게 확인할 수 있다. PISA 2006에서 개방형 서술 문항의 수는 과학 108문항 중 36문항33.3퍼센트, 읽기 28문항 중 10문항35.7퍼센트, 수학 48문항 중 11문항22.9퍼센트이다. PISA에서도 학생들이 가져야 하는 학문적 능력, 즉 소양을 측정하는 데 개방형 문제가 가장 효과적이라고 판단한 것이다.

PISA는 OECD 각국의 교육 전문가들이 평가 틀을 고려하여 문제를 만들면, 그것을 다시 전체 국가에서 검토해 만장일치로 합의한 문제만 출제한다. 그리고 본시험 시행 1년 전에 예비 시험을 실시하여 특정 국가에서 점수가 현저히 낮거나 높게 나오는 문제는 문화적 차이 때문으로 간주해 제외한다. 이렇게 철저한 검증을 거친 문제들로 평가하기 때문에 PISA의 결과는 신뢰할 수 있다.

10년 후에 대학에 들어가는 지금의 초등학생들은 앞으로 지금보다 훨씬 많은 개방형 문제를 만날 것이다. 폐쇄형 교육을 받았던 부모들이 개방형 교육, 특히 수학의 개방형 문제를 이해하기는 쉽지 않겠지만 그럴수록 더 많은 관심을 가져야 한다.

과학 기술이 발전할수록 수학과 과학에서는 배울 내용이 많아지고 깊어진다. 대학에서 배울 내용이 많아지면 초, 중, 고등학교의 진도도 점점 빨라질 수밖에 없다. 2007 교육 과정에서 일부 내용의 학습 시기를 하위 학년으로 조정하였고 다음 교육 과정 개편에서도 그럴 가능성이 크다. 과목 간의 통합과 연계 또한 더 많아지고 확대될 것이다. 수학과 과학의 경계를 넘나드는 내용이 늘어난다는 의미이다. 물론 그렇다고 해서 대학교 1학년 과정이 고등학교로 모두 내려온다거나. 수학 올림피아드 문제처럼 복잡하고 꼬인 문제가 출제되지는 않을 것이다.

앞으로 출제될 수학 문제의 예시

현재의 수능은 이미 이런 변화가 시작되었음을 잘 보여 준다. 수능은 대학 진학의 관문이기도 하지만, 고등학교 학습 전 과정의 지침이 되기도 하는 중요한 시험이다. 수능의 모든 영역에서 공통적으로 나타나는 특징은 첫째 '사고력'을 강조하고 둘째, 행동 영역을 능력 평가 요소로 추가하였으며, 셋째, 실생활 상황을 강조한다는 점이다.

여기서 잠시, 최근 수능의 출제 경향을 살펴 보자. 수리 영역은 '대학 교육을 받는 데 필요한 수학적 사고력을 고등학교 수학과 교육 과정의 내용과 수준에 근거하여 측정'하는 것을 목표로 한다. 여기서 수학적 사고력은 계산 능력, 이해 능력, 추론 능력, 문제 해결 능력으로 구분된다. 계산, 이해, 추론은 예전부터 수학에서 강조한 영역이니 부모 세대도 쉽게 이해되지만, 문제 해결 능력은 다소 생소할 수 있다. 학생들이 어려워하는 낯선 문제들도 바로 문제 해결 능력을 묻는 문제들이다.

대입수학능력시험 문제(2004년 인문 24번)

지면에 정지해 있던 열기구가 수직 방향으로 출발한 후 t분일 때, 속도v(t)(m/분)를

$$v(t) = \begin{cases} t & (0 \leq t \leq 20) \\ 60 - 2t & (20 \leq t \leq 40) \end{cases}$$

라 하자. 출발한 후 $t=35$분일 때, 지면으로부터 열기구의 높이는?(단, 열기구는 수직 방향으로만 움직이는 것으로 가정한다.) [3점]

① 225m   ② 250m   ③ 275m

④ 300m   ⑤ 325m

PISA 수학 영역 문제 2(대통령에 대한 여론 조사)

제드랜드Zedland에서는 차기 선거에서 대통령의 지지도에 대한 여론 조사를 실시하였다. 다음은 네 개 신문사에서 발표한 여론 조사 결과이다.

신문사 A : 36.5퍼센트(임의로 선발된 500명의 유권자를 대상으로 1월 6일에 실시한 조사 결과)

신문사 B : 41.0퍼센트(임의로 선발된 500명의 유권자를 대상으로 1월 20일에 실시한 조사)

신문사 C : 39.0퍼센트(임의로 선발된 1,000명의 유권자를 대상으로
1월 20일에 실시한 조사 결과)

신문사 D : 44.5퍼센트(신문사로 전화를 걸어온 1,000명의 독자를 대상
으로 1월 20일에 실시한 조사 결과)

 선거가 1월 25일에 실시된다면, 대통령의 지지도를 가장 정확하게 예상할 수 있는 여론 조사 결과를 제시한 신문사는 어디인가? 제시한 답에 대한 근거를 두 가지만 쓰시오.

PISA 수학 영역 문제 3(우주 비행)

우주 정거장 미르는 15년 동안 지구를 8만 6,500번 돌았다고 한다. 미르에 가장 오래 머문 우주 비행사는 약 680일을 그곳에서 보냈다.

미르는 지표로부터 약 400킬로미터 떨어진 상공에서 지구 주위를 돌고 있다. 지구의 지름은 대략 12,700킬로미터이고 그 둘레의 길이는 약 40,000킬로미터($\pi \times 12,700$)이다.

미르가 우주에 있는 동안 지구를 8만 6,500 바퀴 돌았다면, 미르가 그동안 움직인 거리는 대략 얼마인가? 천만 단위에서 반올림하시오.

수능 평가에서는 문제 해결 능력을 '수학 내적 문제 해결 능력'과 '수학 외적 문제 해결 능력'으로 구분한다. 전자는 '두 가지 이상의 수학적 개념, 원리, 법칙의 관련성을 파악하고 이를 종합하여 문제를 해결하는 능력과 두 단계 이상의 사고 과정을 거쳐서 문제를 해결하는 능력'을 말하고, 후자는 '실생활과 관련된 수학적 개념, 원리, 법칙 등을 파악하고 이를 적용하여 문제를 해결하는 능력과 타 교과의 소재를 사용한 상황에서 관련된 수학적 개념, 원리, 법칙 등을 파악하고 이를 적용하여 문제를 해결하는 능력'을 말한다.

대학에 진학할 학생들에게 기대하는 수학적 사고력이란 이런 것이다. 오른쪽에 보이는 문제처럼, 얼핏 보면 물리 문제 같은 문제가 수리 영역에서 출제되는 것이다. 이런 경향은 PISA 평가에서도 찾아볼 수 있다. 아래의 문제는 PISA의 공개 문항 중 하나로 예비 검사에서 출제되었던 것이다. 사회탐구 영역의 정치 문제처럼 보이지만 수학에서 출제되었다.

또 다른 PISA의 공개 문항을 보자. 이 문제는 수학적으로 어렵지는 않지만 여러 가지 정보가 담겨 있고 어림셈을 하게 되어 학생들이 낯설게 느끼는 유형인데, 예비 검사에서 정답률이 17.4퍼센트로 매우 낮았다.

선진국의 수학 교과서에는 숫자와 공식이 존재하지 않는다

이제 수학을 어떻게 공부해야 하는지 감이 잡힐 것이다. 수학을 언어라고 생각하면 된다. 한글이든 영어든, 언어는 말과 글의 형태로 생각을 전달한다. 수학도 마찬가지이다. 숫자와 식이 수학의 언어이고, 이것으로 생각을 표현하고 전달한다. 수학은 주어진 식의 답을 계산하는 산수가 아니다. 수학의 언어로 현실 세계를 나타내고 그 답을 찾음으로써 현실 문제를 해결하는 것이다.

이 과정을 PISA에서는 수학화 과정 Mathematisation Cycle 이라고 부른다. 이에 대한 PISA의 설명을 보자. 현실 문제를 수학적 문제로 만드는 과정1~3단계이 가장 중요하고 어렵고, 복잡하다. 그것이 PISA에서 평가하는 수학적 소양의 핵심이다. 현실 문제를 수학으로 해결 가능하게 만들 수 있다면, 수학 문제를 푸는 것은 기계적인 일에 불과하고 컴퓨터나 계산기 같은 기계를 써도 된다는 뜻이다. 이미 수학으로 변형된 문제를 푸는 것이 아니라 수학으로 나타내지 않은 현실의 문제를 수학적으로 해석할 수 있어야 수학을 제대로 활용할 줄 아는 것이다.

이렇게 보면 수학은 분명 '생각하는' 과목이다. 수학의 궁극적인 목적은 수학 문제가 아닌 현실 문제를 해결하는 것이고, 수학을 배우는 이유도 계산 방법을 익히는 것이 아니라 현실 문제에 적용할 수 있도록 수학적 지식의 조건과 용도를 익히는 것이다. 그러니 수학을 잘하려면 현실의 문제를 수학적으로 생각하는 훈련을 해야 한다.

수학은 모든 학문의 기초이고 언어이다. 수학을 모르면 어떠한 과학 기술 영역과 응용 학문 분야에서도 공부를 할 수 없다. 언어를 알지 못하면 사회에서 살 수 없듯이 학문과 기술의 영역에서 수학적 언어를 구사하지 못하면 생존할 수 없다. 수학을 언어에 비유한 것

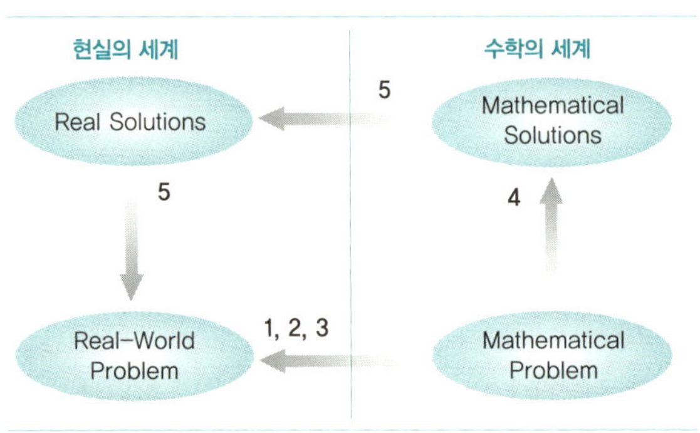

1. 현실의 문제를 인지한다.

2. 수학적 개념에 따라 그 문제를 조직하고, 관련된 수학적 개념을 찾는다.

3. 현실의 문제를 가다듬어 수학적 문제로 변형하는 과정을 밟는다. 가정을 세우고, 일반화를 하거나 형식화하는 등의 방법을 사용하여 상황을 충분히 반영하되, 수학적으로 해결이 가능한 문제로 만든다.

4. 수학적 문제를 푼다.

5. 수학적으로 찾아낸 해답으로 현실의 문제를 해결할 수 있음을 입증한다.

은 도구적 성격을 강조하기 위함이지만, 그만큼 숫자와 공식보다 말과 글의 비중이 늘어나고 있다. 실제로도, 선진국의 수학 교과서에는 숫자와 공식이 적다. 여러 가지 이야기를 읽고 생각해서 수학적 방법으로 나타내고 탐구하여, 문제 해결 원리를 발견하도록 교과 과정이 설계되어 있다. 그렇게 발견한 원리를 정교하게 만들고 익히는 연습 과정이 따라온다. 먼저 원리를 스스로 발견하고 그 원리를 다양하게 적용하는 연습 과정을 통해 개념이 확립되도록 공부한다는 말이다.

■ 대한민국 교육 사용 설명서

학습 방법이 바뀌면 자신감은 저절로 높아진다

그런데 아직도 많은 학교와 학원은 암기와 반복 학습을 시키면서, 이것이 점수를 올리는 데 효과적이라고 주장한다. 또한 많은 부모들이 초등학교 수학을 연산 훈련으로 오해하고 있다. 하지만 학원에서 배우든 엄마가 직접 가르치든 연산 훈련 중심으로 수학을 배우면 학년이 올라갈수록 수학에 흥미를 잃는다는 점을 깨달아야 한다. 초등학교에서 배우는 수학이 쉽다고 해서 교육 전문가도 아닌 부모가 섣불리 가르쳤다가는 좋은 결과를 기대하기 어렵다. 차라리 아무것도 모르는 상태로 학교에 보내는 것이 나을 수도 있다.

그렇다고 기본적인 수학적 지식과 기능을 익히지 않아도 된다는 의미는 아니다. 먼저 원리를 스스로 발견할 수 있도록 한 다음, 그것을 적용하는 훈련을 해야 한다는 말이다. 원리를 발견하는 경험이 가장 중요하다. 그 원리로 문제를 해결했을 때 자신감이 생기고 공부가 즐거워지기 때문이다. 상대적으로 부담이 적은 초등학교 과정에서는 많은 시간 공부하지 않고도 이런 학습을 할 수 있다. 아이가 배운 내용을 적용하는 훈련은 엄마가 시킬 수도 있고, 학습지로 할 수도 있고, 학원에서 배워도 된다. 하지만 원리를 발견하는 학습은 교수법을 전문적으로 익힌 교사에게 맡기는 것이 좋다.

우리나라와 일본 학생들만 유달리 자신감이 낮은 이유도 학습 방법과 무관하지 않다. 스스로 발견하는 경험 없이 문제에 적용하는 훈련만 받은 아이들은 수학에 흥미를 느낄 수가 없다. 게다가 이런 방법으로 선행 학습까지 하게 되는 경우, 저학년일 때에는 수학을 잘하는 것처럼 보이지만 학년이 올라갈수록 수학을 어려워하고 막막하게 느끼기 쉽다.

원리를 이해한 다음 문제에 적용하는 방식으로 공부하는 것이 좋다는 사실은 누구나 알고 있다. 다만 원리를 이해하는 방법을 모르거나 오해하고 있을 뿐이다. 앞에서도 설명했듯이 원리를 스스로 깨달을 수 있게 하는 것이 필요하다.

피타고라스 정리를 예로 들어 보자. 부모 세대는 간단한 증명을 통해 $A^2+B^2=C^2$라는 공식을 배우고 외웠다. 그런데 요즘 수학에서는 직각삼각형의 세 변 사이의 관계를 알아내고 증명하는 방법을 학생 스스로 탐구하도록 한다. 스스로 생각한 방법으로 관계를 찾아냈다면, 그 학생은 피타고라스처럼 직접 수학적 발견을 한 것이다. 피타고라스 정리를 따로 외울 필요도 없다. 교과서 자체가 이런 방식으로 공부하게끔 구성되어 있다.

그런데 많은 학생들이 여전히 반대로 공부한다. 먼저 공식을 외우고 문제를 많이 연습한 다음 사고력 문제를 푼다. 사고력 문제가 어렵게 느껴지기 때문에 고난이도 문제라 생각하는 것이다. 이런 체제로 구성된 책이라면 차라리 보지 않는 편이 낫다. 원리를 제대로 발견하는 것이 우선이다. 문제 풀이는 그 다음이다.

중요하다고 억지로 시키면 안 된다

이해가 부족해도 문제를 많이 풀면 원리를 이해할 수 있다고 생각해서는 안 된다. 이런 학습은 언젠가는 한계를 보일 수밖에 없는 비효율적인 방법이다. 수학의 원리를 제대로 탐구할 수 있도록 설계된 교육 프로그램을 통해서 스스로 생각하도록 해야 한다. 그런 기관이나 프로그램을 찾기 어렵다면 그냥 학교에 맡기는 편이 낫다. 학교에서 교과서로 공부하게 하고, 부모는 복습과 연습 과정만 챙겨주면 된다.

한편, 많은 부모들이 문제를 반복적으로 풀게 하는 이유는 아이들이 수학을 좋아하지 않기 때문이다. 수학이 중요하고, 문제 풀이보다 원리와 개념을 배우는 것이 중요하다는 것도 알지만, 정작 아이들이 수학을 싫어하고 두려워하니 별 수 없이 문제 풀이라도 시킬 수밖에 없지 않느냐고 하소연하는 부모들이 많다. 그런데 이런 부모일수록 어린 시절 수학을 싫어하고 두려워했을 가능성이 크다. 자신이 그랬으니 아이들이 수학을 싫어하는 것도 당연하다고 생각하는 것이다.

학년이 올라갈수록 수학을 좋아하는 아이들이 줄어드는 것은 사실이다. 2000년에 발표된 한 연구 결과에 따르면 초등학교 1, 2학년생은 80퍼센트가 수학을 좋아한다고 답했지만 5, 6학년이 되면 그 비율은 44퍼센트로 줄어든다. 고등학교 1학년이 되면 겨우 27퍼센트만 수학을 좋아하는 것으로 나타났다. 2007 교육 과정에서 수학의 목표에 '수학에 대한 긍정적 태도를 기른다'가 추가된 것도 이러한 실태를 반영했기 때문이다.

학생들이 싫어하거나 부모들이 중요하게 생각하지 않는 과목일수록 '긍정적 태도'를 강조한다. 국어의 쓰기, 음악, 체육 같은 과목에는 지도 요령에서 '긍정적인 태도'를 강조한다. 그런데 수학은 지도 요령이 아닌 교육 목표에 이렇게 명시하고 있으니 그 정도가 가장 심하다는 의미로 보아야 한다. 그런데 좋아하지도 않는 과목을 중요하다는 이유만으로 강제로 학습시키면 어떻게 되겠는가? 점점 더 어려워지고 싫어진다. 그래서 고등학생이 되면 대부분 학생들이 수학을 싫어하고, 절반이 넘게 수학을 포기했다고 말하게 된다.

수학책 대신 수학을 이야기하는 책과 접하게 하라

원인을 찾아 바로잡아야 상황이 개선된다. 수학을 싫어하는 아이들은 어려워서 싫다고 하고, 좋아하는 아이들은 어렵지만 재미있어서 좋다고 한다. 그렇다면 수학을 쉽게 만들거나, 재미있게 만들면 문제는 해결된다. 그런데 앞에서도 설명했듯이 수학은 쉬울 수 없는 과목이다. 그리고 어떤 과목이든 지식을 학습한다는 것은 쉽지 않은 일이다. 결국 수학을 재미있게 만들어 주는 것이 가장 현실적인 방법이다.

어떻게 하면 수학에 재미를 붙일 수 있을까? 수학을 공식을 외우고 복잡한 문제를 푸는 과목으로 생각하지 않도록 만들어 주어야 한다. 아이들은 수학을 공부하는 시간 대부분을 공식을 외우고, 식으로 표현된 문제에 공식을 적용해서 계산하는 데 쓴다. 하지만 이 방법은 수학 교육의 본령이 아니다. 이것은 영어 공부를 한다고 사전을 외우고 한 장씩 뜯어 먹는 것과 마찬가지이다. 영어 교육에서 문법과 단어 암기의 중요성이 낮아지고 듣기, 말하기가 강조되는 것처럼, 수학 교육도 수학의 본질적 의의를 강조해야만 한다.

수학은 현실 세계를 수학적 언어로 표현해서 문제를 찾고 해결하는 학문이다. 수학 과목은 이를 위해 가장 중요한 능력인 수학적 사고력을 기르는 방향으로 변화하고 있다. 수학 문제를 반복해서 푸는 것은 이런 변화와 흐름에 역행하는 것이다.

수학은 언어이다. 우리말로 대화하듯이 영어로도 의사소통이 되는 것이 영어 교육의 목표이고, 수학적 언어로 의사소통 하는 것이 수학 교육의 목표이다. 그러려면 책을 읽어야 한다. 세계를 알고 추상화시킬 수 있어야 수학도 잘할 수 있다. 학문의 수준이 높아질수록 추상화의 수준도 높아지고 상징 또한 많아진다. 특히 수학은 지식을 단계적으로 학습하도록 설계되어 있어서 이전 단계에서 학습이 제대로 되지 않으면 갈수록 이해하기가 어려워진다.

초등학교 수학에서 곱셈과 분수의 의미를 잘 소화하지 못하면 6학년 과정에서 비$_{比}$와 비례식을 이해하기 어렵고, 중학교에서 함수 전반을 이해하기 어렵게 된다. 고등학교에서 극한$_{\lim}$, 시그마$_{\Sigma}$, 로그$_{\log}$ 등 새로운 개념과 기호가 등장할 때마다 수학을 포기하는 학생이 느는 이유도 현실 세계에서 이 기호들이 의미하는 바를 이해하지 못하는 까닭이다.

자녀가 수학을 잘하기를, 적어도 싫어하거나 포기하지 않기를 바란다면 수학 관련 도서를 읽게 하라. 공식이 나오지 않을수록 좋다. 책을 읽고 수학적인 내용을 찾아내거나 생각해 보는 것으로 충분하다. 그러면 궁금한 것이 생기고 수학을 공부하면서 궁금증을 하나씩

해소하면 된다. 그리고 문제의 답을 찾기보다 수학에 대해 말하게 하는 것이 좋다. 답을 맞히고 못 맞히는 것보다 중요한 것은 문제에 담긴 의미이고, 그것을 찾아가는 과정이다.

알고 싶은 것이 있어야 공부할 수 있다. 수학에 궁금한 것이 없는 아이들에게 공식을 주입시키고 문제 풀이를 시키니 효율성이 떨어지고 흥미도 없어지는 것이다. 공식이 아닌 수학 이야기를 해 주는 책을 통해 호기심을 심어 주는 것이 중요하다. 수학적 호기심이란 공식에 대한 호기심이 아니라 세상을 수학이라는 언어로 표현하는 것에 대한 호기심이다. 아는 만큼 보이듯 알고 싶은 만큼 배우는 것이 학습이다.

17

영어 '를' 공부하지 말고 영어 '로' 공부하라

한국인의 영원한 스트레스, 영어!

영어 교육을 강화하겠다는 정부의 방침에 힘입어 초등학생을 대상으로 한 영어 학원들은 극심한 경제 침체 상황에서도 호황을 누리고 있다. 2008년 통계에서 사교육 참여율은 2007년에 비해 전체적으로 2퍼센트 전후의 감소세를 보인 반면, 영어 사교육은 2퍼센트 정도 늘어났다. 초등학교 1학년부터 영어를 가르쳐 영어 수업 시간을 늘리고, 원어민 강사와 교사 연수를 강화해 영어를 영어로 가르치고, 국가 영어 인증 시험을 도입해 수능에서 영어를 없앤다는 것이 정부 계획의 주 내용이다. 핀란드, 싱가포르 등 영어를 잘해서 국가 경쟁력이 높아진 사례를 보더라도 국가 경쟁력을 높이기 위해서는 영어 교육 강화가 꼭 필요하다는 전략적 판단에 기초한 것이다.

물론 핀란드와 싱가포르는 영어 사용 능력이 뛰어나다. 인구 규모도 두 나라가 비슷하다. 그런데 두 나라가 국가 차원에서 영어 교육을 전략적으로 강조하면서도 선택한 방법은 다르다. 핀란드는 모국어인 핀란드어 교육을 최우선에 두고, 중학생이 되면 또 하나의 공용어인 스웨덴어를 배운다. 영어는 초등학교 3학년부터 배우는데, 공용어는 아니다. 싱가포르는 모국어가 없이 중국어, 말레이어가 공용어이다. 그래서 영어를 공용어로 선택했다. 학교 수업의 대부분은 영어로 진행한다.

전체적인 영어 사용 능력 면에서는 두 나라 모두 성공적인 결과를 만들어 냈지만 모국어의 측면에서는 상당히 다르다. 핀란드는 모국어로 된 문학 작품과 철학, 문화를 가지고 있지만 싱가포르는 독자적인 문화를 가지지 못한다. 홍콩처럼 중국이라는 큰 배경도 가지지 못한 싱가포르의 불가피한 선택이겠지만, 이로 인해 잃어버린 것도 많다. 우리나라에도 영어 공용화를 주장하는 의견이 없지 않지만 핀란드처럼 공용화를 하지 않고도 영어 능력을 강화할 수 있는 방법이 있다면 우리가 선택할 방법이 무엇인지는 자명하다.

우리나라의 영어 실력은 어느 정도인가? 바닥 수준이다. 토플 시험을 주관하는 ETS에서 발표하는 국가별 평균 성적을 보면 2007년에는 77점으로 91위 IBT 기준 이고, 아시아 국가 중에서 12위이다. 2007년에 우리나라에서 약 12만 명이 응시한 결과인데, CBT Computer

Based Test로 실시된 2000년~2005년에도 성적에는 별 차이가 없었다. 국내에 진출한 외국 기업이나 외국인 관광객을 대상으로 한 조사에서도 한국인들과 영어 의사소통이 잘 안 된다는 것이 가장 불편한 점으로 꼽혔다.

의사소통만 하면 되지 왜 등수가 필요한가?

왜 우리는 영어를 못할까? 여러 가지 원인이 있지만 가장 큰 이유는 영어를 쓰지 않아서이다. 부모들이 영어를 배웠던 경험을 되새겨 보라. 단어와 문법을 외운 것만 기억할 뿐 영어로 말하거나 글을 쓴 기억은 거의 없다. 유학을 갈 것이 아니라면 영어를 공부하는 이유는 모두 시험 때문이었다. 학교를 졸업하면 영어를 쓸 일은 거의 없다. 쓸 일이 없으니 못하는 것은 당연하다. 수업을 영어로 듣거나 외국인을 만날 일이 많아지면 영어는 늘게 되어 있다. 그런 점에서는 일본도 마찬가지인데, 일본은 토플 순위에서 아시아 26위에 그쳐 우리보다도 많이 낮은 것으로 나타났다.

지금 아이들은 어떤가? 대부분의 학교에 원어민 교사가 배치되어 영어로 듣고 말하는 수업이 운영되고 있다. 곳곳에 영어마을이 조성되어 영어만 사용하는 몰입 학습 기회도 제공되고 있다. 그런데도 영어는 많은 부모들의 고민거리이다. 영어 유치원, 영어 학원, 해외 연수와 조기 유학까지, 영어를 위해 참으로 많은 시간과 비용을 들인다. 얼마나 더 많은 투자를 해야 영어로 인한 고통에서 벗어날 수 있을까? 안타깝지만 현재 상황에서는 거의 불가능하다. 우리 교육의 고질적인 병폐인 점수 매기기 풍토 때문이다.

건강한 신체를 기르고 체력을 키우기 위해 체육 교육을 강화한다고 가정해 보자. 체육 시간에 운동을 한다. 축구도 하고 농구도 한다. 근력을 강화하는 웨이트 트레이닝도 하고, 비만을 막기 위해 유산소 운동도 한다. 그런데 그 성과를 측정한다고 운동 실력에 점수를 매기고 석차를 내면 어떻게 되겠는가? 축구로 석차를 매긴다면 축구 선수에게 기술을 배우려 할 것이다. 운동 신경이 떨어져 축구를 잘 못하는 학생들은 아예 체육 성적을 포기하고 그 시간에 다른 공부를 할 것이다.

축구선수가 될 사람이 아닌 다음에야 축구가 체육 교육의 목표가 될 수는 없다. 각자의 조건에 맞추어 적당한 운동을 찾아 규칙적으로 운동하는 것이 좋다는 것은 상식이다. 체육 시간에 공을 나누어 주면 몸이 불편한 아이들을 빼고는 모두 게임을 한다. 잘하든 못하든 모두 공을 차고 운동장을 뛰어 다닌다. 석차를 매기지 않으면 공 차기를 두려워하거나 싫어하는 아이들은 거의 없다.

영어 수업도 이래야 한다. 원어민 같은 발음이든 반기문 유엔 사무총장 같은 한국식 발음이든, 모두가 말하고 듣고 이야기할 수 있어야 영어가 고통이 되지 않는다. 영어 교육이 미래의 국가 경쟁력이라고 해서 석차를 낸다면 처음의 목적은 사라지고 석차만 남는다. 읽기를 강조한다고 영어 단어와 문법 시험을 치는 것이 좋은 방법이 아닌 것처럼, 말하기를 강조한다고 원어민 발음과 유사할수록 높은 점수를 주어서는 안 된다는 것이다.

정부도 천명했듯이 학교 영어 교육의 목표는 동시통역이 가능한 수준이 아니라 일상적인 의사소통에 불편함이 없는 수준이다. 대학이라면 영어 강의를 무리 없이 들을 수 있는 수준이 목표 수준이다. 그리고 고등학교를 졸업하는 학생들이 그 수준에 도달하도록 교육 방법을 고안하고 실행해야 한다. 학교에서 영어를 잘 가르치겠다고 나서도 학생들이 자꾸 학원으로 가는 이유는 바로 석차 때문이다. 체육 시간에 축구 시험을 본다고 축구 코치를 찾아가는 꼴이다. 말하기를 평가할 때 발음이나 억양을 중시한다면, 국어 시간에 말을 더듬거나 사투리를 쓴다고 점수를 낮게 주는 것과 무엇이 다르겠는가?

학생과 교사 모두에게 즐거운 영어가 되려면

석차를 없애면 문제가 해결된다. 개인별 능력과 성취도는 측정하되 개인별 석차를 없애고 학년별로 목표 수준에 도달했는지 여부만 판정한다면 영어 사교육은 크게 줄어들 수 있다. 그리고 고등학교를 졸업하는 학생들의 수준을 대학에서 요구하는 수준에 맞추면 된다. 대학이 영어 능력을 요구하는 것은 당연하지만 영어 성적이 더 높은 학생을 뽑는 것은 영문학이나 동시통역처럼 영어를 전문으로 할 '선수'들에게만 요구하는 것으로 합의하면 충분히 가능하다.

모든 강의를 영어로 진행하는 서울대의 '글로벌 MBA' 과정에서는 영어 강의 수강이 가능한 기준으로 텝스 700점을 요구한다. 이 기준을 충족하면 영어 성적은 입학 사정에서 더 이상 고려하지 않는다. 이렇게 하면 된다. 서울대에서 학부 신입생에게 요구하는 수준은 텝스 500점이다. 앞으로 도입될 국가 인증 영어 시험에서 고등학교 졸업 자격 또는 대학 입학 자격을 일정 점수로 정하고, 학교에서 그 목표를 달성하도록 교육하면 된다.

정부에서 추진하는 영어 교육 강화의 방향이 이런 것이다. 영어 수업 시간을 늘리는 것에도 한계가 있으니, 다른 과목도 영어로 수업하는 영어 몰입 교육을 도입해서 영어 사용을 늘리고 석차로 줄을 세우는 관행을 개선해서 실질적인 영어 교육이 학교에서 이루어지도록 하겠다는 것이다. 내신과 석차에 반영하지 않으면 영어 공부에 소홀해지거나 영어 능력이 뛰어난 학생들에게 불리하다고 우려할 수도 있지만, 크게 염려할 필요는 없다. 기초 학력 미달 학생 비율이 학교와 교사 평가에 반영되듯 영어 학습 목표 미달 학생 비율을 중요한 평가 요소로 삼으면 된다.

학교 영어 교육의 목표를 모든 학생이 학년별 수준을 달성하는 것으로 세우고 이 시험에서 석차를 내지 않는다면, 교실에서 이루어지는 수업도 더 즐거울 것이다. 교사에게 더 많은 자율성을 주는 것도 가능해진다. 학생들 사이의 비교를 없애되 학급 간 혹은 학교 간 경쟁을 허용하여 학습 의욕을 진작시킬 수도 있다.

이렇게 가르치면 우리 사회가 영어로 인해 계층이 분리되는 현상을 막을 수 있고, 10년~20년 후에는 의사소통에 불편함이 없는 영어 강국이 될 수 있다. 우리가 전국 어디서든 인터넷에 접근할 수 있도록 초고속망을 구축하여 전파 장애를 걱정하지 않는 IT 강국이 되었듯이 말이다. 영어 교육 강화가 줄 세우기의 도구가 되지 않는다면 적어도 지금 초등학생 아이들은 고등학교를 마치는 것만으로도 영어로 의사소통을 하는 데 불편함을 느끼지 않을 것이다. 그리고 대학에서는 상당히 많은 강의가 영어로 이루어질 테니 대학을 졸업한 다음에는 영어를 잘 쓰고 있을 것이라 기대해도 좋다. 핀란드에서는 초등학교 3학년부터 학교에서만 배워도 대부분이 잘하는 영어를, 우리라고 못할 이유가 없다.

영어 '를' 공부하지 말고 영어 '로' 공부하라

여기서 다시 10년 후의 대학을 생각해 보자. 영어가 공용어가 되지는 않더라도 모든 대학에서 영어로 진행되는 강의의 비중이 커질 것이다. 적어도 주요 대학에서는 절반 이상의 강의가 영어로 이루어지고 영어를 일상적으로 사용하는 상황이 될 것이다. OECD 국가들의 대학 영어 강의 비중을 보면 우리는 일본과 함께 일부 프로그램을 영어로 강의하는 세 번째 그룹에 들어 있다. 하지만 10년쯤 뒤에는 핀란드, 스웨덴 등과 함께 상당수 프로그램을 영어로 강의하는 두 번째 그룹으로 올라가게 될 것이다.

그런데 일상적으로 영어를 사용한다는 의미를 잘 이해해야 한다. 영어를 사용할 수 있는지를 판단하는 기준은 영어를 알아듣고 대답할 수 있는지 여부이다. 그야말로 'Can you speak English?'라고 묻는 것이다. 대답은 'Yes, I can' 아니면 'No, I can't'다. 우리말로는 가능한데 영어로 표현하지 못한다는 의미이다. 그런데 영어를 일상적으로 사용한다는 것은 모국어로 할 수 있는 말은 영어로도 할 수 있다는 의미이다. 시험으로 말하자면 영어로 된 문제를 틀린다면 같은 내용을 우리말로 물어도 틀린다는 말이다.

수능에서 외국어 영역을 없애고 대신 영어 인증 시험을 도입하겠다는 계획도 여기서 출발한 것이다. 영어를 일상적으로 사용하는 환경을 만들면 영어 시험이나 언어 영역 시험이나 같은 것을 평가하게 되니 영어를 제외해도 된다는 말이다. 영어 이외의 과목도 영어로 수업하는 이른바 '몰입 교육' 방안도 이런 차원에서 계획된 것이다. 우리말로 하든 영어로 하든 같은 내용을 배울 수 있어야 한다는 생각이 바탕에 깔려 있는 것이다.

영어 교육의 목표는 영어로 의사소통이 가능하도록 만드는 것이다. 과거의 영어 교육은 읽기 위주였기 때문에 단어를 외우고 문법을 익히는 것, 즉 '영어를 공부하는 것'으로 충분했다. 하지만 듣기와 말하기와 쓰기가 강조되는 지금의 영어 교육은 영어라는 언어를 사용할 수 있는 능력을 목표로 한다. 영어를 사용할 수 있다는 것은 영어로 배울 수 있다는 뜻이고, 학교 영어 교육의 목표가 '영어로 공부하는 것'으로 바뀌었음을 의미한다.

그래야 학교를 마치면 영어로 일하거나 생활할 수 있게 된다. ESL 수업을 듣지 않아도 바로 미국 학교에서 수업을 받을 수 있는 수준, 토플 성적으로는 세계 최상위 국가인 네덜란드, 덴마크, 싱가포르 수준이 되는 것이다.

원어민처럼 말하는 것은 목표가 아니다

이제 영어를 어떻게 공부해야 할지 살펴 보자. 영어는 언어이다. 우리가 우리말과 글을 배운 방식으로 영어를 배워야 한다. 글보다 말이 먼저이고, 문자를 익히는 것은 그 다음이다. 아이들이 말을 알아듣지 못할 때부터 엄마는 아이에게 많은 이야기를 한다. 이런 시간을 거치면서 말을 알아듣고 말하는 법을 배운다. 영어로 이렇게 하려면 영어를 듣는 기회를 늘려야 한다. 영어로 된 애니메이션이나 아동용 영화 같은 것을 자주 보여 주는 것이 유용하다.

핀란드의 텔레비전 방송은 50퍼센트 정도가 영어로 된 프로그램이고, 아이들이 좋아하는 만화는 대부분 영어로 되어 있다. 더빙을 하지 않고 자막을 넣어 방송하기 때문에 영어 노출 시간을 늘리는 효과도 있고 영어 교육의 효과도 상당하다. 영어를 사용하는 사람들과 함께 생활할 수 있다면 더욱 좋지만 영화나 드라마, 애니메이션을 영어로 접하는 것만으로도 충분하다.

문제가 되는 것은 말하기이다. 원어민처럼 발음해야 한다는 강박에서 벗어나야 영어로 말할 수 있다. 우리 학생들이 영어를 못하는 상태에서 미국으로 유학을 가면 학교에서 먼저 영어를 배우는 ESL 수업을 듣게 되는데, 거기에서도 발음은 크게 문제 삼지 않는다. 선생님의 말을 알아듣고 자신의 의사를 표현할 수 있으면 된 것이고, 발음이나 억양은 시간이 지나면 자연스럽게 익힐 수 있다. 그런데 우리나라에서는 영어를 배우면 발음부터 교정한다. 우리말에 없어서 발음이 어려운 단어들, f와 p, v와 b를 구분하는 것부터 가르친다.

하지만 그럴 필요는 없다. 아이들이 말을 배우는 과정을 생각해 보라. 처음 말을 배울 때는 어법도 틀리고 발음이 샐 수도 있다. 그래도 부모가 알아들으면 된다. 자라면서 어른들의 어법을 익히고 텔레비전을 자꾸 접하면 이는 자연스럽게 교정된다. 어린 아이가 말을 어법에 맞지 않게 한다고 걱정하는 부모가 없고 말하기를 겁내는 아이 또한 없듯이, 처음 영어를 배울 때에는 못하는 것이 자연스럽고, 두려워할 이유도 없다.

미국에서 살고 있는 어느 변호사가 신문의 한 칼럼에서 영어를 잘하려면 영어로 말하는 것에 두려움을 갖지 말아야 한다면서 이렇게 설명했다. '나는 외국어로 영어를 배웠기 때문에 잘 못할 수 있다. 내가 하는 말을 당신들이 알아듣지 못한다면 그것은 영어를 외국어로 공부한 나의 잘못이 아닌 영어가 모국어인 당신들의 문제가 아닌가? 이렇게 생각하니 자신 있게 말할 수 있었다.' 참으로 명쾌하다.

외국인이 더듬거리며 우리말 단어 몇 개만 나열해도 우리는 그 뜻을 금방 알아차린다. 이렇듯 전달할 메시지만 분명하다면 최소한의 의사소통은 할 수 있다. 그리고 이런 식으로 자꾸 언어를 사용하다 보면 어휘도, 표현도 자연스러워지게 마련이다. 아나운서가 아닌 이상 우리도 말을 할 때 발음을 두고 평가하지 않는다. 말에 담긴 메시지를 이해하고 이를 잘 전달할 수 있는 어휘들을 어법에 맞게 사용할 수 있으면 그것으로 충분하다.

영어로 쓰고 말할 수 있으면 영어 교육은 '완성'

물론 듣는 것만으로 이런 능력이 길러지는 것은 아니다. 충분한 독서와 글쓰기가 뒷받침되어야 자신의 생각을 조리 있게 표현할 수 있다. 영어도 마찬가지이다. 동화책을 읽듯이 영어로 된 책을 읽어야 한다. 영어 읽기의 목표는 영어책을 우리말 책처럼 읽는 것이다. 우리말 책을 읽을 때 모르는 단어가 나와도 그냥 읽어 나가듯, 영어책도 그렇게 읽어야 한다. 단어나 문법에 매달리지 말고 읽으면서 단어의 뜻을 배워야 영어를 일상적으로 쓸 수 있다. 독서가 부족하면 어떤 과목도 잘할 수 없듯이 영어책을 많이 읽지 않고는 영어를 잘할 수 없다.

초등학교 고학년부터는 적어도 한 학기에 두 권 이상은 영어책을 읽는 것이 좋다. 책을 고를 때에도 주의할 것이 있다. 제 나이에 맞는 책을 골라야 한다는 것이다. 영어 수업이 없었던 시절에도 대학에서는 원서를 교재로 쓰는 수업이 제법 있었다. 영어로 강의를 하든 안 하든 원서를 교재를 쓸 때는 우리말 교재와 같은 수준, 즉 미국 대학과 같은 교재를 사용한다. 우리 대학생이 미국 대학생과 같은 책을 보듯이 우리 고등학생은 미국 고등학생이 보는 책을 읽어야 한다. 제 나이에 맞는 독서를 하지 않으면 우리말도, 영어도 제대로 하기 어렵다.

또한 영어로 글을 쓰는 연습을 해야 한다. 처음에는 어렵겠지만 초등 5, 6학년 이상이 되면 반드시 시도해야 한다. 일기도 좋고 편지나 독후감도 좋다. 영어로 글을 쓰는 것은 말하기와 관련이 깊다.

아이의 말과 글을 바로잡아 주는 것도 언어를 익히는 과정이다. 어법에 맞지 않거나 적절하지 않은 어휘를 찾아 교정해 주면 그때부터 배우는 것이다.

자신의 생각을 직접 말하거나 쓰지 않으면 영어를 사용하는 방법을 가르칠 수 없다. 물론 읽기 연습은 독해로, 듣기 연습은 받아쓰기로 할 수 있으니 참고서나 교재에 기대기 쉽다. 그래서 혼자서도 공부할 수 있다. 하지만 말하기와 쓰기는 그럴 수 없다. 부모든 교사든 누군가가 아이들이 쓴 글을 읽고, 하는 말을 듣고 직접 가르쳐야 한다. 학교의 영어 수업, 특히 원어민 교사의 수업에서 가장 중요한 것이 바로 말하기와 쓰기를 배우는 것이다. 가능한 한 영어로 많이 말해서 잘못된 내용이나 단어를 바로잡고, 많이 교정해야 한다. 학원에 보낼 때에도 말하기와 쓰기를 익히는 것에 가장 중점을 두어야 한다.

18

진짜 교육 전쟁이 시작됐다

우리 아이들의 가짜 성적에 속지 마라

이제 우리 아이들과 대한민국의 교육 시스템 전체를 솔직하게 말할 때가 되었다. 유대인과 한국인이 가장 머리가 좋다는 이야기도, 우리 학생들이 해외에만 가면 모두 우등생이라는 이야기도 사실이 아니다. PISA, TIMSS, 각종 올림피아드에서 최상위권을 차지하고 있는 우리 아이들의 성적 또한 진짜가 아니다. 다른 아이들이 운동을 하고 있을 때 혼자 공부해서 높은 점수를 딴 것뿐이다. 모두 동일한 시간 동안 준비했다면 중간쯤 갔을 학생이 혼자 더 많이 공부해서 나온 결과를 실력이라 믿어서는 곤란하다. 반면 대학에 가면 전 세계 학생들이 모두 공부에 집중한다. 그러니 대학의 수준이 그 나라 교육의 진짜 실력이다.

오늘도 수많은 학생들이 좋은 대학에 들어가기 위해 학교에서, 학원에서 공부하고 있다. 집에서는 수많은 부모들이 엄청난 시간과 비용을 들이며 가슴을 졸이고 있다. 하지만 우리 아이들의 진짜 실력, 즉 앞으로의 무기가 될 경쟁력에는 그다지 관심이 없다. 오로지 석차에만 관심이 있을 뿐이다. 석차로 모든 것이 결정된다고 믿는 우리의 고정관념과 오래도록 바꾸지 못한 교육 시스템과 사회적 인식이 워낙 단단한 까닭이다.

오랜 세월 우리 교육에서 우열을 가르는 기준이 되어 온 시험과 석차가 객관적이고 합리적인 것은 사실이지만, 여전히 이 방식을 고수하기에는 세상이 너무 많이 변했다. 우리나라와 일본을 제외하면 이런 시스템으로 교육하는 나라는 전 세계 어디에도 없다. 그들이 석차의 효용과 가치를 몰라서가 아니다. 이것으로 필요한 능력, 특히 미래의 가능성을 판단할 수 없음을 알기 때문이다. 그들이 선택한 방식, 그것이 바로 교육의 글로벌 스탠더드이다.

하나의 사다리만 가진 대한민국은 불행하다

석차는 대통령 선거나 올림픽 경기와 같다. 한 표라도 더 많이 얻은 사람이 당선되고, 0.1초라도 빠른 사람이 금메달을 딴다. 그런데 이 원칙은 하나의 기준만 있을 때 유효하다. 참여하는 모든 사람이 하나의 자리, 하나의 사다리만 있다는 데 동의할 때이다. 가장 높은 칸이 금메달, 두 번째는 은메달, 세 번째는 동메달이고 나머지는 아무것도 받지 못한다는 원칙에 합의한 사람들이 모여 기량을 겨루는 것이 올림픽이다.

교육은 어떠한가? 하나의 사다리만 존재하거나 그렇다고 합의할 수 없다. 평균 성적 1등과 과목별 1등 중 누가 더 뛰어나다고 할 수 있는가? 또 1등이 2등보다 얼마나 뛰어나다고 할 수 있을까? 100명이 시험을 쳤을 때 1등과 30등은 실력 차이가 있다고 볼 수 있지만, 1등과 3등은 반드시 그렇다고 말하기 어렵다. 여론 조사에서 유의 수준 이상으로 차이가 나지 않으면 통계적으로는 차이가 없는 것처럼 말이다. PISA 평가에서도 표준 오차 범위를 밝히고 그 범위 안에서는 차이가 없는 것으로 간주한다. 대학마다 입학 사정관 제도를 도입하고 석차로 선발하는 관행을 바꾸겠다고 나선 이유가 이것이다. 성적을 보지 않겠다는 말이 아니라, 통계적으로 유의한 수준을 벗어나지 않는 성적의 차이는 무시하겠다는 말이다.

석차의 가장 큰 맹점은 시험 성격과 문제의 내용, 그리고 채점 기준에 따라 결과와 그 의미가 달라진다는 데 있다. 국어 교과서에 나오는 시를 외우고, 틀린 시어를 찾아 감점하고 그것으로 점수를 내서 석차를 매기고 이것이 국어 성적이라고 우기는 것은, 국어 과목의 목표와 평가 목표가 제대로 반영되지 못했으니 당연히 잘못된 것이다.

그런데 많은 부모들은 이런 시험이 잘못된 것이라고 생각하면서도 아이들에게 시를 외우도록 시킨다. 교육에서 평가가 중요한 것은 사실이지만 그것은 평가의 목적과 목표, 방법이 교육 내용과 잘 연계될 때에만 유용하다. 축구를 가르치고 농구로 평가하면 안 되고, 3학년 과정을 마치고 4학년 내용으로 시험을 보면 안 되는 것처럼 말이다.

석차에만 관심을 갖게 되면 평가의 의미도, 교육의 목적도 놓칠 수 있다. 평가를 통해 아이의 실력을 진단하고 이를 토대로 더 나은 학습을 하려면 석차보다는 점수를 보아야 한다. 단 한 번만 치는 시험이라면 합격만 하면 된다. 운전면허 시험에서 만점을 받든 90점을 받든 합격하면 그만이다. 떨어졌다면 60점이든 40점이든 차이가 없다. 하지만 학교에서 치르는 시험들은 주기적으로 반복된다. 매학년 초에 형성평가를 하고, 중간고사와 기말고사를 치른다. 그 시험마다 석차에 매달리면 어떻게 되겠는가? 1등을 하면 잘한 것이고, 그렇지 못하면 부족한 것이니 더 공부해야 한다고 생각할 수밖에 없다.

석차보다 점수, 점수보다 문제를 보라

공부하는 시간, 즉 학습량에만 관심을 기울이면 교육의 질을 잃게 된다. 무엇을 공부하고, 어떻게 학습해야 하는지를 고민해야 상황이 개선될 수 있다. 그러려면 석차보다는 점수를 보고 그동안 치렀던 시험 점수의 추이를 보는 것에서 출발해야 한다. 점점 나아지고 있는지 나빠지고 있는지에 따라서 학습의 방향이 달라진다. 더 많이 공부하고도 점수가 떨어졌는지, 덜 공부하고도 올라갔는지를 생각해야 한다. 그 다음엔 어떻게 공부했는지 학습 방법을 비교해야 한다. 적게 하고도 나아졌다면 자신에게 적합한 방법을 찾은 것이고, 더 하고도 나아지지 않았다면 방법이 맞지 않았다고 보아야 한다.

물론 이것만으로는 부족하다. 학습한 내용이 무엇인지, 어떤 문제를 틀리고 맞았는지를 보아야 문제점을 찾을 수 있다. 학습 내용에 따라 이해의 수준이 다를 수도 있고, 문제에 따라 틀린 이유가 다를 수도 있다. 단순한 실수인지, 지식이 부족해서인지, 지식은 알지만 원리를 이해하지 못해서 적용을 못한 건지, 다른 개념과 연계를 못해서인지 알아야 한다. 비슷한 문제를 몇 개 더 푼다고 그 문제가 해결되지는 않는다. 수학에서 문장제 문제를 자주 틀리는 아이라면 독서 부족이 원인일 수 있다. 이럴 때에는 수학 공부가 아니라 책을 읽혀야 한다. 이처럼 결국 시험에서는 석차보다 점수를, 점수보다는 문제를 보아야 아이들의 실력을 알 수 있고, 개선책을 찾을 수 있다.

공부는 질병을 치료하는 과정과 흡사하다. 모든 병에는 증상이 있고 원인이 있다. 증상은 같아도 원인은 다양하다. 열이 나고 콧물과 기침이 동반된다고 해서 모두 감기는 아니다. 열이 난다고 해열제를 주고 머리가 아프다면 진통제를 주는 것은, 원인에 대한 처방이 아닌 증상에 대한 처방, 즉 대증 요법에 불과하다.

원인을 찾아 제대로 처방해야 병을 고칠 수 있다. 외상이 아니라면 병의 원인을 찾기란 쉽지 않은 일이다. 원인이 밝혀지고 치료법이 검증된 질병은 아직 그리 많지 않다. 따라서 병의 원인을 확정하기 어려울 때 의사들은 이른바 '칵테일 요법'을 쓴다. 여러 가지 약을 섞어서 투약하는 것이다. 그런데 이 방법으로 병이 나을 수도 있지만, 어떤 약이 어떤 원인을 제거해서 병이 나았는지는 알 수 없다.

공부도 마찬가지이다. 학습에 영향을 미치는 요소는 많다. 공부하는 내용, 양, 그리고 학습 방법, 교사의 태도, 부모의 태도, 가정환경, 아동의 심리 상태, 지능, 적성 등 너무나도 많은 요인이 복합적으로 아이의 학습에 영향을 준다. 공부를 잘 못하거나 성적이 떨어지는 것은 증상이다. 원인을 찾아야 개선할 수 있다.

의학은 대부분 육체를 다루기 때문에 동물 실험을 통해 많은 연구와 개발이 이루어지는 반면, 교육은 사람의 정신을 다루는 것이어서 실험하고 연구하기가 어려운 것이 사실이다. 그런데도 수많은 학원들이 자신들의 교육 방법이 최고라고 광고하는 이유는 그렇게 공부해서 몇 사람이 성공하면 그만이기 때문이다. 그 방법이 맞지 않아 실패한 경우, 그 피해와 책임은 고스란히 학생과 부모의 몫이다. 마치 동물 실험을 거치지 않은 치료법을 인간에게 적용하는 것처럼 위험한 상황에 아이를 몰아넣어서는 안 된다.

석차를 목표로 공부하지 마라

성적이 떨어졌다고 공부를 더하고, 문제를 틀렸다고 비슷한 유형의 문제를 푸는 대증 요법으로 원인을 치유할 수는 없다. 그런 점에서 평가는 병원에서 하는 건강 검진이나 각종 검사와 유사하다. X-Ray, CT, MRI를 촬영하고 피를 검사해서 증상을 찾아내듯 학교에서는 평가를 통해 학습 수준을 검사한다. 석차나 점수는 학습 성과에 따른 보상, 즉 합격이나 포상을 하기 위한 척도일 뿐, 학습 수준을 개선하는 데에는 전혀 쓰이지 않는다.

학습의 목표는 알지 못했던 새로운 지식을 배우는 능력을 기르는 것이다. 이것은 개인의 과거와 비교해야 제대로 평가할 수 있다. 다른 학생이 잘하면 내려가고 잘못하면 올라가는 석차로는 개인의 성취도를 평가할 수 없다. 학습 의욕을 북돋기 위해서 우수한 성적을 기록한 학생에게 상을 줄 수는 있지만, 석차에 그 이상의 교육적 의미를 부여해서는 안 된다.

아이들이 공부를 잘하게 만들려면 시험보다는 학습 과정에 주목하고, 시험에서 드러난 개인별 강점과 약점을 잘 활용해야 한다. 쪽지 시험과 중간고사와 기말고사는 성격도 다르고 결과의 의미도 다르다. 형성평가와 학업 성취도 평가는 출제자도 다르고 평가 목표도 다르다. 공부를 더 잘할 수 있는 방안을 찾도록 도와 주는 것이 시험이다. 시험이 공부의 목표가 아니라, 시험의 목표가 공부라는 말이다.

모든 시험에서 100점을 맞는 것이 목표일 수 없듯이 1등을 하는 것이 목표여서도 안 된다. 아이들의 미래는 성적표로 만들어지지 않는다. 석, 박사과정에 진학하면 논문 자격 시험을 보는데, 자격 시험에서 떨어지면 논문을 쓸 수 없고 학위를 딸 수도 없다. 하지만 자격 시험에서 1등을 했다고 1등 논문을 쓰거나 학위를 받을 가능성이 높아지지는 않는다. 기억에만 의존해서 치르는 성적으로 학문의 능력을 모두 평가할 수는 없다.

기업도 마찬가지이다. 영어나 업무 지식 시험으로 승진에 필요한 최소 자격을 요구하는 경우는 있지만 이것으로 승진을 결정하지는 않는다. 자료를 외워서 일을 하는 직장인은 아무도 없다. 필요한 자료가 어디 있는지, 누구에게 있는지 아는 것으로 충분하다. 중요한 것은 그것을 종합, 분석해서 창의적인 결과를 내느냐이다. 수많은 자료를 섭렵하고 창의적인 논문을 써야 박사학위를 딸 수 있는 것처럼 말이다.

지식은 이렇게 형성되는 것이다. 다른 사람들의 지식을 학습하고 그것을 자신의 생각으로 재구성하고, 창의성을 보태 자신의 것으로 만들어 간다. 그렇게 공부한 사람은 책을 보지 않고 치르는 시험에서도 지식을 활용할 수 있다. 시험이 해당 지식을 얼마나 내 것으로 만들었는지를 확인하는 과정이라고 생각해야 한다.

나머지 95퍼센트의 학생들이 오를 사다리가 필요하다

석차 시스템이 개선되지 않는다면 우리 교육의 미래는 더욱 어두울 것이다. 지금 초등학생인 아이들이 대학에 진학할 10년 후에도 지금과 달라지는 것이 없다면, 아이들은 지금보다 더 많은 시간을 공부에 쏟을 것이고 부모들은 더 많은 사교육비를 부담해야 할 것이다. 그래도 다행인 것은 정부를 비롯해 교육계에 몸담은 많은 사람들이 이 문제를 충분히 인식하고 있다는 점이다. 다만 개선할 방법과 방향을 두고 견해가 달라 논란을 벌일 뿐이다.

상위 1퍼센트 안에 들면 성공하고, 나머지는 실패자가 되는 현재의 교육은 게임일 수는 있지만 진정한 교육은 아니다. 1퍼센트가 될 가능성이 있는 5퍼센트가 경쟁하는 게임에서 나머지 95퍼센트는 구경꾼처럼 방치되는 상황이 계속되어서는 안 된다. 다양한 아이들을 성적이라는 하나의 기준으로 재단해서 우열을 가르는 시스템으로는 우리 사회의 미래를 풍요롭게 만들 수 없다. 내 아이는 물론이고 다른 모든 아이들이 각자의 적성과 개성을 최대한 발휘해서 다양한 진로를 찾을 수 있도록 가르쳐야 한다.

다양성이야말로 미래 교육의 핵심 키워드이다. 모든 아이들은 적성과 재능이 다르고, 공부하고 싶은 것과 공부하는 방법이 다르다는 것을 인정해야 한다. 대다수 고등학교가 대입 준비에 골몰하는 상황에서 원하는 고등학교를 선택할 수 있다고 해서 교육이 더 나아지는 것은 아니다. SKY 대학과 의사나 법조인을 꿈꾸는 5퍼센트 학생들이 성적 경쟁에 매달리는 것을 막는다고 나아지는 것도 아니다. 성적으로 경쟁하기 싫은 학생들, 의사나 법조인이 아닌 다른 꿈을 꾸는 학생들을 위한 교육을 늘려야 교육이 나아질 수 있다.

사다리가 많아지면 교육이 행복해진다

지금까지 우리 교육은 경쟁을 피하거나 경쟁할 수 없는 학생들을 외면하기에 급급했다. 주요 과목이 아닌 분야에 흥미를 가지거나 경쟁보다 협동을 즐기는 아이들에게 제대로 배움의 기회를 제공하지 않았다. 언제나 최상위권 학생들만 관심을 받았고, 기본적인 지식을 갖추지 못한 학생들은 뒷전으로 밀려 있었다. 이제 그렇게 방치되었던 95퍼센트의 학생들도 자신의 미래를 준비할 교육을 받을 권리가 있음을 명확히 해야 한다. 교육의 변화는 여기서부터 시작될 것이고, 이 변화는 이미 시작되었다.

물론 이 말이 경쟁을 하지 않아도 된다는 의미는 아니다. 현대 사회에서 경쟁은 불가피한 요소이다. 다만 지금까지 우리나라에서만 통용되던 성적 사다리, 즉 1등부터 원하는 대학과 직업을 고르는 방식이 아니라 더 많은 사다리를 두고 경쟁하는 상황이 되어야 한다는 말이다. 부모들이 그랬듯이 우선 명문대를 목표로 공부하고, 실패하면 그 다음 학교를 고르겠다고 생각해서는 곤란하다. 각자의 사다리는 서로 다르고, 많이 준비한 사람이 먼저 원하는 자리를 차지하게 해야 한다. 누구든 자기 사다리를 일찍 선택할수록 유리하고 늦게 준비하면 불리하다. 핀란드에서는 종합 학교 9년 과정을 마치고 50퍼센트 이상이 직업학교를 선택해 기술을 배우는데 우리는 모두 대학을 졸업하고 나서 기술 교육을 받는다면, 늦게 배우는 우리가 불리한 것은 당연하지 않은가?

이제 95퍼센트의 부모가 행동에 나서야 한다. 상위 5퍼센트 학생과 부모들은 지금처럼 경쟁하도록 두어도 된다. 나머지 95퍼센트 아이들이 성공할 수 있도록 다른 사다리를 찾고 준비하는 교육을 학교에 요구해야 한다. 내 아이의 미래는 스스로 찾는 것이지, 학교에서 제공하는 몇 가지 선택 사항 중에서 고르는 것이 아니다. 학교가 아이들 하나하나의 가능성에 대비한 프로그램을 모두 제공할 수는 없다. 학교나 학원에 맡기는 것으로는 내 아이의 미래를 제대로 준비할 수 없다. 부모가 적극적으로 아이의 재능과 적성을 발견하기 위해 노력하고 이를 뒷받침할 수 있는 교육을 요구해야 학교도 적절한 프로그램을 찾아 제공할 수 있다.

교육 개혁, 방법은 달라도 목표는 같아야 한다

원인에 대한 소통 없는 현 정부의 교육 개혁

언제나처럼 2010년에도 교육은 뜨겁다. 교육계 사람들은 마치 뉴스거리를 만들기 위해 존재하는 것 같다. 정부는 하루가 멀다 하고 새로운 교육 정책을 발표하고, 이를 두고 찬반으로 갈려 벌어지는 논란은 끊이질 않는다. 입학 사정관 제도, 고교 다양화, 고교 선택제, 외고 개선안까지 현 정부가 내 놓은 정책 어느 하나에도 우리 사회는 합의에 도달하지 못했고, 제대로 소통하지 못했다.

교육이 가장 중요한 사회 문제라는 데에는 많은 사람들이 입을 모은다. 공교육이 부실하고 사교육이 너무 많아 가계에 큰 부담이 된다고도 말한다. 하지만 그것은 증상일 뿐 원인이 아니다. 배가 아파 병원에 온 사람에게 진통제를 주는 것은 일시적인 방편일 뿐 치료가 아니다. 통증의 원인이 맹장염이면 수술을 하고, 세균 감염 때문이면 약을 먹어야 한다. 공교육이 부실해진 원인을 찾고 사교육이 많아진 이유를 알아야 대책이 나온다. 그 원인에 대해 말하고 뜻을 모으지 않은 채 교육 개혁을 말하는 것은 통증을 호소하는 환자 곁에서 통증을 줄이자고 말하는 것처럼 허망할 뿐이다.

사교육비 경감 대책의 하나로 추진된 '사교육 없는 학교' 정책을 보자. 학생들이 학원에 가서 밤늦도록 공부하는 것이 문제가 되었는데, 그 원인이 학생들이 더 공부하고 싶은데 학교에서 학원 같은 강좌를 제공하지 않았기 때문이라고 진단했다. 초등학생의 88퍼센트, 중학생의 73퍼센트가 사교육을 받고 있는 이유가 정말 더 공부하고 싶은 까닭이라고 생각하는가? 잘못된 진단을 내리니, 당연히 그 처방도 제대로 효과를 거둘 수가 없다.

한 해에도 수십 명의 학생이 공부하기 힘들다고 목숨을 끊는 우리 교육의 실상은 답답하다. 사교육비가 연간 30조 원에 달하고, 그 만큼 많은 아이들이 학원과 과외 교습에 돈을 들이고 있어서 가계에 큰 부담이 되고 있다는 것은 교육 전체의 문제로 보면 빙산의 일각일 뿐이다. 아이들은 학교에서 배우는 것이 아니라 학원에서 선행 학습으로 지식을 배운다. '반복 학습으로 문제 풀이를 익히는 것이

공부'라는 19세기 식 학습법이 학원을 통해 21세기 아이들에게 전수
되고 있다. 학원들이 입시 실적을 내세워 장사하듯 고등학교들도 대
입 실적으로 서열을 매긴다. 2010년 대한민국에서 교육은 시험과 석
차로 성공과 실패를 가르는 게임일 뿐이다.

학교와 교육 관료들의 상황은 더 심각하다. 학생을 폭행하거나
성희롱하는 것보다 일제고사를 거부하는 것이 더 중대한 범죄가 된
다. 교장들의 각종 비리는 마르지 않는 샘처럼 끊임없이 적발되고,
교육청은 청렴도 순위에서 바닥을 헤맨다. 학급당 학생 수는 OECD
국가 중 가장 많고, 교사는 학생과 수업보다 행정 업무에 바쁘다. 수
업의 자율성은 극도로 낮고 많은 학생들이 학원에서 수업 내용을 미
리 배우고 오니 교사들의 의욕은 떨어질 대로 떨어진다. 존경받는
스승이 되는 것은 고사하고 선생 대접도 못 받는다고 호소하는 교사
들이 많다. 그럼에도 불구하고 교단을 떠나지 않는 이유는 세계에서
가장 높은 교사의 연봉 때문일지도 모른다.

부모들은 자녀 교육 때문에 걱정이 많다고 말하지만 정작 교육에
는 관심이 없다. 학교 운영에 참여하는 부모들은 소수이고, 그것도
자기 자식의 성적과 석차 때문인 경우가 대부분이다. 대학 입시를
바꾸든, 교육 과정을 바꾸든 '내 아이'의 석차에 미칠 영향과 득실
을 따질 뿐 어떤 교육이 필요한지에 대해서는 고민하지 않는다. 지
금의 교육 시스템이 어떻든, 학교가 내 아이를 어떻게 기르든 상관
없이 석차에만 매달린다. 무슨 수를 써서라도 석차를 높이고 좋은
대학에 들어가면 된다고 말하는 부모를 만나기란 그리 어려운 일이

아니다.

대한민국 교육이 보여 주는 병적인 증상은 대략 훑어 보아도 이렇게 복잡하고 다단하다. 그렇게 보면 대다수의 사람들이 교육을 걱정하는 건 당연하게 보인다. 하지만 이런 상황이 어제오늘의 일이 아니고, 과거에 비해서는 많이 개선된 것은 사실 아닌가? 그럼에도 교육 문제가 더 심각해지고 있다고 생각하는 사람들이 많다. 각자의 기준에서 교육을 보는 까닭이다. 남들이 사교육을 받으니 뒤처지지 않으려고 어쩔 수 없이 학원에 보낸다는 사람들도 내 아이가 불리해지는 것은 참지 못한다. 부모들의 목표가 자녀가 남들보다 한 발 앞서게 만드는 것인 한, 사교육은 줄어들기 어렵다. 냉전 시대의 군비 경쟁과 닮은꼴이다. 전쟁을 막아야 한다고 하면서 상대보다 군사적 우위를 유지하기 위해 무기를 경쟁적으로 개발하고 확충하는 군비 경쟁 말이다. 이런 상황에서는 입시 제도를 어떻게 바꾸어도 교육은 늘 불만이고 걱정일 수밖에 없다.

문제를 분명히 정의해야 해결 방안이 나온다

앞서 말한 여러 가지 증상에 대해서는 공감하면서도 상황이 나아지지 않는 이유에는 문제가 무엇인지 분명하지 않은 것도 있다. 원인을 찾아 문제를 해결하려면 문제를 정의해야 한다. 문제는 두 가지 조건을 갖추어야 한다. 첫째, 문제는 목표가 있어야 한다. 기대하는 목표 수준에 현실이 못 미칠 때 그 차이가 문제라는 말이다. 바꾸어 말하면 목표가 없으면 문제도 없는 것이다. 집을 마련하기 위해서 1억 원이 필요한데 가진 돈이 5,000만 원밖에 없다면 문제일 수 있다. 하지만 돈을 더 많이 가지고 싶은데 지금 가진 것이 적다면, 만족하지 못할 수는 있지만 문제는 아니다.

둘째, 문제는 자신의 노력으로 개선될 수 있어야 한다. 자신의 행동으로 변화를 만들 수 없다면 문제가 아니라는 말이다. 아이티에서 발생한 큰 지진으로 그곳 국민들이 많은 어려움을 겪고 있다는 소식은 전 세계 사람들을 안타깝게 하고 있지만, 아이티에서 지진이 발생한 것 자체는 문제가 아니다. 아이티 국민들이 지진을 막을 수는 없기 때문이다. 반면 지진을 자주 겪는 일본처럼 건물을 내진 설계로 짓지 못했고, 큰 재난에 대응할 만한 사회 시스템과 역량을 갖추지 못했던 것은 아이티의 문제이다. 이라크와 아프가니스탄에서 이어지고 있는 폭탄 테러는 문제라고 할 수 있다. 미군이 철수하면 막을 수 있는 까닭이다.

교육의 목표에 합의해야 문제가 정의된다

교육에서 목표는 원칙이고 방침이다. 우리 사회가 합의한 교육의 원칙과 방침에 미치지 못하는 현실이 있고, 그것을 교육계 당사자들이 스스로 개선할 수 있을 때 비로소 교육 문제가 정의되는 것이다. 우리 사회가 합의한 교육의 원칙은 무엇인가? 안타깝게도 그런 합의는 존재하지 않는다. 합의할 만한 원칙이 없어서가 아니라 서로 합의하지 않으려 애쓰고 있는 것처럼 보인다. 우선 합의할 수 있는 원칙들에 대해 살펴 보자.

헌법 31조는 '모든 국민은 능력에 따라 균등하게 교육을 받을 권리를 가진다'를 기본권으로 규정하고 있고, 이에 따라 제정된 교육 기본법 4조에서는 '국가와 지방자치단체는 학습자가 평등하게 교육을 받을 수 있도록 지역 간의 교원 수급 등 교육 여건 격차를 최소화하는 시책을 마련하여 시행하여야 한다'고 정하고 있다. 고교 평준화를 하든 안 하든, 중요한 것은 학교 간 격차가 나타났을 때 그 격차를 최소화하는 방안을 마련하고 시행해야 하는 것이 원칙이라는 것이다. 그런데 평준화 유지 여부를 두고 벌이는 논란에는 그런 이야기가 빠져 있는 것이 우리 현실이다.

학생 인권도 마찬가지이다. 교육 기본법 12조에서 '학생을 포함한 학습자의 기본적 인권은 학교 교육 또는 사회 교육의 과정에서 존중되고 보호된다'라고 정하고 있다. 경기도 교육청에서 추진한 학생 인권 조례안의 내용을 보자. 학생들의 체벌을 금지하고 두발과 복장을 자율화하며, 교내 집회를 허용하는 것은 기본적 인권을 존중하기 위한 것이다. 그런데 이를 반대하거나 시기상조라 말하는 것은 교육 기본법이 정한 원칙에 위배된다. 이런 주장을 하려면 그것들이 기본적 인권이 아닌 이유를 말해야 한다.

다양성을 존중하고 창의성을 기르는 교육도 충분히 합의할 수 있는 목표이다. 아이들은 모두 다르다. 재능도 다르고 꿈도 다르다. 배우는 방법도 다르고 배움의 시기도 서로 다른 것이 아이들이다. 다양한 아이들을 획일적으로 가르쳐서 모두 같은 생각을 하도록 만드는 것이 교육이 아니다. 시험 성적이라는 하나의 잣대로 줄을 세우고 우열을 가르는 과거의 교육으로 미래 사회의 인재가 길러질 수는 없다. 남다른 생각과 아이디어를 가진 창의적인 인재는 서로 다름을 인정하고 격려하는 교육을 통해서 길러지는 것이다.

교육 경쟁력 강화는 원칙으로 합의할 수 있을까? 교육 경쟁력이 어떻게 정의되느냐에 따라 다르겠지만 가능성은 있다고 생각한다. 교육에 경쟁을 도입해서 경쟁력을 높이겠다는 정책에는 동의하기 어렵지만, 더 나은 교육을 추구한다는 점에서 교육 경쟁력을 높여야 한다면 동의할 수 있다는 말이다. 더 나은 교육이 의미하는 바를 명확히 하고 그것을 측정할 수 있는 척도를 만들어 합의하면 된다. 경쟁을 줄일 것인지 강화할 것인지는 더 나은 교육을 구현하는 방법이니 합의하지 않아도 좋다. 정책을 시행하고 그 결과에 따라 수정 보완할 수 있으니 말이다.

교육 원칙만큼은 합의하자

우리 교육이 달라지려면 합의할 수 있는 원칙을 세워야 한다. 서로 다름을 인정해야 창의적인 인재를 기를 수 있듯이 정당과 시민단체들이 주장하는 실행 방안이 다르더라도 추구하는 목표와 원칙에는 합의해야 교육 문제가 해결될 수 있다. 서로 다른 것을 부각시켜 어느 한쪽에 일방적으로 포기할 것을 요구하는 것으로는 정치적 성공은 가능할지 모르지만 교육은 나아지지 않는다. 모두 같은 가치에 동의하고 일사불란하게 움직이는 사회는 닫힌 사회이고, 그런 교육은 이미 히틀러 치하의 독일에서 구현되었다가 완벽하게 실패했다.

여야 정당들과 정부, 전교조와 교총, 대학들이 교육의 목표와 원칙에 합의하고 선언해야 한다. 공교육의 성공 모델인 핀란드가 그렇게 했듯이 정권이 바뀌고 담당자가 바뀌어도 원칙과 목표를 흔들지 않아야 교육이 나아질 수 있다. 교육은 한두 해의 노력으로 달라지지 않는다. 적어도 한 세대 이상의 시간이 지나야 비로소 열매를 맺을 수 있는 것이 교육 개혁이고, 그래서 교육을 '백년대계'라 말하는 것이다.

괜찮아,
아직 늦지 않았어

3년 전 사교육계에 처음 발을 들여 놓은 이래 필자의 머리를 떠나지 않았던 의문에 하나의 답을 완성한 듯하다. 그 의문은 엄마들이 생각하는 교육과, 대학과 기업에서 말하는 교육 사이의 괴리였다. 부모들은 요즘은 자기들이 공부하던 시절과는 비교가 되지 않을 정도로 공부의 양도 많고 깊어져서 학원으로, 과외로 보충하지 않으면 쫓아가지 못한다고 말한다. 그런데 대학교수들은 이와는 정반대로 요즘 신입생들 수준이 갈수록 떨어지고 있다며 안타까워한다. 물론 기업의 인사 담당자들은 대학에서 도대체 뭘 배웠기에 처음부터 다시 가르쳐야 하냐며 대학을 비난한다.

■ 대한민국 교육 사용 설명서

왜 이런 상황이 벌어지는지 알고 싶었다. 그래서 학교와 학원의 관계자들, 그리고 부모들을 만나며 교육의 현실에 대해 생각했고, 현상을 이해할 수 있었다. 부모들의 이야기도, 대학교수들과 기업 인사 담당자들의 이야기도 모두 사실이었다. 문제는 모두 교육을 말하지만 그 의미가 서로 다르다는 데 있었다. 부모들이 말하는 교육은 단지 대학에 들어가는 줄에서 내 아이가 앞에 서기 위한 석차를 말하는 것이었고, 대학교수들이 말하는 교육은 학생들이 수업 내용을 잘 따라오지 못한다는 의미였다. 물론 기업에서 말하는 교육은 당장 돈 되는 일에 투입할 수 있는 직무 능력을 말하는 것이었다.

그 차이가 미치는 영향은 실로 크다. 그동안 정권이 바뀔 때마다 그렇게 많은 교육 대책을 내놓았음에도 상황이 나아지지 않았던 것도 그 차이에 기인한 것이다. 우리 청소년들을 미래의 인재로 길러 나라의 장래를 밝게 하겠다는 원대한 목표를 제시하고 정책을 세워도 그것에 대해 부모와 대학, 기업들이 뜻을 같이하지 않으니 제대로 실행될 리가 없었다는 말이다. 그 차이를 줄여서 같은 의미로 교육을 말할 때, 비로소 교육의 문제는 개선되기 시작할 것이다.

지난 2년, 교육을 공부하고 교육 현장을 접하면서 복마전처럼 엉킨 우리 교육 현실을 풀어 낼 방도를 궁리했던 시간들은 필자에게 대학으로 돌아간 것처럼 즐거운 기억으로 남아 있다. 그리고 그 결과를 정리한 첫 결과가 이 책이다. 교육 문제를 개선하려면 온 사회 구성원들이 모두 참여하고 협력해야 한다. 먼저 초등학생 부모를 위해 이 책을 쓴 것은 부모들이 내 아이가 더 나은 교육을 받도록 교육을 선택할 수 있는 소비자이기 때문이다. 이제 교육은 정부나 국가에서 강제하는 의무가 아니라 학생과 부모가 선택할 수 있는 권리의 측면이 더 커지고 있고, 그 권리를 행사하는 주체는 부모이다.

'더 나은 교육'의 가장 모범적인 사례는 핀란드였다. 문제 푸는 방법을 익히는 것이 아니라 책을 읽는 것이 공부인 교육. 성적으로 줄 세우지 않고 학생 개개인의 배움에 초점을 맞추는 교육. 교사가 자율적으로 운영하는 교육 과정. 학생 스스로 자신의 진로를 다양하게 탐색하고 준비하는 교육. 핀란드는 모든 아이들의 잠재력을 극대화한다는 수월성 교육의 산 표본이었다. 재능과 적성의 다양성뿐만 아니라 배움과 학습의 내용도 개인마다 다름을 인정하는 구성주의 교육 철학을 제대로 구현한 핀란드는 정말 대단한 나라이다.

"교육의 목적은 현 제도의 추종자를 만드는 것이 아니라, 제도를 비판하고 개선할 수 있는 능력을 배양하는 것"이라고 콩도르세 Condorcet, 프랑스의 철학자·수학자·정치가는 말했다. 우리가 교육에서 다양성과 창의성을 강조하는 이유도 이것이다. 시험과 석차로 우열을 가르는 과거의 교육에서는 그런 인재가 충분히 길러지지 못했다. 미래의 교육은 더 다양한 분야에서 창의성을 발휘할 수 있는 인재들을 양성해야 한다. 현재의 제도 속에서 기존의 지식만 답습하는 것으로는 우리 사회의 미래가 밝아질 수 없기 때문에, 그것들을 비판하고 개선할 수 있도록 가르치자는 것이다.

교육을 두고 정치적인 입장에 따라 편이 갈려 다투는 상황은 하루빨리 벗어나야 한다. 사회가 유지되기 위해 필요한 것들을 전수한다는 점에서는 보수적이지만, 더 나은 미래 사회를 만들기 위해 기존 제도와 질서를 깨뜨리는 혁신의 가능성도 열어야 한다는 점에서는 항상 진보적일 수밖에 없는 것이 교육의 속성이다. 기존 질서에 순응하는 것만 가르쳐서도 안 되고, 제도를 깨뜨리는 것에만 가치를 둘 수도 없다. 그런 점에서 본다면 교육에서 보수와 진보를 가르는 것은 무의미하고, 불필요한 일이다.

아이들은 모두 잘 배운다. 시험 성적으로 줄을 세우면 배움에도 우열이 있는 것처럼 보이지만, 실상은 서로 다를 뿐이다. 모든 아이들의 외모가 다르듯이 생각도 배우는 방법도 내용도 다르다. 서로 다름을 인정하고 서로 다른 꿈을 꾸고 준비할 수 있도록 가르치는 것은 교육의 책무이다. 석차 하나로 경쟁하는 교육은 부모 세대의 기억 속에 묻어 두고 아이들 하나하나가 가진 다양성과 잠재력에 초점을 맞추어야 한다. 핀란드를 비롯한 선진국들은 모두 그렇게 하고 있다. 이 책이 그런 생각을 하는 부모들에게 도움이 되기를 바란다.

대학에서 경영학을 공부하고 IT 업계에서만 십 수 년을 일해 온 필자에게 교육 현실을 이해하고, 생각을 정리해서 대안을 강구할 수 있는 계기를 만들어 주었던 CMS에듀케이션의 이충국 대표와 조상익 부사장, 그리고 CMS 구성원들에게 진심으로 감사한다. 교육학의 입장과 학문적 흐름을 이해하는 데 도움을 준 가톨릭대 성기선 교수와 수학 교육을 새롭게 바라볼 수 있게 해 준 건국대 홍진곤 교수, 그리고 영재 교육의 동향을 알려준 진석언 교수에게도 특별한 인사를 해야 할 것이다. 오랜 친구 이광구에게 고마움을 전한다. 세 자녀를 대안 학교, 과학고, 일반 학교로 진학시켜 교육의 다양성을 생활로 보여 준 그의 격려는 집필 작업 내내 큰 힘이 되었다. 그러나 무엇보다 자녀들의 미래를 진심으로 걱정하며 자신들이 바라는 교육의 모습을 말해 주었던 많은 부모들이 없었다면, 교육에 대한 고민과 배움을 이어 가기 어려웠을 것이다. 그들에게 감사한다.

필자가 교육계에 발을 들이고, 교육을 생각하고 이해하기 전에 이미 고등학교에 진학해서 공부도 생활도 힘들게 이어 간 딸과 아들을 생각하면 가슴이 먹먹해진다. 조금 더 일찍 지금의 생각에 닿았더라면 하고 싶지 않은 공부에 끌려 다니지 않게 할 수도 있었고, 더 행복한 아이로 키웠을 수도 있었을 것이라는 아쉬움이 많다. 필자가 방치했던 자녀 교육을 온전히 맡아 고생한 아내에게도 미안함은 크다. 하지만 아내와 아이들에게, 그리고 필자와 같은 마음을 가진 이 땅의 부모들에게 분명히 말하고 싶다. 괜찮다고. 부족하고 아쉬운 것이 없는 것은 아니지만 언제라도 다시 시작할 수 있다고. 평생 배우며 사는 것이 인생이니 지금도 늦은 것은 아니라고 말이다.

글에서 인용한 모든 PISA의 데이터는 OECD PISA 본부에서 제공하는 DB에서 추출한 것이다. 성적, 가정환경, 학습 태도 등 변인에 대한 설문과 연계를 분석할 때, 응답자 수가 적어 통계적으로 유의하지 않은 항목은 성적 데이터가 제공되지 않으므로 제외하였다. 또한 설문의 응답 비율은 PISA 자료에서 누락, 제외, 오류 처리된 응답자를 제외하고 유효한 응답자만을 대상으로 재계산하였다. 모든 PISA 데이터에는 표준오차가 포함되어 있다. 이 책에는 표준오차 범위를 벗어나 통계적으로 유의한 경우만을 인용하였으나, 표준오차를 표시하거나 계산에 고려하지는 않았다.

사교육 통계는 통계청에서 2009년에 발표한 '2008 사교육 실태 조사'와 2008년에 발표한 '2007 사교육 실태 조사'의 결과를 사용하였다. 《타임스》 대학 순위와 관련 대학 및 국가별 정보는 순위를 만드는 영국 QS사의 사이트에 공개된 것을 사용하였다. 국가별 데이터는 각국의 교육 당국과 교육 통계 사이트에서 제공하고 있는 정보를 사용하였으며, 국제 비교 데이터는 OECD에서 발표한 최근 데이터를 사용하였다.

〈참고문헌〉

A Framework for PISA 2003(OECD/PISA, 2003)

Learning for Tomorrow's World First Results from PISA 2003(OECD/PISA, 2004)

Assessing Scientific, Reading and Mathematical Literacy: A Framework for PISA 2006(OECD/PISA, 2006)

PISA 2006 Science Competencies for Tomorrow's World(OECD, 2007)

PISA Released Items - Mathematics(OECD/PISA, 2006)

Technical Standards for PISA 2006(OECD/PISA, 2007)

TIMSS 2007 Assessment Frameworks(Ina V.S. Mullis/Michael O. Martin 외, TIMSS & PIRLS International Study Center, 2008)(IEA, 2005)

TIMSS 2007 International Mathematics Report: Findings from IEA's Trends in International Mathematics and Science Study at the Fourth and Eighth Grades(Ina V.S. Mullis 외, TIMSS & PIRLS International Study Center, 2008)

TIMSS 2007 International Science Report: Findings from IEA's Trends in International Mathematics and Science Study at the Fourth and Eighth Grades(Michael O. Martin 외, TIMSS & PIRLS International Study Center, 2008)

Highlights From PISA 2006: Performance of U.S. 15-Year-Old Students in Science and Mathematics Literacy in an International Context

Highlights From TIMSS 2007: Mathematics and Science Achievement of U.S. Fourth and Eighth-Grade Students in an International Context(Patrick Gonzales, National Center for Education Statistics, USA, 2008)

Comparing NAEP, TIMSS, and PISA in Mathematics and Science(Elois Scott, National Center for Education Statistics, USA, 2005)

Achievement of 15-year-olds in England: PISA 2006 National Report(Jenny Bradshaw 외, National Foundation for Educational Research, UK, 2007)

England's achievement in TIMSS 2007: National report for England(Linda Sturman 외, National Foundation for Educational Research, UK, 2008)

PISA 2006 — First results(핀란드 교육부, 2007)

Test and Score Data Summary for TOEFL② Internet-based and Paper-based Tests(Educational Testing Service, 2008)

Open Doors 2009(Institute of International Education, USA, 2009)

Education at a Glance 2009(OECD, 2009)

OECD in Figures 2009(OECD, 2009)

Country Comparison Tables(OECD, Main Economic Indicators, 2009)

Principles and Standards for School Mathematics(National Council of Teachers of Mathematics, USA, 2000)

Use of an Aptitude Test in University Entrance A Validity Study 2008 Update: Further Analyses of SAT② Data(Catherine Kirkup 외, National Foundation for Educational Research, USA, 2008)

Foundations for Success(National Mathematics Advisory Panel, USA, 2008)

Standards in English Primary Education: the International Evidence(Chris Whetton 외, University of Cambridge, UK, 2007)

A 'state of the nation' report 2008 Science and Mathematics Education, 14-19(The Royal Society, UK, 2008)

Getting to grips with assessment: Primary(The National Foundations for Educational Research, UK, 2007)

A Nation Deceived: How school hold back America's brightest students(Nicholas Colangelo 외, USA, 2004)

Pre-K~Grade 12 Gifted Program Standards(National Association for Gifted Children, 2000)

All Students Reaching the Top: Strategies for Closing Academic Achievement Gaps(Learning Point Associates, 2004)

What Is Schoolwide Enrichment? And How Do Gifted Programs Relate to Total School Improvement?(Joseph S. Renzulli & Sally M. Reis)

Research That Supports Using the Schoolwide Enrichment Model and Extensions of Gifted Education Pedagogy to Meet the Needs of All Students(Sally M. Reis)

Mathematical Thinking(James Dunlap, C&I, 2001)

Teaching Mathematics to Gifted Students in a Mixed-Ability Classroom(Dana T. Johnson, 2000)

Mathematics enrichment: what is it and who is it for?(Jennifer Piggott, University of Cambridge NRICH Project, 2004)

Effective Practices for Gifted Education in Kansas(Kansas주 교육부, USA, 2001)

Gifted and Talented Education Program Resource Guide(California주 교육부, USA, 2005)

제7차 초등학교 교육과정(교육부 고시 제 1997-15호, 1997)

2007 초·중등학교 교육과정(교육인적자원부 고시 제 2007-79호, 2007)

2008 초·중등학교 교육과정 고시(교육과학기술부 고시 제 2008-160호, 2008)

2009 초·중등학교 교육과정 고시(교육과학기술부 고시 제 2009-41호, 2009)

'2007년 개정 교육과정' 개요(교육인적자원부, 2007)

PISA 2003 결과 분석 연구(이미경, 한국교육과정평가원, 2004)

PISA 학업성취도 분석 연구(박현정, 한국교육개발원, 2005)

PISA 2006 결과 분석 연구(이미경, 한국교육과정평가원, 2007)

OECD/PISA 평가틀 및 공개문항 분석(이미경, 한국교육과정평가원, 2007)

수학·과학 성취도 추이변화 국제비교 연구—TIMSS 2007 결과보고서(김경희, 한국교육 과정평가원, 2008)

TIMSS 2007 공개문항 분석 자료(김경희, 한국교육과정평가원, 2008)

교육과정·교육평가 국제비교 연구 I ,II(한국교육과정평가원, 1999, 2000)

2006년 국가수준 학업성취도 평가 연구·수학(고정화, 한국교육과정평가원, 2007)

국가수준 학업성취도 평가 연구—2003∼2006년 변화 추이(조지민, 한국교육과정평가원, 2007)

국가수준 학업성취도 평가체제 개선연구 I (정은영, 한국교육과정평가원, 2008)

국제 학업성취도 평가에 나타난 중·고등학생의 학력 변화(한국교육과정평가원 세미나 자료, 2008)

국제 학업성취도 평가(TIMSS/PISA)에 나타난 우리나라 중·고등학생의 성취변화의 특성
(김경희, 한국교육과정평가원, 2008)

제7차 교육과정에 따른 초등학교 성취기준 평가기준·초등학교 4학년(교육인적자원부,
2001)

대학수학능력시험 출제 매뉴얼(한국교육과정평가원, 2004)

대학수학능력시험 개선방안 연구(이종승, 한국교육과정평가원/한국교육개발원, 2004)

학교 교육 수준 및 실태 분석 연구: 초등학교(김양분, 한국교육개발원, 2005)

학교 교육 실태 및 수준 분석－초등학교 연구II(임현정, 한국교육개발원, 2008)

한국 대학의 질적 수준 분석 연구 I,II(최정윤, 한국교육개발원, 2007, 2008)

한국교육종단연구 I~IV(한국교육개발원, 2005~2008)

사회계층과 교육격차(유한구, 한국직업능력개발원, 2006)

사교육비 조사방법 개선 연구(김일혁, 한국교육개발원, 2007)

KEDI 종합검사도구 개발을 위한 기초연구(현주, 한국교육개발원, 2004)

KEDI 종합검사도구 개발연구III－학생의 학업 능력에 영향을 미치는 제반 변인의 구조
관계 분석 연구(박현정, 한국교육개발원, 2004)

고교-대학 연계를 위한 대입정책 연구(김미숙, 한국교육개발원, 2006)

고교-대학 연계를 위한 대입전형연구V 대입전형 요소와 대학수학능력의 관계(김미숙,
한국교육개발원, 2008)

미래 한국인의 핵심역량 증진을 위한 초·중등학교 교육 과정 비전 연구 I-핵심역량 준거
와 영역 설정을 중심으로(윤현진, 한국교육과정평가원, 2007)

미래 한국인의 핵심 역량 증진을 위한 초·중등학교 교육 과정 비전 연구II-핵심역량 영
역별 하위 요소 설정을 중심으로(이광우, 한국교육과정평가원, 2008)

공교육 정상화를 위한 기초연구(민현식, 한국교육과정평가원, 2008)

세계화 시대의 교육 제도 발전 방안 연구(박재윤, 한국교육개발원, 2008)

초·중등학교 교육 과정 선진화 방안(한국교육과정개발원, 2009)

중학교 수월성 교육 정책의 효율적 추진 방안(조석희, 한국교육개발원, 2006)

수월성 제고를 위한 수준별 학습 확대 방안(김미숙, 한국교육개발원, 2008)

시도 교육청과 대학의 영재 교육기관 운영 효율화 방안 연구(김미숙, 한국교육개발원, 2008)

OECD 교육 지표 쟁점 연구·교원 임금과 수업 시간을 중심으로(이광현, 한국교육개발원, 2007)

세계 각국의 교육과정 및 운영사례 I ~ VI(부산광역시교육청, 2008)

핀란드·스웨덴 교육현장을 가다(DVD, 서울시 교육연구정보원, 2008)

핀란드 교육현장 탐방기(박원순, 원순닷컴)

핀란드의 공교육 개혁과 종합학교 운영실제(강영혜, 한국교육개발원, 2007)

핀란드 정책자료 분석을 통한 교육정보화 정책의 시사점(김영록, 한국교육학술정보원, 2007)

사교육 시간과 학업성적과의 관련성: PISA 자료를 이용한 국제비교 분석(남기곤, 한국경제학보, 2008)

프로이덴탈(Freudenthal)의 교수·학습 지도법(최승현, 한국교육과정평가원, 2007)

프로이덴탈(Freudenthal)의 수학화 학습-지도론(조현공, 한국교육과정평가원, 2007)

학교수학으로서의 수학과 개념(박영훈, 한국교육과정평가원, 2007)

맥락기반 수학프로그램인 'Mathematics in Context'의 학교적용 효과성 연구(신종호 외, 열린교육연구, 2006)

실생활 소재를 활용한 수학 활동 수업(최부식, 초등수학내용교수법 연수교재, 한국교육과정평가원, 2006)

수학 교육과 수학적 창의성(황우형 외, 수학교육논문집, 2006)

창의적 지식 생산자 양성을 위한 영재 교육(한국교육개발원, 영재교육교원 연수교재, 2006)

수학을 왜 배워야 하는가?(조열제, 대한수학회소식, 2007)

수능 언어영역의 '평가목표' 진술연구(조윤형, 교육과정평가연구, 2007)

부모의 자율성 지지가 초등학생의 자기조절 학습 효능감에 미치는 영향(김아영 외, 한국교육, 2008)

자립형 사립고의 공급 및 수요 예측과 교육 재정 절감규모 추정(김진영·박진, 한국교육, 2008)

기초학력 부진 학생의 지원(이화진, 교육광장, 2009)

개인차 교육(이화진, 한국교육과정평가원 교수학습지원센터)

학교 수학의 각 영역에 대한 선호도 조사(김영국 외, 학교수학)

《교육의 목적》(알프레드 노스 화이트헤드, 소망)

《도쿄대생은 바보가 되었는가》(다치바나 다카시, 청어람미디어)

《많이 가르치고도 실패하는 한국교육》(주삼환, 한국학술정보)

《아이들은 어떻게 배우는가》(존 홀트, 아침이슬)

《위기의 학교》(닉 데이비스, 우리교육)

《내신을 바꿔야 학교가 산다》(이기정, 미래인)

《열정의 뿔로 위기를 뚫어라》(유진선, 알타미라)

《학벌 사회》(김상봉, 한길사)

《연구로 본 교육심리학》(서울대학교 인지학습연구회, 학지사)

《핀란드 공부법》(지쓰카와 마유/지쓰카와 모토코, 문학동네)

《사람이 알아야 할 모든 것, 교양》(디트리히 슈바니츠, 들녘)

《생각의 탄생》(로버트 루트번스타인/미셸 루트번스타인, 에코의서재)

《실패하는 학교》(존 홀트, 인간사랑)

《학원 발가벗기기》(이범 외, 와이즈멘토)

《구성주의 교수·학습론》(재클린 브룩스/마틴 브룩스, 백의)

《초등 읽기능력이 평생성적을 좌우한다》(김명미, 글담출판사)

《엄마도 꼭 알아야 할 똑똑한 수학 공부법》(이충국, 씽크하우스)

《창의성을 키우는 영재 선생님들의 비밀노트》(한국과학재단, 중앙생활사)

《이우학교 이야기》(정광필 외, 갤리온)

《지식의 원전》(존 캐리, 바다출판사)